AF617461

FERNANDO SAVATER

FERNANDO SAVATER

LA DERROTA DEL INTELECTUAL

Justo Serna

Sílex

Editor: Ramiro Domínguez Hernanz
Editor: Toni Castarnado Linde

Revisión de textos: José Luis Ibáñez Salas

Primera edición: octubre de 2024

C/ San Gregorio, 8, 2, 2ª Madrid
España
www.silexediciones.com

ISBN: 978-84-10267-58-9
Depósito Legal: M-21610-2024
Colección: Cuentahilos

Impreso y encuadernado en España

Contenido

Cuarta parte
Política para Savater

Quinta parte
Leer y no leer

Séptima parte
¿La nueva Academia de Platón?

Octava parte
Joder, qué tropa

Novena parte
La despedida

Décima parte
Agradecimientos y referencias bibliográficas

"Suponer que todos los «intelectuales» son básicamente «inteligentes» es un error muy generoso, fundado quizá en la homofonía de ambas palabras (....). Pero de la estupidez nadie está descartado: los intelectuales la llevamos dentro como una enfermedad profesional, es para nosotros como la silicosis para los mineros. Hay razones estructurales y dinámicas para contraer esta dolencia."

Fernando Savater, *Diccionario filosófico* (1994).

"Hay que morirse bien, sin demasiado ahínco de quejumbre, sin pretender que el mundo pierde su savia por eso y con alguna burla linda en los labios."

Jorge Luis Borges, *Inquisiciones* (1925).

En términos marineros, la palabra derrota alude al rumbo, a la dirección de un navío. Es la singladura que una embarcación emprende guiada por un comandante, auxiliado a su vez por una tripulación más o menos experimentada. Pero la palabra derrota también tiene un sentido más común, más ordinario: el de fracaso, por supuesto.

El ser humano es capaz de seguir un rumbo con empeño, con obstinación, con coherencia. Eso sí, salvo avería psíquica, ese mismo ser humano se sabe imperfecto, intermitente y, con frecuencia, incoherente. Nadie escapa a esta limitación. Es más: nadie está obligado a ser igual a sí mismo durante toda su vida. Entre otras razones, porque tal cosa no es posible.

Menos mal que cambiamos: para madurar, para apartarnos de la infancia falsamente omnipotente, desvalida y caprichosa. Cambiamos para alejarnos de la adolescencia abrupta y tajante que tanto nos dolía.

Pero, cuando ya nos creemos maduros, cuando efectivamente somos adultos, procuramos mantener el rumbo, la verticalidad y la horizontalidad. Entre otras razones, porque los destinos son los que sensatamente nos hemos marcado: nada hay más fatigoso que arriesgar una y otra vez, improvisar cada día, si es que tal cosa resulta posible o deseable.

Podemos cambiar esos destinos, por supuesto, pero si las nuevas metas desmienten por entero lo que con cordura y libremente nos habíamos propuesto a lo largo de los años, entonces quizá eso signifique que estamos incurriendo en alguna inmadurez, en alguna justificación o excusa (las uvas están verdes, por ejemplo) o en alguna regresión. Si el mundo nos contraría y, por eso, damos un bandazo, tal vez estemos perdiéndonos por puro capricho.

Probablemente podríamos justificarnos, diciendo con Edmund Burke (al que parafraseo) lo siguiente… Cuando la estabilidad del barco sobre el que navego está en peligro por la sobrecarga de una de las bandas, debería estar siempre dispuesto a llevar el débil peso de mis razones del lado que pueda restablecer el equilibrio.

La bella referencia de Burke figura al final de las *Reflexiones sobre la Revolución francesa* (1790). Se me perdonará: la he visto muchas veces reproducida y es un tópico cultural sobadísimo.

De hecho, no hace falta haber leído al pensador irlandés para apropiarse de ese apotegma. Sin ir más lejos, Santiago Abascal se vale de ella en alguna entrevista, la que concedió a Fernando Sánchez-Dragó en un libro promocional... y, qué demonios, no me imagino al líder ultraderechista leyendo a un conservador tan cabal.

En cualquier caso, las palabras que he parafraseado nos advierten de los cambios que conviene realizar a lo largo de la vida para mantener la templanza, el equilibrio o el contrapeso: para no naufragar o para no dejarnos arrastrar a la deriva.

En este libro escribo extensamente sobre Fernando Savater (1947), un pensador español muy conocido. No solo sobre él. Escribo también y extensamente sobre una parte de su condominio, de su entorno, de algunos de sus coetáneos, de algunos de sus afines, de su corte y de su tropa, esos que han experimentado unas mutaciones semejantes o que ahora se han sumado a sus virajes con reverencia. Les dedico dos partes

Savater es el hilo conductor, insisto, pero de su tronco arrancan distintas hijuelas y hasta se levanta una Academia sin muros, una nueva escuela de Platón que a unos cuantos cofrades reúne, viejos colegas que se le suman o gente más joven que se le adhiere en la lucha final. Si hablara en términos de cuento, diría que entre los suyos hay enanitos de grave enjundia, diría que hay un hada madrina de gran inspiración y diría que hay una bruja que a muchos encandila con sus sortilegios.

¿A quiénes me refiero?

Ya se verá, ya se verá.

Lo que en este volumen aparece no son retales pegados con engrudo. No son meros pegotes. Son piezas de un puzzle, desarrollos de Savater a los que encuentro encaje. Son, sí, piezas. O son escapes o goteos que del autor se desprenden.

No he departido con el filósofo en ninguna ocasión, no he compartido mesa y mantel jamás y tampoco he deseado conversar o debatir con alguien que para mí era y sigue siendo sobre todo un autor. En *La razón en marcha* (2022), Félix Ovejero dice algo parecido cuando se refiere a Javier Pradera, un autor y un emprendedor cultural de primera al que, por timidez, evitó: a pesar de que Ovejero publicaba en *El País* y en *Claves de razón práctica*, periódico y revista de PRISA que tanto deben a Pradera…

Ya se sabe: con frecuencia a los autores (a los preferidos, a los admirados, a los detestados), conviene no conocerlos personalmente. O, en todo caso, no frecuentarlos. Es quizá la mejor manera de evitar las decepciones de la carne mortal. O el modo más expedito de no padecer su desaprobación.

En el caso de Fernando Savater y en mi propio caso, su alegría expansiva, su ensordecedora risa y su aspaventoso comportamiento siempre me frenaron. Salvando la distancias con respecto a Ovejero, también yo publiqué en *El País* (Comunidad Valenciana) y en *Claves de razón práctica*. Gracias a Fernando Savater, pero sobre todo gracias a Javier Pradera, con quien sí que hablé y mantuve conversaciones telefónicas. Con el filósofo donostiarra evitaba el trato humano. Entre otras cosas, por ser yo mismo una persona tibia que tiende a la mesura. En fin, Ovejero, que adora a Savater, explica estas cosas con más gracia que yo.

Como digo, con atronadora obviedad, Fernando Savater es sobradamente conocido, pero más por sus actividades intelectuales y periodísticas, por sus pronunciamientos públicos, que por su carrera académica: la de filósofo o profesor de filosofía (que no son una y la misma cosa). Quizá en el ámbito de la filosofía, su tarea ha sido más bien la propia del divulgador. No le pongo ni una pega a ello. Siempre he preferido la claridad del filosofo a la oscuridad del sabio. Savater es responsable de títulos bien entretenidos. Esos volúmenes tienen su gracia y, en ellos, demuestra habilidades retóricas para tratar asuntos complejos de una manera liviana.

Punto y aparte.

Lo que esbozo y finalmente escribo en este libro no es una biografía. Tampoco dibujo o completo la dirección seguida por un intelectual y ensayista muy relevante, quizá el más relevante y discutido, de la España reciente. Trazo, eso sí, un itinerario presentado a grandes rasgos, dado que jamás compartí con su persona mesa y mantel ni afinidad partidista.

Ese perfil lo trazo desde mi propia condición. Esto es: examino a Savater desde mi perspectiva de lector temprano y duradero de su obra. Al proceder así, también me someto a escrutinio: ¿qué hacía yo leyendo, tan jovencito y tan inmaduro, a un autor que cuando ya rebasaba la treintena se profesaba ácrata y citaba a Friedrich Nietzsche o a E. M. Cioran? Insisto: me pregunto qué me atraía de un publicista que atacaba el Todo, el Sistema, el Poder, etcétera, si yo mismo siempre me había (y me he) declarado tan tibio o tan alérgico a estos pronunciamientos. Evitaba y evito las mayúsculas…

Desde ese punto de vista, el libro, concebido y finalmente escrito a los sesenta y tantos, es una autobiografía intelectual. Eso sí: vicaria, por persona interpuesta. Por ello, los distintos capítulos o apartados del libro más remotos (los que tienen veinte años o más) están fechados para indicar el juicio que expreso y cuándo lo expreso. Si no aparecen datados (cosa que ocurre especialmente al principio y al final del volumen) es porque su redacción es reciente y forman el pórtico actual, de 2024, de este diario lector. Fechar lo dicho en cada momento permitirá ver a lo largo del tiempo mis afinidades y disidencias. Permitirá ver algún acierto, alguna perspicacia y, a la postre, mis propias inexactitudes, dudas o yerros. No maquillo lo que en su momento dije y, por tanto, me expongo. Salvo alguna corrección de estilo o sintaxis, por errata o así, dejo las cosas tal como las escribí.

A estas alturas, tras décadas de producción ensayística y publicística de Savater (la obra de creación literaria de ficción, salvo alguna excepción, la dejaré al margen), me pregunto si es el suyo un derrotero de éxito cultural. De haber triunfado sin paliativos, entonces eso significaría que ha persuadido con su discurso a sus muchos lectores, que objetivamente tiene o tuvo, y que le habrían sido afines y duraderamente leales. Hasta el fin.

Pero también es verdad que una gran influencia cultural se consigue no solo por los afines que se adhieren, sino también por la legión de contrarios que se logra mantener reunidos e incluso aumentar. Es gracias a los rivales por lo que ciertos autores se definen, justamente por y para desmentirlos. Desde este punto de vista, los adversarios son una bendición: son ellos a quienes los intelectuales deben la atención y la diferencia que les brindan con sus reproches o con su hostilidad. Hay enemistades cuyas diatribas resultan muy favorecedoras. Lo sepan o no, los intelectuales atacados deben mucho a sus contrarios, ya que les prestan un auxilio. Pueden servirles para reafirmarse o pueden servirles para corregirse.

A la vez me pregunto si, por el contrario, la repetición machacona de ciertos argumentos y chistes (tan característicos de la prosa de Savater) y los cambios o los bandazos que ha dado no revelan cierta derrota o grave inconsistencia. He repasado con detalle todos mis libros del filósofo donostiarra y he vuelto a leer algunos, los más significativos, por tercera o cuarta vez.

He sentido auténticamente vértigo, un vértigo personal. A lo largo de toda su obra, en esas piezas breves que generalmente reúne en libros mayores, hallamos todas las posiciones imaginables o inimaginables. Desde la diatriba contra el militarismo y la esencia de España hasta las chanzas sobre la pederastia y la socialdemocracia. Si escribes mucho y publicas durante tantas décadas es altamente probable que tus colaboraciones periodísticas formen un rompecabezas caótico en el que solo unas pocas piezas casan, dependiendo de según qué épocas.

El filósofo Savater fue simpatizante joven y no tan joven del abertzalismo: columnista de *Egin* y seguidor próximo, circunstancial u ocasional, de Herri Batasuna. Fue tal cosa para después, años después, erigirse en el campeón del constitucionalismo esencialista. Esos bandazos, propiamente, aturden a quienes jamás justificamos a ETA y aturden a quienes tampoco abrazamos entonces o ahora un españolismo de rompe y rasga.

Todo ello me hace preguntarme si Fernando Savater no habrá perdido el contrapeso, el norte, el rumbo, ese derrotero que empezó muchas décadas atrás. De ser así, el escritor habría ido decepcionando a no pocos de esos leales lectores que, de un tiempo a esta parte, ya no reconocemos al antiguo mentor, al primer interlocutor que nos descubría la alegría cultural, la audacia reflexiva, la voluntad de saber.

Pero no es simplemente una cuestión ideológica, una evolución del pensamiento desde la acracia hasta el conservadurismo, pasando por el abertzalismo y el socialismo. Es algo más.

Quizá los lectores que le hemos sido más fieles, distinguimos ahora como vicios rasgos de conducta que antes no veíamos, no queríamos ver o que le perdonábamos. Me incluyo como responsable de esta ceguera. Y me refiero a una ironía, la de Savater, que acaba siendo sarcasmo dolido; aludo a una valentía que acaba siendo egolatría o narcisismo; me refiero, en fin, a las agudezas que acaban siendo agresividades verbales.

En efecto, lo que primero fue o pudo interpretarse como ocurrente ironía de los años mozos ha devenido ira y ultraje, vicios propios de quien ya mayor no soporta verse o sentirse desmentido o desvalido: lo primero, sí, fue guasa o zumba, algo muy sano para irrumpir en la España franquista y posfranquista. Pero todo ello ha acabado en malhumor, irritación y enojo. Son estados del alma característicos de quienes envejecen sin recompensa, decepcionados ante un mundo que no atiende a sus exigencias. Lo siguiente es buscar un responsable, se llame José Luis Rodríguez Zapatero o Pedro Sánchez.

"El secreto de la vida", leemos en *Asesinato de calidad* (1962), de John Le Carré, "es hacerse viejo sin hacerse mejor". Podríamos añadir lo que sostuvo un joven Borges, al que tantos idolatramos y del que Savater no aprendió su humilde recomendación. Repito el exergo que encabeza estas líneas: "Hay que morirse bien, sin demasiado ahínco de quejumbre, sin pretender que el mundo pierde su savia por eso y con alguna burla linda en los labios".

PRIMERA PARTE

INTELECTUALISMOS

Los intelectuales. Una y otra vez

¿Quiénes son los intelectuales? Una posible respuesta podría ser la que aparece en los párrafos inmediatamente siguientes.

Llamamos intelectuales a quienes se valen de la cultura, de instrumentos propios, heredados o compartidos, para examinar el mundo, para diagnosticar el estado del mundo, pensando y sopesando su marcha, su estancamiento o su retroceso.

Pero hay algo más. Identificamos como intelectuales a quienes precisa y propiamente cultivan el intelecto, sus habilidades cognitivas, para entenderse mejor, para captar o estudiar su posición, su circunstancia, su entorno.

En fin, podríamos decir que son intelectuales quienes se sirven de la reflexión para dictaminar moral y políticamente, para diagnosticar lo que está bien y lo que está mal, la rectitud o la perversidad de lo que a todos acaece o de lo que emprenden (o no) aquellos que disponen de poder, recursos o influencia.

Admitamos, de entrada, la pertinencia de la respuesta. Si ésa es la contestación que damos a la pregunta acerca de quiénes son intelectuales, entonces todos los seres humanos, salvo grave avería, podríamos definirnos como tales.

¿Por que razón?

Pues porque, aparte de nuestra actividad práctica, los individuos somos capaces de cavilar, reflexionar, evaluar y conjeturar sobre lo que nos pasa, sobre lo que nos ha ocurrido o sobre lo que probable o posiblemente pueda sucedernos.

Los hombres y las mujeres no somos mera chiripa existencial y, además, crecemos y maduramos en contexto: aparte de lo que nos diferencia, de lo que en cada cual es irrepetible, los humanos somos entidades filogenéticas. Así es.

Por un lado, somos herederos de filiaciones, linajes, cargas milenarias y tradiciones que llegan hasta nosotros y que nos hermanan.

Por otro, cada cual es individualidad, un fenómeno efectivamente singular que nos distingue frente a contemporáneos y antepasados.

¿Qué hacemos? ¿Cómo obramos?

Nos centramos, nos centramos en nuestro propio yo, nos apartamos momentáneamente del mundo, nos abismamos incluso, y cavilamos a partir de los recursos que nos han legado y que hemos hecho propios.

Evaluamos o fantaseamos, examinamos lo que nos pasa o nos concierne, lo que deseamos o lo que tememos. Es nuestra simple, nuestra compleja, capacidad de raciocinio y de imaginación, nada menos.

Para ello, para pensar, para pensar qué hacer aquí y ahora, disponemos de un depósito de referencias culturales, esas que a cada uno de nosotros nos han tocado en suerte o hemos adquirido.

Son reglas y valores que nos permiten dictaminar con mayor o menor acierto qué hacer y con qué consecuencias. Son recomendaciones familiares, prescripciones sociales, preceptos religiosos, saberes comunes, conocimientos informales, consejos amistosos, experiencias, expectativas, estudios académicos, etcétera: productos de la creación más egregia o de la cultura popular.

Decía Umberto Eco que todo ese repertorio de recursos (ideas propias o prestadas o recibidas) forman nuestra particular *enciclopedia*. De ese caudal echamos mano. Insisto: nos valemos expresa, deliberada o automáticamente para reaccionar, para demorar la respuesta; pero también para pensar y, a partir de esa meditación, actuar adaptándonos o sobresaliendo, resignándonos o protestando.

Por lo que parece, por lo que intuitivamente sabemos y por lo que nos dicen los especialistas, somos una especie reflexiva e incluso *autorreflexiva*. Analizamos y conjeturamos, vemos o creemos ver lo que nos pasa y lo que nos trasciende. Admitidas estas evidencias, acertadas o desacertadas, ¿podemos decir que todo ello nos convierte en *pensadores* y, por extensión, en *intelectuales*? Insisto: me refiero al hábito de reflexionar, estudiar y, en fin, actuar salvando nuestras propias rutinas o automatismos.

No es necesariamente así.

"Todos los hombres son intelectuales", sí, decía Antonio Gramsci, pero —añadía— no a todos los hombres les corresponde desempeñar dicha función en público y en sociedad.

Intelectual es quien piensa en público o para un público sobre el estado de la colectividad, sobre las acciones y funciones de la sociedad, sobre su marcha, progresos o retrocesos.

Es alguien de quien se espera un dictamen general y agudo sobre lo que acontece en contraste con lo sucedido generaciones atrás. Intelectual es alguien que reflexiona o medita, dotado de alguna especial clarividencia y, por ello, reconocido e investido por algún tipo de autoridad.

Solo quien desempeña dichas funciones en esos términos puede ser calificado como tal, como intelectual.

Me refiero a lo de pensar para todos (o, al menos, para otros) valiéndose de unas habilidades conocidas, de unos conocimientos reconocidos, de un nombre distinguido. Por tanto, pensar en público o expresar una opinión en la esfera colectiva es algo que en principio está reservado a unos pocos.

¿A quiénes?

Pues entre otros, a los escritores que saben servirse de la palabra pública; a los periodistas o publicistas de acreditada valía que saben divulgar los conocimientos o presentar un cuadro general de los hechos que nos afectan; a los expertos que son convocados en los medios para aclarar lo que nos es mayoritariamente ignoto u oscuro; y a aquellos otros que por su fama y cualidades reputadas en artes, ciencias, etcétera, obran y se pronuncian con autoridad, precisamente como *intelectuales*.

Sinteticemos.

Obrar como intelectual es intervenir y expresarse en esa esfera pública a la que antes aludía para manifestar una posición u oposición, para enjuiciar hechos colectivos, para exponer reflexiones privadas de singular relevancia, para denunciar agravios o amenazas que se ciernen sobre todos y no solo sobre este o aquel individuo.

Digo esto y me corrijo: una persecución injusta, sañuda de un individuo, de un solo individuo, por parte de otros o por las instituciones del Estado o de las organizaciones fuerza (o debería forzar) al intelectual a pronunciarse y a denunciar la ilegitimidad o la ilegalidad de esa actuación.

En la sociedad contemporánea, tenemos abundantes pruebas de esos abusos y de las respuestas dignas y tajantes de quienes se oponen a dichas persecuciones.

Gracias a estas actividades intelectivas y prácticas (meditar, juzgar y difundir), las reflexiones del intelectual podrán servir de guía, norte y dirección, de enseñanza, de instrucción general. Y así la comunidad lectora, espectadora o consumidora de mensajes públicos sabrá qué piensan los escritores, los filósofos, los cineastas, los científicos, etcétera, esos *intelectuales* que tienen opinión y la proclaman o que creen tenerla, razón por la que se sienten obligados a defenderla.

El mundo o el propio país siempre anda en riesgo e incluso a la deriva —eso creen los letraheridos más pesimistas—. Y así piensan no pocos coetáneos, que ven cómo se deteriora su entorno o, peor aún, sus expectativas. Por ello, sobre los graves y grandes asuntos públicos, políticos, sociales que a todos afecta, el común de los mortales espera su pronunciamiento.

El intelectual es aquí un maestro, ejerce de *maestro pensador*. Se convierte en (o refuerza su condición de) referente, incluso de modelo de conducta, para numerosos seguidores o incluso para rivales o enemigos que aguardan sus declaraciones o acciones con el fin de seguirlas o rechazarlas.

No solo son influyentes quienes tienen una legión de seguidores, sino también aquellas personas que, elevándose por encima de la media y disponiendo de medios de expresión, provocan animadversiones varias, toda clase de ojerizas.

Recordemos. Este individuo reverenciado o detestado es o suele ser un creador, alguien que se distingue, alguien que ha alcanzado una preeminencia pública.

Su conversión en intelectual viene después, justo cuando valiéndose del reconocimiento se atreve a hablar de cosas colectivas que, en principio, no son de su competencia o de su incumbencia. Sabrá poco o mucho acerca de especialidades que no son suyas, pero por el efecto público y negativo de lo emprendido por expertos o gobernantes, por poderosos o influyentes, le llevan a condenar lo que juzga amenazas, agresiones, etcétera.

Es entonces cuando hace declaraciones o encabeza actos, firma manifiestos, critica decisiones, enjuicia a gobiernos o partidos y difunde su palabra, su voz… autorizada.

Al proceder así, al convertirse en intelectual, el intelectual es un tipo *entrometido*: alguien que se inmiscuye donde no le llaman, alguien que incordia. Espera arrumbar o derribar supuestas verdades que juzga mentiras, prejuicios heredados o atavismos, y espera denunciar actos públicos que juzga retrógrados o dañinos.

Y así, con audacia, el intelectual es aquel que beneficiándose de su notoriedad sale de su ámbito (la literatura, el arte, la ciencia, la academia) para criticar a la sociedad, para reprender a los poderes establecidos, para amonestar a sus contemporáneos por perezosos o irreflexivos. Con audacia, he dicho. Podría decirse también: con frecuente temeridad.

La fama, eso es: justamente cuando el creador aprovecha esta circunstancia para examinar el estado de la moral colectiva, cuando el científico se sirve de la celebridad para interpelar a sus destinatarios y cuando el literato se erige en defensor de una causa, entonces estamos en presencia de alguien a quien calificamos de intelectual. Se exhibe ante sus compatriotas y ante el mundo, coronado por el prestigio: eso sí, protegido por su crédito.

Pero vayamos un poco más allá.

Los intelectuales son un grupo humano paradójico. Lo constituyen individuos que no son afines o enteramente afines. De entrada, nada los vincula: ni las profesiones, artes o saberes que cultivan ni las prácticas y tareas que desempeñan.

Sus orígenes suelen ser variopintos e incluso no son raros el extrañamiento y el enfrentamiento. Lo normal es que vivan encerrados dentro de los límites de *dos culturas* que respectivamente se repelen. Unos y otros crecen, maduran y asientan sus logros, desarrollando sus cualidades. A la vez, esa habilidad y esos refinamientos creativos o científicos los alejan del resto de los mortales, los distancia objetivamente de la masa, del vulgo, del común de las gentes, las mismas que luego reclaman sus dictámenes sobre todo lo divino o lo humano.

Justamente por eso, por saberse escuchados, seguidos, aplaudidos, levantan su voz para evaluar con acierto o no, con mesura o con mucho aspaviento. Educan e instruyen; o confunden y, con asombrosa frecuencia, yerran.

Como no solo hablan de lo que saben, de aquello en lo que son competentes (el verso, el óleo, la ficción, el barro, la instantánea, los virus, etcétera), sino también de otras cosas públicas que a muchos interesan y sobre las que ellos creen tener opinión y juicio, aciertan (de chiripa o por conocimiento) y se equivocan. De todo se les exige tener opinión y juicio.

Y para ello intervienen en la prensa, se hacen literalmente *presentes* en los medios, denuncian con coraje o con mesura, aprueban con entusiasmo o tibiamente, condenan, celebran. Y su imagen se impone más allá de su propia obra. Son conocidos y resultan reconocibles, y sus efigies o sus parlamentos son considerados, muy tenidos en cuenta. Son exactamente *celebridades*.

Es raro poder escapar del envanecimiento que puede provocar esta capacidad de convocatoria, pues saberse conocidos y apreciados, saber que hay tantos que aguardan sus dictámenes, agiganta la autoestima, agranda el alma o la trastorna.

Con retórica dolida o expresión sarcástica, con formulaciones sensatísimas o con exclamaciones disparatadas, los intelectuales se hacen leer, se hacen oír o se hacen aplaudir.

Por esta circunstancia paradójica —un mundo interno cuyas emanaciones se esperan con unción y fervor—, algunos intelectuales obran con torpeza o delito, maduran mal, padeciendo frecuentes trastornos narcisistas.

Entre quienes están muy pagados de sí mismos, entre quienes sueñan con la posteridad, no es raro hallar casos de engreimiento fantasioso.

Son gentes que, cuando recuerdan su propia vida, se engañan con sus logros, su identidad y su coherencia. O se juzgan oráculos.

Pero hay otros intelectuales que obran con prudencia, con mesura, personas que tuvieron juventudes más o menos alocadas y que cuando maduran raramente se equivocan.

En cualquier caso, un intelectual es un *metomentodo*, un señor o una dama de las letras, de las artes, de las ciencias, etcétera, que por su cualidad y nombradía se atreve a elevar su voz frente lo obvio o lo repetido o lo archisabido y probablemente falso o desfasado. Es, pues, alguien picajoso. Gracias a sus advertencias más juiciosas, los individuos comunes nos orientamos. Les debemos agradecimiento, reconocimiento, etcétera.

¿Puede ser un tipo vil o servil? ¿Puede ser un tipo rastrero o pernicioso o demente? Por supuesto, la historia contemporánea rebosa de gente indeseable que ha ocupado el puesto de intelectual y que no ha sabido o no ha querido defender causas nobles y necesarias.

Ante esa posibilidad, la de errar o la de defender lo indefendible, quizá convendría que permanecieran callados. Tal vez, podemos pensar que ante tentaciones tan poco edificantes, más valdría que cada uno se ocupara de lo suyo, de lo que sabe, de lo que sabe hacer y no de lo que cree que debe decir en público.

Frente a esta idea, que no es disparatada, pueden oponerse dos razones bien fundadas.

Primera. ¿Podemos imaginar un mundo de expertos en el que solo éstos hablaran de su materia por ser los únicos estudiosos y autorizados? Sería, además de tedioso, enormemente pobre: empobrecedor. Los expertos no nos resuelven nuestros principales y permanentes problemas, pues los principales siempre son preguntas permanentes.

Segunda. ¿Podemos imaginar un mundo de atrevidos ignorantes e iletrados opinando sobre cosas abstrusas? Podemos imaginarlo, sí. Por ello, al intelectual y al ciudadano común, a quien es experto y a quien es ignorante en esta o aquella materia, hay que exigirles hondura, datos, conocimiento, prudencia analítica. Y hay que exigirles que sopesen o evalúen las consecuencias potenciales de lo que dicen o hacen.

El mundo es complejo, sometido a la subjetividad, a las conductas en parte imprevisibles de los humanos. O como decía George W. Bush con agudeza imprevista, involuntaria: la guerra es un sitio peligroso. También la paz, podríamos añadir.

La paz y la guerra no se aclaran o se liquidan o se resuelven solo y definitivamente con el dictado o con la predicción del experto. Por eso, necesitamos una pluralidad de voces cultivadas (entre ellos, los llamados intelectuales, esos que sin ser expertos precisamente nos despierten y nos incomoden con mayor o menor acierto).

Necesitamos gentes reconocidas que se atrevan a examinar y a evaluar sensata y documentadamente la política y las cosas públicas. Como es obvio, hay que ensanchar el marco que circunscribe nuestros pensamientos, el discurrir de la gente común.

Hay que desconfiar del experto de gabinete que apenas pisa la calle, como hay que desconfiar del humanista que cree tener varias o muchas ideas novedosas. Como hay que desconfiar de las ideas recibidas, de los tópicos de que tantos y tanto nos servimos.

Los letraheridos se han dejado llevar en no pocas ocasiones por la irresponsabilidad. Pero los expertos son culpables de frecuentes y enormes atrocidades: han contribuido a la ingeniería social y a la tiranía bajo el nazismo, bajo el estalinismo, por ejemplo.

Sin duda, hay literatos que han hechos cosas feísimas. ¿Qué cosas? Pues, sin ir más lejos, la siguiente: sostener ideológicamente dictaduras (cosa frecuente durante la Guerra Fría). Igual que ha habido científicos de neutralidades presuntamente objetivas que se aliaron con gobiernos delictivos.

A pesar de esas culpas, los intelectuales, más o menos expertos en los asuntos públicos sobre los que dictaminan, aún nos son necesarios. Se pronuncian sobre temas que no son de su materia valiéndose de su prestigio, de su autoridad.

Ocurre algo en el mundo y es justamente en ese momento cuando levantan otra vez su voz para guiar a sus compatriotas, para advertirles, para amonestarles.

Es costumbre recordar en este punto el papel gigantesco y a menudo desacertado de Jean-Paul Sartre (1905-1980), el intelectual por antonomasia del siglo XX. Es costumbre recordar sus opiniones corajudas y también con frecuencia funestas.

Aquel que difundiera la idea del *compromiso* del escritor, del *intelectual comprometido*, recayó con asiduidad culpable en posiciones indefendibles, infaustas. Pero esa idea, la del compromiso, sirvió para que muchos artistas y novelistas siguieran su ejemplo incorporándose a la esfera pública.

Eso produjo en su momento y ha producido después muchos malentendidos y excesos por cuanto no solo se ha hablado de intelectuales comprometidos, sino también de "literatura comprometida".

¿Equivale literatura comprometida a literatura política o de denuncia? En el caso de ser así, ¿cómo medir la calidad de esa producción o creación? ¿Por su valor intrínseco como obra literaria o por su apego a la realidad, por la denuncia de la injusticia, pongamos por caso?

No sabemos bien qué es, como decía Jorge Luis Borges, pues "yo tenía entendido que solo existía buena y mala literatura. Eso de literatura comprometida me suena lo mismo que equitación protestante".

Quizá no le faltara razón a Borges cuando criticaba la inmoderada tendencia de tantos escritores dispuestos a cabalgar sobre temas que ignoran, pero hemos de admitir que esta cuestión no se liquida a la carrera, en términos equinos precisamente.

Pongamos un ejemplo.

Hace unos años, en Italia hubo un debate extraordinariamente interesante sobre los intelectuales, sobre su función, sobre su papel, sobre lo que les corresponde hacer en tiempos de crisis. Sobre su compromiso. Todo ocurría en 1997 y sobre la base de dos publicaciones periódicas: *L'Espresso* y *Micromega*.

Acostumbrados a que su país anduviera con tensiones permanentes, con amenazas constantes, con conspiraciones reales o presuntas, los polemistas que intervinieron examinaban el asunto con gran tiento. Sabedores también de que la historia de los intelectuales es, en parte, la historia del siglo XX, la de sus aciertos, horrores y desastres, analizaban con cuidado el papel que había que reservarles.

La polémica enfrentó a dos autores de enorme prestigio, a Umberto Eco y a Antonio Tabucchi. Eco y Tabucchi discutían acerca de lo que debe hacer un intelectual cuando se vale de su reconocimiento para intervenir en los debates sociales y políticos.

Con gran ironía, como era costumbre en él, Umberto Eco llegaba a una contundente moraleja: "El primer deber de los intelectuales: permanecer callados cuando no sirven para nada". En concreto decía: "Si se les toma por lo que saben decir (cuando son capaces de ello), los intelectuales son útiles para la sociedad, pero solo a largo plazo".

Y seguía: "a corto plazo, únicamente pueden ser profesionales de la palabra y de la investigación que pueden administrar una escuela, ser los encargados de prensa de un partido o de una empresa, tocar el pífano en la revolución, pero que carecen de una función específica propia".

Más aún, "afirmar que trabajan a largo plazo significa que desempeñan su tarea antes y después de los acontecimientos, pero nunca en el curso de los mismos", dado que no tienen más clarividencia o agudeza o perspicacia que cualquier otro ciudadano arrastrado por el curso de los acontecimientos", decía.

"Cuando la casa se quema, al intelectual solo le cabe intentar comportarse como una persona normal y de sentido común, como todo el mundo". No tiene "una misión específica, se engaña, y quien lo invoca es un histérico que ha olvidado el número de teléfono de los bomberos", concluía.

La posición de Umberto Eco era sensata, sí, sobre todo si consideramos la larga serie de pronunciamientos equivocados y perniciosos de escritores o de artistas, de intelectuales, dispuestos a deslumbrar con sus voces a un auditorio que se deja encandilar por la celebridad de quien habla.

Pero el reparo que Antonio Tabucchi oponía en *La gastritis de Platón* (1997) no era menor: "¿Y si, por ejemplo, los bomberos estuvieran en huelga?". ¿Qué debería hacer? ¿Permanecer en silencio viendo cómo se consume la casa entre las llamas humeantes de un espectáculo grandioso? Pero no solo eso: "¿Y si los bomberos fueran los de *Fahrenheit 451* de Bradbury-Truffaut (que son, vaya, dos intelectuales)?".

No le faltaba razón a Tabucchi.

"Sea como fuere, incluso aceptando las mangueras de los bomberos, nos queda el problema de las causas del incendio". ¿Qué causas? "¿Cortocircuito casual? ¿Descuido del inquilino? ¿Causas desconocidas?"

Como es obvio, hemos de confiar en la competencia de los investigadores, en su capacidad y habilidad, gentes expertas a las que se les supone eficacia, pundonor, honradez.

"Pero, ante la eventualidad de que el resultado de las investigaciones despierte dudas razonables, suponiendo que entre las causas del incendio esté, qué sé yo, un artefacto incendiario, ¿qué hacemos?, ¿archivamos el asunto?", concluía Tabucchi.

Recordaba esta polémica hace tiempo, cuando los alborotos de Francia solían acabar con un incendio y con la pronta intervención de los bomberos, seguramente avisados por ciudadanos rectos e incluso por intelectuales de guardia.

Pero ese debate amistoso entre Umberto Eco y Tabucchi me viene a la cabeza cuando veo a tantos agitadores verbales que parecen estar dispuestos a chamuscar la casa con todas sus pertenencias dentro. Hay un estado incendiario de algunos intelectuales más o menos influyentes que se manifiesta en la radio, en la prensa, en Internet. Y hay una letanía melancólica de tantos académicos que esperan ser convocados como expertos.

¿Convendría llamar a los bomberos para que aplaquen este incendio verbal? Llamar a los bomberos, en este punto al menos, tiene un sentido preocupante y de la metáfora pueden, en efecto, extraerse lecciones o analogías peligrosas.

Este incendio no lo apagará más que la sensatez, una cordura que habría que exigir a quienes se pronuncian, más o menos intelectuales, más o menos académicos o expertos, pero sobre todo obligadamente responsables.

Curiosamente, las redes, que son una democratización de las opiniones, no han facilitado esa moderación y así hay vecinos electrónicos, que avivan irresponsablemente este incendio acusando a diestro y siniestro.

A la hoguera, pues...

Los periodistas disponen de conocimientos generales y ejercen de mediadores entre los hechos y nosotros; los educadores tienen saberes de experto e intermedian entre los aprendices y el mundo. En ambos casos, ese papel de ilustración es fundamental, pues en todo proceso de aprendizaje e información siempre hay alguien ahí que nos ayuda a entender mejor lo que sucede, ya que eso que sucede tiene un mecanismo o un sentido que cabe descifrar.

En parte sobre los moldes del cronista y del maestro cumplen funciones semejantes a las del perito y el reportero: de una parte, saben cosas que otros ignoran o tienen capacidades que otros no tienen; de otra, hablan de asuntos más o menos generales que no necesariamente dominan por sus saberes especializados, de experto.

El caso es que los intelectuales informan y educan, hacen de mediadores e ilustran, aunque todo ello lo desarrollen interviniendo en los *mass media* y ya mismo en las redes que les facilitan la difusión. Opinando sobre lo nuevo que cada día acaece en el mundo. Pero esos juicios no se los reservan para sí o para unos pocos, sino que, por el contrario, los hacen públicos: precisamente los publican en todos los medios que están a su alcance.

En parte, pues, sobre los moldes del predicador y del reformista están hechos los intelectuales, que importunan y se obstinan. Esperan convencer a sus destinatarios, informándoles de las novedades, instruyéndolos y amonestándolos, enseñándoles el significado cambiante o permanente de los hechos que suceden, advirtiendo de lo que es equívoco o modificando lo que juzgan erróneo.

Es decir, desempeñan una tarea crítica y doctrinal, en cierto modo reparadora, correctora, pues tratan de quitar la venda o el velo que impide ver con claridad las cosas y su sentido. Es ésta una metáfora muy socorrida.

¿Y quién nos habría puesto ese lienzo sobre los ojos que impide percibir lo nuevo, lo bueno o lo correcto? Para empezar, la rutina de cada día, esa de la que nos valemos para vivir ordinariamente casi como autómatas. Pero también el poder o los variados poderes que arraigan en la sociedad, esos sistemas de control y beneficio que nos preferirían súbditos más o menos ignorantes en vez de ciudadanos conscientes y respondones.

Dicho así, concebido en estos términos, habría algo de grandioso (¿y omnipotente?) en la tarea benefactora de los intelectuales que nos quitan la venda. Y habría algo de audaz y arrogante en esa labor entrometida.

Lo digan o no, los intelectuales se creen necesarios para extirpar prejuicios o para denunciar las arbitrariedades de las masas o los despotismos de los poderes. Y así se presentan. Pero, como no me cansaré de repetirlo, los intelectuales también se equivocan o incluso incitan a cometer las más variadas estupideces o, peor aún, a abandonarnos al desafuero y al odio.

La historia de estas figuras egregias de la modernidad laica y mediática no tiene propiamente larga data. No se remonta a muchos siglos atrás, pues para que de verdad pueda hablarse de ellas, de esas figuras efectivamente egregias, es preciso que haya medios de comunicación que den curso, voz y altavoz a sus palabras: ese espacio público que vengo nombrando, esa esfera colectiva en que poder y deber intervenir, una sociedad en la que los derechos se conciban como posibles.

En efecto, el intelectual es propiamente contemporáneo y la prensa (el periódico de los siglos XVIII y XIX, por ejemplo) es el primer medio sobre el que el experto interviene no para difundir su saber de especialista, sino para denunciar o para proclamar las derivas y los desvaríos sociales. Y el pasado de esas figuras es sobre todo una historia y una pasión francesas, que François Dosse ha sabido trazar con maestría.

¿Por qué razón? En primer lugar, porque la Francia contemporánea es un país acostumbrado y ducho en difundir su pensamiento y sus pensadores: al menos desde el Iluminismo del Setecientos y desde la expansión bonapartista. No solo se exporta o se impone el Código napoleónico, pongamos por caso.

De Francia nos llegan las ideas más novedosas, más osadas. Eso pensaban los liberales, los realistas, los conservadores, los moderados, y con ellas nos llegan los buenos o los malos ejemplos, como así lo denunció, entre otros, Edmund Burke en 1790, cuando se publican sus *Reflexiones sobre la Revolución francesa*.

En segundo lugar, porque esa Francia moderna, intelectualmente tan activa, es un país estremecido por frecuentes revoluciones, unos tumultos o unas violencias que rompen el devenir ordinario o previsible de las cosas, de la historia de lo predecible. Repito: Burke supo ver inmediatamente la incidencia mundial de los tumultos de París. En esa circunstancia de permanente cambio, de trastornos persistentes, aclarar el significado de los hechos es perentorio.

En tercer lugar, es ésta una historia y una pasión francesas porque desde la Ilustración, desde el Setecientos, la propia sociedad presta mucha atención a sus pensadores, necesitada de gentes de fino entendimiento que iluminen. Que alguien diagnostique y dictamine es urgente. ¿Qué cosa? La gran transformación, esos cambios que asombran al mundo una y otra vez. Desde luego, esa especie social, la de los intelectuales, la podemos hallar en otros muchos países. En el nuestro, por ejemplo. Pero es en Francia en donde su presencia ha cobrado dimensiones épicas desde el Setecientos: de Voltaire a Émile Zola; de Jean-Paul Sartre a Michel Foucault.

Sin embargo, estamos ahora en otro tiempo y bien que lo certifica François Dosse: los intelectuales entendidos al modo clásico están en declive por distintas razones. Han sido útiles y dañinos: han denunciado con tino los poderes avasalladores, pero han sido igualmente numerosas las indignidades cometidas por ellos mismos. La mala prensa o el descrédito no es algo aislado.

Aunque hay algo más, y algo más reciente: la crisis de la prensa, la multiplicación exponencial de nuevos medios, la democratización de la opinión, la facilidad con que ahora todos manifestamos nuestros juicios en papel o en Internet debilitan y menoscaban la autoridad indiscutida del gran intelectual, sus análisis, sus vaticinios, sus predicciones. Ahora, por el contrario, son las figuras mediáticas y las digitales las que favorecen tendencias o crean opiniones, figuras a las que siguen o impugnan los públicos bulliciosos y las multitudes electrónicas.

Y en eso estamos. Pero antes, mucho tiempo atrás, el asunto no era éste y el intelectual cobraba por ejercer de tal y cobraba una dimensión inaudita, rodeado por un aura y una audiencia crecientes. Quizá Mayo del 68 fue el punto máximo de su esplendor. Este fenómeno influyó en muchos intelectuales en sazón o *in spe*. Es decir, en muchos pensadores, publicistas y agitadores que se auparon a la oleada o que se adhirieron a sus proclamas o los cambios que traía el movimiento.

¿Qué fue el 68?

Entre los meses de mayo y junio de 1968, una protesta estudiantil conmociona las estructuras de la República francesa. Lo que en principio parece una chiquillada sin mayor trascendencia se convierte en una revuelta de mucha repercusión. Tanta repercusión tendrán esos acontecimientos que de manera ritual y decenal volvemos a preguntarnos qué fue aquello, qué incidencias inmediatas tuvo y qué consecuencias provocó.

Muchos se declaran contemporáneos o hijos del 68, no pocos añoran aquel fervor y no menos, algunos que fueron protagonistas, testigos o compañeros de viaje, hoy lo repudian.

¿Acaso aún vivimos bajo sus efectos?

Lo de París fue un hecho local, pero a la vez universal: inmediatamente se convirtió en un espectáculo mundial, en simbiosis con revueltas y altercados de otras capitales. Y fue una explosión intelectual y moral. Quizá el mundo de la posguerra de las democracias liberales, aún rígido, necesitaba sacudirse los frenos sociales y políticos de una tensión inacabable que obligaba a fijar las posiciones con disciplina: la propia Guerra Fría.

Pero Francia es, en este aspecto, muy especial. Me refiero a los alborotos callejeros que devienen movimiento. Desde 1789, desde 1830, desde 1848, desde 1871, etcétera, París sufre convulsiones que asombran a vecinos y foráneos.

Asombran a quienes las protagonizan con alborozo y a quienes las observan con admiración, incredulidad o rechazo. Se cultiva, sí, en la capital de Francia una tradición de revueltas, de rebeliones, que trastornan periódicamente las calles de París, escenario de bacanales políticas.

Pero volvamos al 68. Lo que de entrada son unos estudiantes universitarios y bachilleres bien nutridos y levantiscos se convierten en unas masas urbanas hostiles y festivas. Practicarán la violencia, la violencia política, y padecerán la represión contundente y contumaz de la gendarmería, de los cuerpos antidisturbios. Habrá muertos. Pero habrá sobre todo fiesta revolucionaria.

¿Qué es lo que se vive? La satisfacción de estar juntos, de salir juntos, de ocupar alegremente la Universidad de la Sorbona, el Teatro del Odeón, la Escuela de Bellas Artes y otros recintos. Se unen, se reconocen, se identifican como jóvenes, con esa inmortalidad que aún se disfruta.

Están en París, el mejor escenario posible, el teatro de los acontecimientos, para reivindicar cosas concretas, referidas a la vida académica, y para plantear metas más abstractas y hasta utópicas. Los intelectuales, ya conocidos o nuevos, proclaman las metas y sintetizan las consignas.

Los jóvenes alborotados ocupan —ya digo— recintos universitarios, salen en manifestación continua, se enfrentan a la policía, levantan barricadas y lanzan adoquines. Difunden pasquines, empapelan los muros con afiches, popularizan consignas audaces. Emplean lenguajes sedicentemente marxistas y anarquistas, hablan con léxicos maoístas y hasta trotskistas, pero sobre todo convierten el desafío en un reto político y hedonista, colectivo e individual.

Con los fotoperiodistas y los cámaras inmortalizando rostros y situaciones, situaciones de regocijo y revolución, de rebeldía e insolencia, el barrio Latino de París vivirá su particular kermesse. En la tradición histórica, por kermesse entendemos una fiesta popular, con algo de celebración barrial, un alboroto y un alborozo del vecindario que se realiza y se consuma para fines prácticos y para exaltación colectiva.

Una kermesse es también un mercado material y un mercadeo de pasiones, de desenfrenos varios, hasta bacanales de placer y de desafío al orden constituido. Es el desorden, la inversión de los valores; es el fin (temporal) de las normas, de las restricciones, de las reglas de la civilización, de la compostura y de la *politesse.* Se acaban —ahora, ya, de momento— las hipocresías y las cortesías.

Y es la vivencia del carnaval político y mundano, la celebración de la carne e incluso de lo bestial. Abajo el orden, en efecto, y arriba lo reprimido, lo oculto, lo condenado. Es o se vive como una explosión de lo impulsivo, de lo instintivo, del desenfreno y de la libertad salvaje o natural.

En 1968, París vuelve a ser, en efecto, el escenario de la revolución. París vuelve a ser una fiesta. París no se acaba nunca. Los hijos del bienestar, que pertenecen a la "Francia que se aburre" (según el diagnóstico previo de un periodista), adoptan formas de guerrilla urbana y, durante unas semanas, se adueñan del espacio público atrayendo el interés de los medios.

Pronto se les unen numerosos obreros en paros e intervenciones de fábricas hasta llegar a una huelga general con millones de seguidores. El presidente de la República, el general De Gaulle y su primer ministro, Georges Pompidou, afrontan los hechos con desconcierto, luego con determinación y pronto con sangre fría. La Francia burguesa y menestral, la Francia propietaria y bienestante, se pondrá a la cabeza de una gran manifestación gaullista en defensa de los valores tradicionales, en defensa de la República.

Todo había empezado en marzo, en Nanterre, una universidad de reciente creación y ubicada en el extrarradio lejos del París más chic. Una reivindicación inocente, acceder a las salas y a las aulas de las muchachas, y una demanda modesta de libertad sexual desatan las hostilidades. Se crea un movimiento estudiantil, el Movimiento 22 de Marzo, que encabezará un joven germano-francés (hijo de judíos alemanes emigrados) Daniel Cohn-Bendit. ¿Qué es? ¿Qué será? ¿Un agitador, un intelectual?

Ahora bien, los enfrentamientos estudiantiles se inician en los primeros días de mayo, cuando se ordena la clausura de la Universidad de Nanterre (2 de mayo) y las fuerzas del orden interrumpen una asamblea en la Sorbona, en la que se discute la implantación de la selectividad (3 de mayo). De inmediato empieza una campaña de movilizaciones cuya meta no solo es derogar el proyecto de reforma educativa, sino también denunciar la hipocresía de la sociedad burguesa. A lo concreto se une, pues, la reivindicación de un mundo distinto, de una moral abierta o laxa.

A partir del 10 de mayo se levantan barricadas en el barrio Latino. La Sorbona será ocupada por los grupos estudiantiles, haciendo caso omiso de la amnistía prometida por el primer ministro. El 13 de mayo los sindicatos irán a la huelga general, tomarán las fábricas reclamando un aumento de salarios. Justo en ese momento, justo entonces, diez millones de trabajadores se suman a la huelga estudiantil como muestra de solidaridad y de comunión de intereses. El levantamiento de barricadas, las manifestaciones, la ocupación de locales públicos y la guerrilla urbana serán las formas expresivas de este teatro revolucionario.

La unidad se quiebra cuando afloran las diferencias entre los sindicatos, cada vez más moderados, entre ellos la CGT (comunista), y el movimiento estudiantil, radicalizado y dirigido por grupos de inspiración trostkista y maoísta, como el Movimiento 22 de marzo. El 30 de mayo, De Gaulle anuncia la convocatoria de elecciones generales y la disolución de la Asamblea Nacional. Finalmente, la policía expulsará a los estudiantes del Teatro del Odeón, de la Sorbona y la Escuela de Bellas Artes (el centro de producción de la iconografía izquierdista).

Los gaullistas obtienen un triunfo sin precedentes en las elecciones celebradas en junio, con lo que se pone término a la crisis de mayo. Al menos temporalmente. Se pone fin al vértigo de los acontecimientos.

Pese a este fracaso político inmediato, el Mayo francés es y será un aldabonazo, una llamada de atención para todo el planeta, pero más cercanamente para los universitarios españoles, muchos de los cuales se sienten concernidos. Por esas fechas, el mundo está cambiando, los jóvenes reclaman su espacio, cuestionan con lucidez o con torpeza mayor libertad, nuevos valores, nuevos hedonismos. Son unos cambios culturales que ya se están dando antes de que estalle el 68, pero esa fecha es su cristalización. Esos cambios se radicalizarán todavía más con el paso del tiempo.

El radicalismo trastornará aquella sociedad aún pacata, pero una parte de esos valores individualistas y hedonistas serán pronto credo común y nutrientes del mercado y de la publicidad.

Pensemos en España.

En parte, no pocos setentones actuales son *sesentayochistas* que estuvieron en París en cuerpo o en alma. Y quienes pertenecemos a generaciones algo más jóvenes somos hijos contradictorios de todo aquello: de la represión franquista, del puritanismo, de la reserva, de la contención en que fuimos educados, y del hedonismo ateo y la fiesta izquierdista que desde allí se difundió.

No pocos *sesentayochistas* u otros que fueron tal cosa deploran hoy aquella kermesse y, sobre todo, los efectos tan perniciosos que Mayo habría tenido para la moral de las últimas décadas. No pocos libertarios o maoístas de entonces han devenido conservadores e incluso reaccionarios.

Quizá el ejemplo más sobresaliente haya sido el de André Gluksmann, fallecido en 2015. Ciertos intelectuales que fueron ostentosamente izquierdistas se han sacudido cualquier resto de progresismo que aún pudiera quedarles, convencidos de las malas consecuencias de los radicalismos políticos.

Habrá tiempo para regresar a estas renuncias, para analizar este fenómeno, que no es una mera evolución, ni un repertorio de casos aislados o escasos, sino un modo de envejecer al galope. Pero volvamos atrás y volvamos a quien es el protagonista de este libro.

SEGUNDA PARTE

FERNANDO FERNÁNDEZ-SAVATER

Y en eso llegó Savater

Y en eso llegó Fernando Savater, nacido en San Sebastián, en 1947. Hace ya muchos años que irrumpió en la esfera pública española. Antes de que el joven escritor cumpliera la treintena, a algunos ya nos llamaba la atención: sus artículos en prensa nos interesaban vivamente. Es más, no pocos nos sentíamos interpelados: al menos, eso se daba con ciertos muchachos inquietos entre los que me incluyo. Como ya anticipé, este libro debe leerse como eso: como el repaso que hace un lector leal de la derrota de Savater, de su singladura y de su sorprendente final.

Por entonces, cuando yo empiezo a leer sus piezas en prensa, él profesa de Joven Filósofo, vinculado a Agustín García Calvo, faro de la acracia intelectual de principios de los setenta, y como tal es clasificado.

No por casualidad, el primer libro de Savater lleva el estimulante título de *Nihilismo y acción* (1970) quintaesencia de filosofías marginales, sesentayochistas con toques y dosis variables del marqués de Sade, de Arthur Schopenhauer, de Friedrich Nietzsche, de E. M. Cioran y hasta de Herbert Marcuse.

Desde la década de los setenta del siglo xx, lo vimos venir y lo venimos siguiendo como un pensador que se compromete, incluso ruidosamente, y que *se ensucia las manos* (por decirlo con Jean-Paul Sartre). Lo vimos como un académico que baja a la calle, que utiliza todos los medios (desde el periódico hasta el megáfono) para exponer y exponerse.

Hay varias imágenes significativas que sirven de icono mundial. Vemos a Jean-Paul Sartre aupado al capó de un automóvil o incluso subido a un bidón y con megáfono en mano arengando a las masas. Estamos en ese tiempo que va de 1968 a los inicios de los setenta.

He citado Mayo, el movimiento que tanto condicionó o aún condiciona a Savater. De esa fecha es deudor: de aquella oleada parisina, el futuro filósofo donostiarra se sentirá hijo o contemporáneo. ¿Por qué Savater está y se siente tan concernido y luego tan crítico?

Insisto: este libro que ahora le dedico lo escribe un temprano, leal y crítico lector de Fernando Fernández-Savater Martín. Es el volumen de alguien que se supo o se quiso cercano a su figura y a muchas de sus ideas más agudas. También alguien que, con cierta aprensión, reflexionó sobre sus declaraciones más extremas, alguien que se adhirió a algunas de sus opciones, a algunas de sus intelecciones, sin llegar a ser necesariamente ácrata o nihilista.

Pero este ensayo lo firma alguien, ay Dios, que ahora, tras años de distancia, lee sus nuevos artículos y libros, apartándose de él, de Fernando Savater con sorpresa, estupor y repeluzno.

Debería corregirme: hace ya mucho tiempo que no hay sorpresa en el desagrado profundo que me provocan tantas de las ideas que actualmente sostiene, muchas de sus formas agrias o avinagradas de exposición y mucha de la arrogancia intelectual con que amonesta o vitupera a quienes no se le adhieren o a quienes lo desmienten.

La ironía y la guasa, que fueron rasgos juveniles y hasta recursos maduros o sabiamente utilizados, son hoy sarcasmos varios y heridos, el síntoma de un malestar profundo y de una irritación incurable y también superficial: vamos, que se le aprecia a simple vista y que se le nota en cuanto arremete, que es siempre.

Una decepción, pues.

Trataré de explicar mi temprano apego a un cierto Savater, aquel que hizo de la alegría y de la felicidad sus metas expresivas e intelectivas, aquel que hizo del amor propio su fórmula moral frente a la mansedumbre o el gregarismo. Y trataré de razonar mi disidencia creciente, propiamente mi desapego y hasta mi rechazo, a un Savater que hoy solo descree del izquierdismo que profesó para relativizar o aprobar la oleada ultra que nos amenaza.

No son pocos los que hoy lo tildan de derechista furioso. Creo que sus iracundas columnas (con ideas salvables arruinadas por la furia verbal) y sus libros desaforados son… despedidas. Son la despedidas y la derrota del intelectual que ya no puede ejercer de maestro pensador: las de quien fracasó en la política, los sucesivos intentos de intervenir en política, y que, por ello mismo, se expresa actualmente con rencores y reproches.

No es su posible conservadurismo lo que me escandaliza. "He sido un revolucionario sin ira; espero ser un conservador sin vileza", dijo pronto Fernando Savater: en *La tarea del héroe* (1981). Conozco a izquierdistas insufribles y a conservadores de extraordinaria valía. No es, pues, la posible evolución, involución o incoherencia de Savater lo que me horroriza: al fin y al cabo, la coherencia está muy sobrevalorada.

Si es sensato, uno no puede defender lo mismo que sostuvo cuando era inexperto, cuando carecía de experiencia o cuando era joven, provocador e indocumentado.

Lo que me desagrada del actual Savater es su palabra agria, su hostilidad hacia casi todo lo que fue, hacia todo lo que nos enseñó, que en su momento defendió por creer que estaba, siempre estaba, en el lado justo o correcto de las cosas. Y ése es un rasgo criticable desde el principio que yo no supe o no quise ver...

Es como si Fernando Savater, anarquista, simpatizante del abertzalismo, socialdemócrata, liberal o lo que actualmente sea, hubiera confundido en cada momento sus avances personales con los avances de la Humanidad. Así de egocéntrico puede ser.

Por tanto el agravio del filósofo no es algo reciente. Es un vicio antiguo: aquel que padece quien siente que no se le atiende o aquel que no perdonará jamás la derrota de aquellas opciones políticas (Ciudadanos y Unión, Progreso y Democracia) para las que Savater era el referente, el intelectual orgánico. La voz.

Pues eso.

Es este un volumen de ida y vuelta, escrito tantos años después, pero documentado año a año con las lecturas que acarreo: con anuencias y discrepancias.

Es ésta una obra de amplio respiro, firmado por alguien que tomó al filósofo donostiarra como un hermano mayor aventajado y hoy mal avejentado. Es un ensayo sobre alguien a quien mucho admiró, a quien reconocía como intelectual capaz de persuadir con gracia y con una prosa profunda, clara y guasona a un tiempo.

Es éste un libro que detalla en las próximas páginas con fecha, con datación exacta, algunas de mis muchas lecturas y relecturas de Savater, ese interlocutor al que tanto apelé y, justamente, interpelé, ese individuo con el que me abrí camino intelectual y con el que he acabado por tener crecientes y gravísimas discrepancias que al filósofo no interesarán.

Son, sí, crecientes y gravísimas discrepancias en el fondo y en las formas, el fondo y las formas de alguien, Fernando Savater, al que hemos perdido y al que algunos le hemos perdido el respeto. Se ha abandonado. ¿A qué cosa? Al amaneramiento del verbo y a una afectación irritante, sin alegría alguna, sin felicidad que atempere. Obraría como un Savonarola o un Torquemada que atacara con ira maniquea a sus viejos camaradas o compañeros de viaje.

Es cierto que ya en su juventud gozó incordiando a ciertas izquierdas cuya mojigatería les hacía rechazar la lectura de todo reaccionario vigoroso del que algo se podía aprender. Así, por ejemplo, lo declara expresamente en el prólogo de 1976 escrito para *Apóstatas razonables*.

Pero entonces y después se sabe y se inscribe en el campo del progresismo, cosa que entonces juzga correcta y necesaria. Y es verdad que gusta de encarnar el papel de deshollinador: quitarle a la izquierda en la que él mismo se reconoce muchas adherencias atávicas e injustificables, muchos sectarismos intelectuales bien adheridos. Pero con eso se acabó su derrota, el rumbo que lo ha llevado de un extremo a otro.

Hablemos de los inicios. Al principio de mis anuencias. Volvamos a 1976. Por esas fechas, él defiende la narración gozosa frente a la experimentación más severa.

Por mi parte, como un jovencísimo lector, frecuento sus autores de cabecera y sus recomendaciones más libres, menos canónicas. Pero a la vez no quiero privarme de otros sabores literarios y, por eso, por entonces, también leo a Juan Goytisolo, leo con aprovechamiento, el autor español (junto a Juan Benet) que más incurre en audacias narrativas. Como lector, justamente, vivo sin problema esta contradicción.

Un deleite no me impide la otra cavilación. Una prosa no me evita la otra. Admito, sin embargo, que hacia 1976 yo adoro al Juan Goytisolo de *Reivindicación del conde don Julián* (1970) o *Juan Sin Tierra* (1976), intelectual del exilio y de mucha severidad. A la vez, *La infancia recuperada* (1976), de Fernando Savater, me alivia de tanta adustez y experimentalismo. Me aligera de la autoflagelación.

Desde esa familiaridad, desde ese conocimiento me pronuncio hoy. Tras décadas de fidelidad, anuencia y discordancia lectoras. Para mí y para tantos otros, Fernando Savater ha sido el pensador que en su mejor momento reemplaza a José Ortega y Gasset.

Al igual que él, también el vasco adoptará la claridad y la variedad expresivas, que como se sabe son la cortesía del filósofo. Su primer editor, Jesús Aguirre en Taurus, así se lo pide o se lo exige. En realidad, al difundirse principalmente por la prensa, Savater no sabe escribir con la oscuridad de la jerga y a la vez parece alérgico o incapaz "de cualquier tipo de especialización investigadora". Así, por ejemplo, lo vuelve a declarar en el prólogo de 1976 para *Apóstatas razonables*.

Precisamente porque no ha ejercido de experto, precisamente porque no se convertirá en el académico normativo y previsible, es por lo que durante décadas será el intelectual español por antonomasia. Libre, horro de ortodoxias universitarias, al menos en parte, desempeñará ese papel. Para mí y para tantos otros, ni la monografía ni la novela eran su dedicación, artes o habilidades para las que no tenía capacidades reconocidas.

Por eso, por estar dotado para otro tipo de escritura, cultivará como nadie el ensayo. O la pieza periodística: la tribuna y la columna. En *Triunfo* o en *El País*, principalmente, pero también en otros medios menos conocidos, pero muy influyentes entre los jóvenes progresistas y hasta izquierdistas de la Transición: por ejemplo, *Ozono* o *El Viejo Topo*. Y en *Egin*, que yo no leía y que me producía alergia. Nunca supe por qué llegó a publicar en dicho medio, pero tampoco quise averiguarlo. Mea culpa.

Si Savater escribía en esos medios y, junto a él, el propio Juan Goytisolo (pongamos por caso), mi enciclopedia autodidacta se acrecentaba.

De hecho, a partir de mediados de los setenta del siglo XX, cuando yo apenas sobrepasaba los quince años, aprendí de él y de otros contemporáneos suyos qué cosa era exactamente un intelectual y cuáles eran sus funciones públicas y hasta beneméritas. Aprendí de él y de otros más o menos afines qué era el periodismo de opinión y cuáles eran sus formas de persuasión. Aprendí de él y de otros que también lo cultivaban qué era el ensayo como género (y *como forma*, por decirlo con Theodor W. Adorno) y cuáles eran sus modos de exposición y razonamiento.

Sin saberlo, por supuesto, Savater era uno de mis prescriptores de lecturas, no todas las que yo me imponía: una parte de mi menú procedía de sus gustos. Es decir, desde Theodor W. Adorno hasta Robert L. Stevenson, en feliz caos contradictorio; desde Friedrich Nietzsche hasta Walter Benjamin.

Por eso, por ese feliz caos de lecturas y por la necesidad de mayores conocimientos, no me limité a Savater. Si pocos años después de haberlo descubierto, yo empezaba a cursar la licenciatura de Geografía e Historia, lo lógico era que mi panoplia de autores se fuera ampliando. Por su parte, el joven filósofo donostiarra me llevaba a otros pensadores, afines o rivales, y me llevaba a otros publicistas con quienes debatía o combatía figuradamente y a quienes llegaría a admirar y a detestar.

De ese joven Savater aprendí muchas cosas por las que me interesaba... para después leer, aprender, reaprender o desaprender de o con otros tantos periodistas, pensadores, escritores, historiadores que cultivaban sus especialidades.

Poco a poco fue multiplicándose una demografía intelectual de primera que, como el donostiarra, se comprometían en la esfera pública enjuiciando el presente más perentorio. Cualquiera puede imaginar la convulsión y el trastorno de un jovencito de quince años y más.

Por eso, para mí, como para tantos otros de mis contemporáneos, Savater resultaba un caso insólito. Era joven y ya gran ensayista, divertido y nada envarado, sin las pesadeces académicas que se les suponen a los eruditos. Por entonces era un escritor que carecía de novelas publicadas, pero era alguien que las glosaba como nadie, un lector fino, atinado y socarrón que nos descubrió (a mí, al menos) la lectura madura y placentera de Robert L. Stevenson. O de Jorge Luis Borges, por ejemplo. Es quien me presentó *La isla del tesoro* (1883) como lectura adulta. O *Ficciones* (1944), de Jorge Luis Borges, como lectura felizmente intelectual, sin culpa.

A Borges, yo lo había descubierto en 1970, gracias a la Biblioteca Salvat-RTV, una iniciativa editorial pública-privada que tenía por objeto cubrir con un bisoñé la calvicie cultural del país (según nos revelaba chistosamente Jaume Perich).

Modestamente –y como en tantos otros casos–, mi vida podría examinarse a la luz de las lecturas o relecturas de Borges. Igual que con las de Savater.

Si tuviera que simplificar diría que mi *vida*, sí, es *paralela*, entre Borges y Savater. Y eso es así lo leyera o dejara de leerlo: justo cuando al argentino lo tenía por autor diario o precisamente cuando me alejaba de él para no quedar preso o enredado en su laberinto.

Mi descubrimiento —ya digo— no tiene nada de especial: supe de él gracias a aquella colección RTV, de Salvat, que se publicó hace varias décadas. En concreto, lo primero que leí de Borges fue el cuento "Emma Zunz", que estaba en el volumen *Narraciones*, el 91 de aquel fondo. El librito está datado en 1970.

Luego, a principios de los años ochenta, gracias al empeño de Savater, me di un empacho, devorando y atragantándome con la *Prosa completa* que publicó Bruguera (1980). De paso, de manera periódica y para completar la dieta me hice con ejemplares de las ediciones del Libro de Bolsillo de Alianza. Con ello satisfacía mi apetito. Para esas fechas, yo ya tenía veinte años... En fin, todo, como puede verse, muy predecible, muy previsible, si quien te ejerce de preceptor o prescriptor es Savater.

Por supuesto, no siempre el caos de lecturas y el autodidactismo tenían efectos positivos. En 1976, cuando comienzo con aplicación y gravedad mis estudios universitarios de historia, cuando empiezo con gozo y libertad *La infancia recuperada*, me desoriento fácilmente: son muchos los reclamos contradictorios que tiran de mí como lector.

De una parte, los oficiantes de la disciplina histórica aspiran a fijar y a afirmar el estatuto científico de la materia. Justamente por eso, en aquella Universidad y con la influencia honda del marxismo, lo normal era desechar el relato, la narratividad. De otra parte, por aquel entonces leo deslumbrado y con extrema voracidad novela, muchas novelas. Me sacio con toda clase de ficciones, material en principio no aconsejable para alguien que aspira a licenciarse en Historia.

Practico la lectura impenitente, placentera, no punitiva o meramente académica. Una larguísima huelga universitaria de profesores no numerarios me facilitará las cosas. Ocuparé meses y meses de holganza leyendo: un poco de historia, pero sobre todo publicaciones periódicas, literatura, sociología, etcétera. Mi caos intelectual y autodidacta crece.

Pero, al final, me debo a la Universidad, a mi carrera, a ese ascensor social que son los estudios superiores: a la postre soy de una clase media baja que aspira a hacerse un hueco. No soy hijo de notario ni de jurista ni de ingeniero ni de médico. Debo, pues, hacerme con un patrimonio inmaterial. Por un lado, corroboro qué es el orden del discurso, la disciplina lectora, el método, la profesión. Pero, por otro, confirmo una y otra vez qué es exactamente el deleite de contar cosas: las sucedidas o las que aún no se han materializado.

Contar cosas: que otros nos relaten lo que nosotros no conocemos o no hemos vivido. O contar cosas uno mismo. En ese punto y en ese momento descubro el relato de las *aventis*, las historias de los muchachos de Juan Marsé. Me llega en 1976 *Si te dicen que caí* (1973), gracias a las liberalidades y a la trastienda de la librería que por entonces yo frecuentaba en Valencia: El Cudol.

Lo que los personajes de Marsé detallaban me gusta compararlo a contar literalmente películas. ¿En términos literales? En realidad, figurada y fantasiosamente: es semejante a esa tarea que algunos nos imponíamos, cuando niños, consistente en resumir y narrar dramatizando lo que acabábamos de ver en la pantalla. No es solo reproducir lo visto, sino glosarlo o incluso ampliarlo irrespetuosamente.

Con *La infancia recuperada*, con *Apóstatas razonables* (y con otros libros tan pertinentes e inclasificables como los de Fernando Savater) comprendo en qué consiste lo que yo experimento con catorce, quince o dieciséis años al leer ciertas obras no dictadas o no prescritas por el currículum.

Digámoslo de nuevo pero más alto: siento entonces la ambivalencia del placer culpable; el disfrute de la narración que me saca de la rutina o de lo familiar, de lo obvio o presuntamente obvio. Y me corrobora algo esencial que ya jamás olvidaré: para contar o para que te cuenten (películas, ficciones o historias reales), aparte de la verdad, deben primar la verosimilitud y la persuasión, el esmero expresivo y el cuidado de la dicción.

El autor de *La infancia recuperada* profesaba entonces de iconoclasta, alardeaba de ello. Se presentaba política y literariamente ácrata y nada convencional, cuando yo solo era un joven socialdemócrata que ni siquiera había tenido valor para militar en el Partido (obviamente, Partido Comunista de España).

Savater se manifestaba dotado de estilo y sintaxis, de mordiente y de una erudición asombrosa, no necesariamente académica. Y yo aún era un jovencito, un adolescente deseoso de abandonar de manera precipitada los restos de infancia que me quedaban y que Savater incongruentemente (o no) reivindicaba.

¿En qué quedamos, pues? ¿Abandonamos definitivamente la niñez para ingresar con severidad en el mundo adulto o nos reinstalamos en ese supuesto paraíso de la infancia?

Sin ser consciente del bien que me hacía, Savater supo liberarme y aleccionarme, ya digo. Gracias a él me abandoné a un autodidactismo guiado. Su lectura me daba la libertad y, además, ejercía de mentor, esa tutela liviana que todo púber precisa en un momento de absoluto desconcierto.

Por otra parte, el filósofo me libraba de la penitencia católica, de la culpa, de la escritura larga, densa y sistemática, procurándome a cambio alegría como medio y como meta. A la vez, Savater se me convertía en ese preceptor involuntario al que antes me refería. Iba a guardarle más o menos fidelidad durante años, al chispeante ensayista.

Declaro mi fidelidad de décadas al ensayista, sí. Pero no al sobrevenido novelista, del que solo he sido un lector intermitente y nada entusiasta. Como tampoco he sido un leal seguidor del temprano dramaturgo, un Savater del que únicamente recuerdo *Vente a Sinapia* (1983).

En el filósofo donostiarra, el cultivo de la ficción siempre me parecerá una impostación, un expediente para transmitir ideas con un aderezo ficticio muy delgado, muy postizo. Vamos, que esas obras (con el mérito que puedan tener) carecen, sin embargo, de la gracia que el pensador le imprime al ensayo.

Muy pronto, cuando empiece a leer sus novelas, Fernando Savater me aburrirá. Él mismo incumple lo que había descubierto de sí mismo y proclamado con mucho aspaviento, aunque con fina agudeza en su brillante obra juvenil.

¿A qué me refiero?

A aquel diagnóstico con el que empieza *La infancia recuperada*: "Si yo supiera contaros una buena historia, os la contaría. Como no sé, voy a hablaros de las mejores historias que me han contado".

Este es el busilis de su escritura, que también aparece en el prólogo (1976), de *Apóstatas razonables*: "...los que no sabemos escribir novelas", dice. Eso confiesa con abrupta sinceridad que hago mía. Yo tampoco sé escribir novelas. O, al menos, me faltan la disciplina, la habilidad y la gracia. Y ésta es una de las razones por las que mi fidelidad flaquea pronto cuando me parecen ligeritas o soporíferas algunas de sus creaciones e ideaciones de ficción.

Recuerdo, por ejemplo, *Caronte aguarda* (1981), la primera novela que, acogiéndose al género, publica el filósofo. No la leí en condiciones óptimas: me entregaba a ella de manera intermitente en algunas de las guardias a que estaba obligado durante el Servicio Militar, en las guardias de Estado Mayor (1983). En fin. Releída después, con mayor sosiego y pericia, *Caronte aguarda* me parece una narración pretenciosa que no logra persuadir.

Admito que mi juicio temprano me lo guardé para mí, que no confesé abiertamente la decepción a mis amigos, parientes y cercanos. Recuerdo haber leído meses después y quizá a destiempo (o no) una reseña de Víctor Claudín en *La Calle*. Se pronunciaba sobre esta novela.

A despecho de celebrar un relato correcto, Claudín mostraba elegantemente su decepción ya desde el título: "Caronte aguarda a Savater". En esta novela, Savater no se aplica a sí mismo, no se administra, lo que muy celebrada y justamente reivindica en otros que son maestros del relato.

Las posteriores novelas del filósofo donostiarra no mejorarán mi opinión, pues confirmaré una a una esa impresión inicial. Cuando Fernando Savater cree que *ya* puede contarnos una buena historia, aplicándose como novelista, pronto advierto que el libro no me va a entusiasmar. Mis entusiasmos, en efecto, se dan cuando Savater cuenta lo que otros le han contado, cuando hace suya una novela ajena para glosarla o cuando nos presta su lucidez analítica.

Podemos imaginar la escena.

Un muchacho bien dotado para el relato, para la peroración, se yergue y con gestos, mohínes y aspavientos nos narra lo que él no ha sido capaz de escribir, lo que ninguno de nosotros ha sido capaz de imaginar. Quien debe persuadir a un auditorio no se fija en la autoría. Se preocupa de convencer con sus artes declamatorias, con su glosa, con sus añadidos.

Es entonces cuando la querencia, la aventura, la cavilación y la ironía nos las entrega a manos llenas. En ese terreno y por escrito, Savater es imbatible: literalmente nos imanta y nos arrastra hasta el libro, que se convierte en un volumen imprescindible. Y todo ello lo logra sin aspirar a la filología académica o a la monografía minuciosa y sistemática.

En ello hay una contradicción, una salvedad que nos hace ver claramente las particularidades de Savater. Por un lado, es una persona de múltiples lecturas y por tanto de una erudición que acarrea. Por otro, el filósofo dice querer apartarse de la acumulación académica, de la pedantería formal. Con ello quiere evitar esas otras erudiciones de las que hacer ostentación.

Decía Ambrose Bierce en su *Diccionario del diablo* (1881-1906) que la "erudición no es más que el polvo que cae desde una biblioteca en un cráneo vacío". Resulta, sin duda, una exageración. O, como dice el propio Savater en algún pasaje de su obra, un "lapidario dictamen", muy discutible. Pero sabemos a qué se refiere.

Punto y aparte.

Y ya que hacemos este quiebro, en este punto hay algo más y algo más relevante. El cultivo de la brevedad, de la contención, evitando la extensión discursiva o la amplificación narrativa. Hay que persuadir a la corta, en la distancia corta.

Admitámoslo. Savater siempre será maestro en el arte breve, en la escritura concisa. Pronto demostrará ser ducho en la práctica de la reseña, de la corta intervención que capta lo esencial y nos capta. En cambio, si al filósofo donostiarra se le exige una obra extensa, ordenada y —eso mismo— sistemática, pues entonces..., entonces probablemente resultará decepcionante. Ya lo sabemos: no casa con él "cualquier tipo de especialización investigadora, de la que desdichadamente parezco ser incapaz", insiste en *Apóstatas razonables*. Es como si Savater perdiera fuelle a mitad del galope..., antes de llegar a meta.

¿Pierde fuelle?

Aceptemos que esto pueda ocurrir. Si es así, ¿acaso se debe a la falta de ganas o a una palmaria incapacidad? Más que incapacidad para narrar o para argumentar largamente, que es un diagnóstico que yo como lector jamás me atrevería a aventurar, quizá esa pérdida se deba a que Savater no se resigna a su nivel de competencia.

Quizá se deba a que no quiere admitir qué es exactamente lo que se le da bien, muy bien, pero a lo que no se resigna. Es más, tal vez su propia condición de intelectual comprometido, a la manera de Sartre, le haya llevado a equivocarse y a equivocar en distintas ocasiones el camino y la función y sus habilidades, el papel estricta o exactamente político de su figura.

Desde mi punto de vista, por ejemplo, ha sido mala cosa aceptar ser (o devenir) intelectual orgánico u oráculo. Esto es, ha sido mala cosa salirse de su papel de pensador público respetado por una amplia mayoría transversal para convertirse en vocero, en intelectual orgánico, en miembro o en portavoz de un partido, una organización de la que se erige en arúspice venerado y jamás discutido o contrariado.

Me estoy refiriendo a partidos, a los que antes he mencionado y que le van a dar una resonancia estrictamente política: Ciutadans (2005), Ciudadanos (2006) o Unión, Progreso y Democracia (2007-2020). Han sido unas organizaciones con ideas atendibles y también muy discutibles, pero a la postre han sido unos partidos en los que Savater volcó su nombradía.

Volcó su celebridad y su capital cultural, mientras el verbo político (el del filósofo o el de estas organizaciones) se fue radicalizando hasta fracasar. Esto ha supuesto un serio contratiempo, una contrariedad y una frustración, malestares de los que Savater no parece haberse repuesto.

Admitámoslo: devenir el intelectual de una opción política es un papel, un papelito o un papelón que no le iba (al menos, en origen) al Savater joven y libre que se decía ácrata. Durante años, las tribunas o las columnas en *El País* o sus conferencias eran palabras de intervención y de reflexión, e incluso de agitación, de las que discrepar con frecuencia. Pero con sus nuevas y sobrevenidas fidelidades políticas adoptará un rol bien distinto al de intelectual *tout court*.

¿Fernando Savater como arúspice de organizaciones en lucha tacticista y siempre coyuntural? No se trata del fondo. Se trata de la implicación de un pensador egregio o que él mismo se juzga como tal y que cede su celebridad para rebajarse a la política (o al *politiqueo*) más circunstancial.

Savater siempre ha sido un tipo brillante, pero por los indicios uno diría que hace tiempo que se cansa y se irrita: vamos, que se cansa pronto de lo que lleva entre manos. O que se muestra renuente o que se revuelve como un caballo resabiado cuando la realidad, la realidad política, lo desmiente.

Con los años, conforme crezca su influencia como intelectual *tout court*, vinculado a *El País* y auspiciado por Javier Pradera, sus adhesiones políticas le irán perjudicando como intelectual. Por supuesto, denunciará con coraje el terrorismo etarra, con grave coste personal. Pero su idea de convertirse en *político*, apadrinando coaliciones o partidos finalmente fracasados, han acabado por agriar su estilo, por agravar su egocentrismo, por dañar su reputación. La deriva es ya obvia en 2007 y, desde entonces, su malestar irreprimible contra la izquierda y la socialdemocracia son inocultables y militantes, sectarias.

Sus penúltimas y últimas intervenciones, las de ahora y las más recientes, sobre todo políticas, suelen ser decepcionantes y lastimosas. Unión, Progreso y Democracia fracasará sin paliativos. Y eso arruinará la credibilidad de su figura transversal.

Ya no vemos al Savater que nos deslumbró, al hombre libre y jovial, al hombre entregado a la ebriedad literaria y a la alegría moral. Vemos, escuchamos y leemos a un ser de lejanías, propiamente ajeno, irreconocible.

Bien mirado, el carácter de Savater siempre ha sido el mismo: un tipo que se sabe agudo, al que sabemos agudo, y que quiere ser el centro de su corro o de sus acólitos. Yo formé parte de ese corro en la distancia, como mero lector, pero atisbé y callé parte de los vicios intelectuales que lo hacen discutible o, en el peor de los casos, reprobable. No ahora, sino entonces…

Por razones que expondré en estas páginas, con mis artículos, con mis exámenes datados y ordenados, de ese Savater primigenio y tardío me he ido separando… hasta el punto de no reconocer hoy a quien tanto leí y de quien tanto retuve a pesar de ser su especialidad, la filosofía, una materia que me era académicamente ajena. O no tanto: por la ética y la literatura siempre he sentido una atracción irrefrenable, dado que un historiador como yo no está o no puede estar distante de estos saberes.

Por eso, a Savater siempre lo he leído con fruición. Eso sí, sin caer —creo— en la bobalicona aquiescencia. Y ahora, tantos años después, corroboro algo que no quería averiguar.

Desde hace tiempo, Fernando Savater vive en la amargura, en la desazón más profunda, aquella que desmiente la alegría o la felicidad que antaño profesó. Su prosa y su exposición son fruto de un asco, de un disgusto creciente y, por lo que es, ya irreparable. Aparece su peor parte, probablemente agravada por una pérdida humana muy dolorosa: la muerte de su compañera Sara Torres.

En este libro recupero y repaso algunos de mis pronunciamientos, los escritos que fui pergeñando para celebrar o criticar sus obras, sus ideaciones y sus figuraciones. Son textos tardíos, ya de este siglo, precisamente cuando empiezo a sentir una incomodidad irreprimible ante mi antiguo *preceptor*. Pero este volumen no es una mera recopilación. Es un juego de paciencia: trato de recomponer un rompecabezas con las impresiones, ilusiones y desilusiones que el autor me ha ido provocando en las últimas décadas.

Creo que estas piezas tienen el mérito de que atisban lo que podía suceder con Savater y, con él, lo que podía decepcionar a sus leales lectores. Para cada apartado que sigue indico la fecha y, cuando es preciso, algún dato erudito que ayude a entender lo dicho o lo escrito.

No son solo figuraciones mías.

Son críticas que creo compartir con muchos antiguos lectores del filósofo, del intelectual. Y con esas intervenciones llego hasta la actualidad: apenado, qué duda cabe, y ajeno y alejado de quien tanto aprendí.

TERCERA PARTE

LECTURA INSÓLITA DE SAVATER

Querido Fernando
15 de julio de 2003

En primer lugar, te pido disculpas por la incorrección y la inelegancia de escribirte en público. Fíjate: me valgo de una carta para dirigirme a ti, una carta, que es género privado, y que hago accesible a otros en la Red, ese espacio en donde tantos fisgonean, en donde muchos fisgoneamos.

Sin embargo, pese a lo dicho, inmediatamente me corrijo. Valerse del género epistolar no es tan desacertado como pudiera pensarse: al fin y a la postre, un individuo de inspiración tan dieciochesca como tú lo aceptará de buen grado.

Fue justamente entonces, en el Setecientos, cuando la carta intelectual y pública alcanzó sus cotas más altas, cuando en Europa se cruzaron algunas de las correspondencias más copiosas, más informativas, más reflexivas, que a tantos instruyeron.

Pensemos, por ejemplo, en Edmund Burke, cuyas *Reflexiones sobre la Revolución francesa* (1790) se expresaron bajo la forma de una larga epístola dirigida a un caballero y que aún hoy podemos leer nosotros, los destinatarios imprevistos y admiradores de su facundia analítica.

Pero pensemos igualmente en la abundantísima, en la inacabable correspondencia de Voltaire, tan apreciado por ti, y cuyas cartas editadas bien que te sirvieron para componer ese bello centón literario, *El jardín de las dudas* (1993), con el que concursaste al Premio Planeta hace unos años. Emplear ese epistolario fue para ti un modo de componer una ficción, pero fue también tu manera de airear, de hacer públicas, las misivas de aquél.

Por tanto, me arrogo el derecho de irrumpir en tu intimidad enviándote al ciberespacio estas notas, un ciberespacio que ya no es, que ya no puede ser, el hiperuranio platónico, un poco avejentado, la verdad.

Sin embargo..., hay algo más.

Que se utilice la correspondencia puede pasar, pero que alguien se sirva de un medio electrónico para transmitir algún sentimiento es un proceder dudoso, incluso poco elegante, me amonestará el purista. Esto último, por ejemplo, es lo que José Saramago declaraba a la prensa el pasado mes de marzo. Nos sotaneaba e insistía en que veía imposible transmitir emociones mediante el *e-mail*, ya que este instrumento vendría a ser, decía, "una venganza de la tecnología".

"En la comunicación directa interviene la mirada, el olor, la presencia física. En una carta puede todavía caer una lágrima, pero el correo electrónico nunca puede ir acompañado de emociones", aseguraba el escritor.

Yo, la verdad, no creo en esta jeremiada apocalíptica y sospecho que el medio no impide nada, ni siquiera los sentimientos de los corresponsales.

Fíjate, por ejemplo, en el libro que José Luis Pardo y tú escribisteis titulado *Palabras cruzadas* (2003), un volumen enjundioso, reflexivo, incluso sutil, que concebisteis empleando el correo electrónico.

Por esto y por muchas cosas más, pues, me permitirás esta licencia, me permitirás servirme de la carta cibernética con la esperanza de que te llegue y de que mediante su escritura puedan examinarse o manifestarse ciertas emociones, emociones que ni tú me has pedido ni yo estoy obligado a confesar, pero que, con gusto, sin fastidio alguno, escribo y te remito.

Mira, hace pocas semanas que acabé de leer *Mira por d*ónde (2003), tu autobiografía, un título que expresa azar y casualidades, itinerarios y prudencias, esas vicisitudes y senderos que se abren o se bifurcan, por decirlo con el admirable Borges.

Ese rótulo lo veo como un reclamo, como una *boutade* incluso, pero lo veo también como un significativo hallazgo. Con ese epígrafe pareces designar la vida como mapa, la representación de un territorio con caminos posibles por los que uno puede aventurarse. Pero con ese título pareces reproducir asimismo el enunciado exacto de un consejo: el que un padre, un hermano mayor o un adulto obsequioso darían a un joven inexperto que temerariamente se adentrara en la existencia.

Por lo que sé, a pesar de haber sido la tuya una vida bastante sedentaria, de San Sebastián a Madrid, como corresponde a un profesor que primero fue aplicado estudiante, esa divisa (*Mira por dónde*) expresaría la condición misma de la aventura, la cautela que debe guiar los pasos de quien se interna en un azar venturoso lleno de riesgos.

Y ese, precisamente, es el primer dato que recorre las páginas de tu libro: el sentido mismo de la aventura, la experiencia de elegir, de atreverse. Para alguien como tú, como tantos de nosotros, que hemos sido frágiles y algo retraídos frente a la bronca de los fuertes, la exaltación del coraje es medicina y antídoto.

Decía Joseph Conrad que no hay nada que celebrar en la fuerza bruta, "nada de lo que pueda uno vanagloriarse cuando se posee, ya que la fuerza no es sino una casualidad nacida de la debilidad de los otros".

En cambio, el arrojo del débil y el cultivo de la inteligencia por parte del menesteroso (forjarse, por ejemplo, con la lectura, con la escritura) son formas de aventurarse en la vida sin depender de la fatalidad, rehaciendo la condición personal.

¿Por qué hay en tu autobiografía y en tus restantes obras esa veneración del coraje y de la aventura?

Pues precisamente porque son sinónimos de la libertad, una disolución del determinismo, un modo de remontar la circunstancia fatal. Lo paradójico es que esa celebración la hiciste valiéndote de la experiencia de los fuertes convirtiéndola en materia literaria y en motivo de reflexión moral, como adelantaste hace años en *La tarea del héroe* (1982). Permíteme abordar esta primera clave, la de la aventura y el esfuerzo, de una manera más precisa.

Cuando pronuncias esa palabra, aventura, cuando la pronunciamos contigo, solemos pensar en viajes prolongados, en destinos remotos, sin itinerarios previstos, sin rutinas o derroteros trazados. Le damos un gran valor a lo que dicha voz significa, sobre todo porque apreciamos esas circunstancias excepcionales que alteran lo ordinario, que nos exaltan y que nos ponen en riesgo. Necesitamos la rutina, el principio de realidad dictaminado por Sigmund Freud, pero la existencia fija, acomodada y previsible acaba pronto por agostarnos.

¿Qué podemos oponer al tedio?

Hubo un tiempo en que grandes partes del globo permanecían inexploradas: eran incógnita y enigma, la cifra misma de lo desconocido. El otoño de ese periodo fue el largo siglo XIX, cuando el reparto imperial del mundo era prácticamente definitivo. Fue también en el Ochocientos cuando floreció un género narrativo ya antiguo, pero que por entonces prolongaba y daba sentido a las peripecias de los colonizadores, de los exploradores, de los traficantes, de los misioneros y de los cazadores de fieras.

Me refiero a las novelas de aventuras, relatos viajeros protagonizados siempre por animosos caballeros que se aplebeyaban en el trance. Tu examen de esta circunstancia es sutil y se reparte entre *La infancia recuperada* (1976) y *La aventura africana* (1999).

Pertrechados con toda clase de atavíos y auxiliados por algunos silenciosos secundarios (porteadores, etcétera), aquellos caballeros avanzaban dominados por una idea fija, obcecados por la meta que los guiaba: era el objetivo del viaje, su justificación, casi siempre un rescate o un logro científico. Afrontaban riesgos o amenazas, y se oponían bravamente a los peligrosos villanos que los acechaban, aunque principalmente se sobreponían a unas aprensiones propias de súbditos victorianos.

De aquellas aventuras temerarias nos han quedado un puñado de deliciosas novelas, entretenidas, grandes novelas que nunca han formado parte del canon ni tampoco de la exaltación evocadora de los analistas más refinados, aunque sí de tus páginas mejores.

Hoy, cuando la existencia en las grandes ciudades sigue siendo frecuentemente tediosa, añoramos aquellos viejos, aquellos buenos tiempos que se perdieron con el advenimiento del siglo XX.

Los periplos actuales, tan cuidadosos, tan exquisitos, solo son un lejano remedo del *Grand Tour* burgués o un pálido reflejo de los viajes africanos o interoceánicos, de las travesías arriesgadas en que se aventuraban los victorianos eminentes, y suelen discurrir para nuestro alivio por itinerarios previstos.

Echamos en falta, sin embargo, esa aventura física, esas geografías indómitas e insólitas, pero sobre todo deploramos la pérdida de la principal lección que se desprende de aquellas narraciones y que tú examinaste con rigor. Me refiero al coraje de quien se aplebeya enfrentando el miedo, al viaje como formación y temple del espíritu, como experiencia que curte el alma para el otoño de la vida, que tonifica la voluntad muelle, que obliga a mostrar humor, trato solidario y audacia frente a las penalidades y la muerte.

No es posible olvidar a este respecto las páginas que dedicaste a *La isla del tesoro* (1883), un volumen que estando ambientado en otro siglo solo es concebible por un Robert Louis Stevenson del Ochocientos.

Jóvenes que fueron tímidos y taciturnos, pendencieros o arrogantes, acababan sobreponiéndose, arrostrando peligros, dando pruebas de generosidad, de eficacia e inteligencia, demostrando músculo, nervio, olfato y camaradería. Sí, ya sé que son relatos políticamente incorrectos, aunque eso a ti no te importe; ya sé que siempre están protagonizados por hombrecitos y que sus virtudes se tienen por viriles y occidentales. Pero, ah amigo, qué muchachos, qué arrojo, qué relatos.

No seamos severos, suspendamos nuestros reproches exquisitos y retengamos lo fundamental: el recuerdo de esas cualidades rudas y plebeyas que fortalecían a aquellos aguerridos viajeros, esas virtudes que encallecían a aquellos mozalbetes tiernos.

Por eso, gente como tú, que se ha entregado con fruición y con exceso al deleite de las ficciones, no añora el mundo exterior, no envidia la aventura real que sin templanza nos pone en riesgo hasta llevarnos al borde mismo de la muerte. ¿Por qué razón? Pues porque quien ha leído a los grandes está ahíto de experiencias, de paraísos artificiales y de infiernos virtuales, que le servirán para componer mejor su propia vida.

Por eso —decía—, tu autobiografía respira aventura desde el título, un rótulo que parece el consejo atinado, sabio o resabiado de Long John Silver a un despistado Jim Hawkins. Me explico.

Como indicaras en *La infancia recuperada*, la novela de Robert Louis Stevenson es, a la vez, "una reflexión sobre la audacia", sobre la necesidad de extraer ese don o cualidad que el muchacho posee sin saberlo previamente y sobre las consecuencias también perniciosas o temerarias que ese coraje pueda acarrearle.

El joven se prueba, se mide con rivales temibles, se amista con John Silver y, al mismo tiempo, sabe que esa compañía es peligrosa y aleccionadora. Más que temer la brutalidad del bucanero, Hawkins siente prevención ante su inteligencia, su doblez, su cautela estratégica, su capacidad negociadora.

John Silver, al que Jim contempla con atracción y aversión, es bravucón o afecta docilidad cuando le conviene para salvar su pellejo; es, en fin, el pirata amante del ron, pero el bebedor que bebe con templanza, el bucanero que no se deja aturdir y perder por el alcohol, como sus estúpidos camaradas.

Punto y aparte.

Y bien..., ¿cómo se traduce este sentido de la aventura en tu vida, en tu autobiografía?

Te leo, te sigo, te apruebo y te desapruebo desde 1975, arriba o abajo. Fue entonces, contando solo dieciséis años, cuando me tropecé por primera vez con tus artículos en *Triunfo*. No es por darte coba, pero qué diferente me parecías de tus colegas de revista y de cátedra, que agradable impresión era leer a alguien que mezclaba con iconoclasta y saludable libertad a Robert Louis Stevenson y a Baruch Spinoza o a Friedrich Nietzsche, que entonces —admítelo— eran tus autores de referencia y, como el primer amor (consiénteme esta cursilada), aún perduran.

No creo exagerar si digo que he crecido intelectualmente contigo, y si tú has publicado treinta, cuarenta o cincuenta libros, quizá yo haya leído treinta, cuarenta o cincuenta volúmenes tuyos.

Por eso me he deleitado con tu autobiografía: al acabarla he tenido la impresión de que esa obra también me aludía, de que ese libro me decía exactamente a qué aventura yo mismo he aspirado; al finalizarla he llegado a la convicción de que ese volumen me hablaba de situaciones, de personajes, de vivencias que sin ser exactamente mías, me las había apropiado a lo largo del tiempo, conforme seguía tu dilatada biografía. Perdón, tu extensa bibliografía.

Permíteme otra licencia en esta correspondencia electrónica, una breve confesión que tiene que ver más conmigo que con tu escritura torrencial y con tu condición de polemista. Insisto: creo que a ello me obliga la sinceridad que se espera de una carta, que a la postre es el género que ahora empleo. Pero creo también que me autoriza el antiguo conocimiento bibliográfico que de ti tengo, no tan antiguo, desde luego, como tus estrictos coetáneos, porque —por suerte para mí— son unos pocos años los que aún nos separan.

Verás —como antes decía—, comencé a leer algunas cosas tuyas hace más de veinticinco años, cuando publicabas en *Triunfo* y en la primera época de *El Viejo Topo*. Recuerdo tus artículos al lado de otros firmados por autores de evidente inspiración althusseriana, maoísta y marxista, y recuerdo también el aprecio que por Nietzsche declarabas una y otra vez.

Por un lado, yo te tenía una envidia manifiesta: alguien que era capaz de lidiar con la expresión nietzscheana y salir victorioso, alguien que era capaz, incluso, de aclarar su léxico en medio del oscurantismo estructuralista, merecía nuestra atención, mi atención.

Eras el joven intelectual que me aupabas hasta París, el del 68, el escritor que era capaz de hablar sin oscurecer las cosas y de sostener el tipo sin complejos, sin la mediocridad y la indigencia teóricas que había en el mundo académico de entonces, que era cuando yo ingresaba en la Universidad.

Por otro lado, sin embargo, cada artículo tuyo me incomodaba: admiraba su festividad expresiva, su alegría ácrata, pero la aureola nietzscheana con que te revestías me aturdía, me inquietaba: por mi propio desconocimiento, claro.

Años después, has seguido fiel a los preceptos mejores de Nietzsche, a su defensa del individualismo y de la vida sin objeciones colectivistas, sin metafísicas compensatorias, pero te has distanciado del Nietzsche más tremebundo, como reconocías en tu *Diccionario filosófico* (1995), y que algunos aún cultivan como oposición esteticista contra el sistema.

Décadas después, el Nietzsche que me aturdía ya no me incomoda y, en efecto, también yo, lector de Nietzsche y Savater, os tomo a ambos como tónicos contra las abdicaciones antiindividualistas a que nos obligan la mediocridad y una vida de renuncias.

Lustros después, de un Savater maduro, defensor del amor propio, defensor de una ética *eudemonista* (*Ética como amor propio*, 1988), pero compasivo a la vez, he aprendido otras muchas cosas. Sobre todo, el valor de la democracia laica, incluso explícitamente atea, sin trascendencias clericales; el coraje que es preciso desplegar para no aceptarla por rutina o con condescendencia instrumental.

La democracia no es un medio, sino un fin y, así, son sus procedimientos y el respeto de la ciudadanía lo que constituye la única base de una vida decente. A esto has dedicado muchos artículos y libros, textos valientes, hermosos y justificados, y nos has dado páginas memorables, chispas de inteligencia, de humor y de coraje.

Son muchos de ellos *livres de circonstances*, libros urgentes, perentorios, libros en los que te ensucias corajudamente las manos. Si admiro mucho de lo que escribes, si te he seguido desde hace tanto tiempo, ¿cómo puedo afrontar tu autobiografía, que en parte son mis memorias fantaseadas?

No somos solo lo que vivimos o lo que recordamos haber vivido, sino también ese conjunto de existencias fantasiosas con que ampliamos nuestra experiencia y que tú celebraste desde *La infancia recuperada*.

Por eso, el único modo que tengo de examinar tus memorias es distanciándome principalmente del detalle que tú relatas. Debo procurar que el tono pesadamente profesoral que adopto ahora no aburra a tus lectores, intentando que mi examen frío del género que empleas permita ver por qué el subtítulo de tu obra es *Autobiografía razonada*.

Verás, si hemos de hacer caso a los especialistas, podemos decir que el yo y la identidad son dos recursos que no posee o que aún no siente el niño. Cuando nacemos solo somos un ser confuso, frágil y omnipotente a la vez, aferrado a la madre, en fusión originaria, primitiva, vinculados a esa fuente nutricia que es nuestra progenitora.

Poco a poco, nos hacen creer y descubrimos que tenemos eso que llamamos identidad, que somos iguales a otros y a la vez diferentes, que no somos uno solo, como soñadoramente sentíamos, sino que solo somos uno, que hay otros, que la realidad es algo externo, que puede ser amenazadora y que la relación que con los rivales mantenemos es de suma cero: lo que los otros tienen no lo tiene el niño que se creyó omnipotente.

Descubrimos poseer una identidad diferente, hecho que es gozoso y temible a la vez. Poco a poco, advertimos tener algo así como un yo, que nuestro yo se define frente a otros, una pluralidad de identidades compiten por darse espacio en el mundo. Poco a poco, el lenguaje nos hace ingresar en la cultura, que es comunicación, que expresa la prohibición, la norma y la restricción, la ley.

Poco a poco, la palabra contiene la amenaza y lo potencialmente hostil: nos comunicamos, pero sobre todo nos relatan, nos cuentan. Al hablar damos sentido y al hablarnos nos dan recursos significativos para encajar lo disperso, lo vario, lo diferente, aquello que no conocemos, que no sabemos, que no vemos y que puede hostigarnos.

La palabra es una ganancia porque con ella comienza el sentido y comienza la represión, comienza el relato y comienza la comprensión significativa del mundo. Cuando ya hablamos desaparece el goce primitivo y fusional, al que se refiriera Sigmund Freud, e ingresamos en ese mundo poblado por otros también dotados de palabra, de nombre. La palabra es nuestro primer recurso de identidad: la palabra es sobre todo prohibición. La palabra es aquello que nos hace sujetos, aquello que comienza a sujetarnos. Con la palabra nos rotulan y nos cuentan historias que tipifican conductas e identifican valores.

Fíjate en el nombre propio, tú que naciste Fernando Fernández Savater. Nuestros nombres son identificadores, la primera voz de identidad: son designadores rígidos que nos atan a una misma identidad. Podremos cambiar de aspecto, creceremos, nos mudaremos de casa o de estancia, pero el nombre seguirá acompañándonos como un rótulo que nos habrá de servir para fijar nuestro yo y para que otros atribuyan actos emprendidos por alguien que se llama de determinada manera.

Lo primero que se nos da es el nombre y el linaje, y creemos que todo aquello que ejecuta quien así ha sido rotulado es el mismo individuo. Sin embargo, aun cuando seamos uno, físicamente uno, la vida nos multiplica los dones, los bienes, los actos, las empresas, los gestos, los pensamientos y los sentimientos, una suma de hechos o de fantasías que no son sucesivos necesariamente, que son simultáneos, que pueden no ser coherentes, que se refractan entre sí.

La vida es corta y nuestra presencia es infinitesimal, ciertamente, pero si la miramos bien la existencia es un abigarrado repertorio de cosas que nos pasan, que pensamos, que soñamos, que fantaseamos, que hacemos, sin que todo ello pueda captarse con el auxilio de la lógica. Por eso, tantos desconfían tan abiertamente del género autobiográfico. Por eso decía el joven Ludwig Wittgenstein que la lógica no roza lo fundamental del ser humano: el arcano, el sentido de las cosas.

Sólo retrospectivamente empleamos la lógica, alguna lógica, para dar cemento a lo que está suelto, para ahormar bajo el molde del nombre propio hechos emprendidos o cometidos por quienes fuimos, somos o seremos: tú, que dejaste de ser Fernando Fernández-Savater para convertirte en un autor que firma como Fernando Savater.

Pero no es solo que vayamos cambiando, es que ese que fuimos y que creemos no ser ahora, lejos de habernos abandonado, lo llevamos alojado en el interior, así como a tantos otros que no hemos actualizado y que compiten por hacerse presentes.

El modo en que los humanos tenemos de aquietarnos, de estabilizarnos, de fijar lo móvil, es nuevamente a través de la palabra, adhiriendo a ese nombre propio lo que hizo un niño, lo que hizo un joven, lo que hizo un adulto, de acuerdo con un relato coherente. A ese relato coherente lo llamamos memoria o memorias, y de dicho recurso se sirven lógicamente los memorialistas.

La memoria es una facultad, una función de nuestro aparato psíquico; pero es también el recuerdo mismo, la evocación. Crecemos, el tiempo nos injuria con las arrugas y con la decrepitud y nuestra vida se multiplica, se satura con recuerdos de circunstancias, de acontecimientos: en nuestro interior se agolpan y se yuxtaponen evocaciones al margen de la importancia que a esos hechos recordados les demos, al margen de la relevancia histórica o personal.

Hay cosas que nos dejan indiferentes y que, por razones que ignoramos, persisten en nuestro fuero interno, minucias del pasado que perseveran en nuestro interior. Pero hay, además, otras cosas que jamás nos han sucedido, fantasías de hechos no ocurridos, laceraciones de las que creemos haber sido víctimas, audacias que nos atribuimos, quimeras o actos inexistentes que, sin embargo, se alojan en nuestra psique, ocupando un lugar, desplazando incluso el recuerdo de hechos verdaderamente acaecidos.

Es decir, en el ejercicio de la memoria se da la evocación de acontecimientos reales; se da también el recuerdo de episodios menores que, por algún azar asombroso, los retenemos sin que haya circunstancia especial que lo justifique; se da, en fin, la rememoración de hechos no sucedidos, de hechos que no nos han ocurrido, y que, por alguna suerte de prodigio o de delirio, de mentira piadosa o de herida irrestañable, los tomamos como ciertos, hasta el punto de tener de ellos una imagen literal, precisa, exacta.

La memoria no es un atributo secundario: es nuestra principal cualidad. Después de la muerte, ese escándalo al que tú tantas veces te has referido o enfrentado con orgullo luciferino, lo peor que nos puede suceder es perder la memoria, olvidarnos de nosotros mismos, de ese yo que creemos ser, de ese nombre que nos rotula y fija. Identidad es eso, lo que es igual a sí mismo, lo que perdura por encima o por debajo de lo diferente.

Recordar es sobre todo recordarnos e ir añadiendo uno tras otro los hechos que nos constituyen y que son trozos de nosotros mismos, trozos adheridos. Ahora bien, la memoria no es una facultad que tenga por objetivo el establecimiento de la certeza; la memoria es una función arbitraria, engañosa, que lleva a cabo operaciones muy poco fiables. La memoria es relato, una narración en la que se encajan y en la que se hacen congruentes hechos, circunstancias, episodios.

Pero la memoria es sobre todo un sentido de las cosas, el significado que otorgamos a lo que recordamos. Olvidar no es una tragedia y con ese precepto trabajan los memorialistas o los biógrafos. De hecho, en el caso de que fuera posible, recordarlo todo aún sería peor y viviríamos en un infierno abarrotado de trastos, un eterno presente multitudinario de hechos populosos y antiguos que se agolparían impidiéndonos pensar. ¿Te suena? Borges, claro: el Borges que nos contó la historia de Funes el memorioso.

Lo que es dañino, lo que es ciertamente dañino, no es el olvido, operación que nos aligera el fardo de lo sucedido y lo *insucedido*, que decía Ramón Gómez de la Serna, sino perder el sentido que le damos a lo que nos ha ocurrido o creemos que nos ha ocurrido, perder el sentido de lo que evocamos. Lo auténticamente dramático es ignorar el significado particular y general con que dotar los hechos múltiples y distintos que nos han constituido o que aceptamos constituyentes de nuestra identidad.

En tu caso, por ejemplo, el sentido de la autobiografía es, claro, como no podía ser de otra manera, *la alegría*, ese rapto instantáneo de felicidad, esa suma de pequeños placeres con que enfrentamos o evitamos la muerte o la decadencia, precisamente porque nos sentimos queridos. Y ésa es la otra clave de lectura de tu libro, pero también de tu vida.

Félix de Azúa lo ha señalado muy bien: "¿Cómo ha conseguido este individuo mantener la moral en todo tiempo y lugar durante casi sesenta años? Es inexplicable. Para empezar, tuvo una infancia rotundamente feliz, lo cual es uno de los motivos de depresión más frecuentes entre los adultos", admite. "Como era feo y leía libros", prosigue Félix de Azúa, "en el colegio le apedreaban y le perseguían. Le siguen persiguiendo, pero ya no por feo, sino por malo".

Y aun así, podríamos decir, sigues siendo o manifestándote feliz, sin cargar tus tropiezos a determinismo alguno, sin imputar a los otros lo que tú mismo no logras. Por eso, conjeturo, te has debido de sentir muy querido, querido Fernando.

A esa suma de felicidades que te han acompañado le has dado forma de relato autobiográfico, haciendo de tu vida propiamente un relato o, mejor aún, una sucesión de historias en las que te narras y te explicas con palabras, encajando piezas con un significado. Pero esa idea misma de pieza, de trozo, que está presente en cada uno de los capítulos de tu libro hace explícitas la voluntad de fragmento, la imposibilidad de cierre o de sistema, la imposibilidad de coherencia.

Ser coherente de principio a fin, has dicho con razón, es aburridísimo, es repetirse, no cambiar: esas piezas que tú encajas y que no siempre pueden soldarse fácilmente, no pregonan coherencia, sino vida plural y por lo que parece no pretendes ni aspiras a hacer de tu autobiografía un relato lineal y congruente en cada una de sus partes.

Hay memorialistas, sin embargo, que prefieren vivir con doblez, con el sentido engañoso de las cosas pasadas, unidas y estables, en vez de afrontar las múltiples verdades incoherentes y fragmentarias de su ser. El buen memorialista o el buen biógrafo saben hoy que si quieren hacer persuasivos sus relatos, que si quieren rendir homenaje a la vida plural e informe, que es la existencia de cada uno, entonces deben *desestructurar* el relato congruente e instintivo de la memoria o del modelo de la memoria, las falacias, pero también las cómodas coherencias que nos dan estabilidad al margen de las verdades temporales y múltiples.

Concebida así, como armazón de la congruencia, es absolutamente ficticia la tentativa de toda autobiografía, dado que es una usurpación del yo, un modo de exhumar y de ahormar lo que no fue sucesivo, ni ordenado, ni tuvo un sentido, ni consistencia, ni constancia… de principio a fin.

Ahora bien, hay algo en la autobiografía, en toda autobiografía, que entraña inevitablemente una singular operación ficticia: el yo actual, el que escribe o rehace el pasado, suplanta a aquel que fue, invistiéndolo con un sentido que pudo no ser el que entonces tuvo.

¿Qué hacer?

Pues admitir que todo esto no nos salva ni nos permite abandonar los géneros (las memorias, por ejemplo). No podemos dejar de nombrar esa pluralidad vasta y cambiante, no podemos dejar de satisfacer esa necesidad personal y cultural. Y solo una aguda, modesta e incómoda conciencia de las estrategias, convenciones y retóricas de producción del pasado, de su relato, solo el explícito reconocimiento de la finitud, de la muerte, de la vastedad de identidades, de la fragilidad humana… son lo que justificaría ahora que todavía quisiéramos conservar la autobiografía.

Por eso, me atrevo a conjeturar, llamas a tu obra *autobiografía* razonada, ¿no? La alegría, la autoconciencia, el autoexamen, en suma, hacen de tus páginas lo que siempre han sido, desde hace treinta, cuarenta o cincuenta libros atrás: una felicidad lectora, un placer del entendimiento y de la vida, como Nietzsche te enseñó.

¿No dijo este último que toda filosofía no es, en el fondo, más que unas memorias encubiertas del filósofo? Pues bien, en tu caso es justamente al revés: tu autobiografía es la condensación de tu filosofía, su materialización, la celebración de la alegría, el rechazo del resentimiento y del arrepentimiento, como aprendiste de Spinoza.

Es tan evidente esto, que a veces se te va la mano. Es cuando yo mismo te reprocharía tu incontenible propensión al chiste (incluso al deliberado dislate: hablas incluso de "chapapote intelectual", creo recordar), puesto que, como admites resignadamente, te mueres por un buen chiste. A mí, la verdad, no es algo que me mate, pero bueno..., ésa es tu libertad compositiva y por ella brindo.

Aunque, ya que estamos de reproches, no quiero concluir esta carta sin señalar alguno más que yo le haría a tu libro (eso, sin mencionar otros cargos con que otra clase de lectores te amonestarán).

Me explicaré.

Tu narración es muy cautelosa, pero que muy pudorosa, con los amores, con las mujeres que has tratado, con tu sexualidad y con el cuerpo, eso sobre lo que dictaminó Arthur Schopenhauer (otro de tus admirados). Sí, ya sé que no te consideras un atleta sexual y que juzgas de buena educación la contención y la cortesía con que hay que tratar a las chicas. Pero evitar mencionarlas tan obstinadamente es la manera de protegerse a uno mismo, una forma de parapetarse en un oscuro y elegante silencio.

Cuando se adopta el género de la autobiografía se está obligado a algo de impudicia no siempre favorecedora si se quiere persuadir al público, cosa que no es idéntica a la obscenidad de quien todo lo exhibe.

No te escudes ni te excuses.

Podrías haber hecho, por ejemplo, como nuestro admirado Guillermo Cabrera Infante: de él recordarás, sin duda, *La Habana para un infante difunto* (1979), aquel híbrido de ficción y memoria en donde el prosista cubano examinaba con impudor su propio erotismo y una pasión desenfrenada por las mujeres.

Sin embargo, hay, como antes decía, otra clase de lectores, con los que no me identifico, y que te sermonearán por ciertos rasgos de carácter o por ciertas páginas que hay en tu libro.

Estoy seguro, por ejemplo, de que esta autobiografía tuya escandalizará a quienes fácilmente te encasillan tipificándote entre los suyos, pongamos a los académicos que te ven como un catedrático del ramo o pongamos a esos ocasionales aliados del Partido Popular que se te suman en tus combates vascos, tan necesarios, tan justificados.

No se puede sostener ante todos ellos, hieráticos profesores o políticos creyentes, esas defensas de la ebriedad filosófica, vital, esa exaltación del ateísmo, del vino, de las drogas, del aturdimiento maduro y contenido y de la borrachera con tiento: no deben de gustar mucho a quienes se erigen en severos garantes de lo correcto, de lo obligado, de lo profesional o de lo confesional.

Como tampoco debe de agradar a los dengosos intelectuales, a tantos y tan finos creadores, tu antiguo, tu incorregible aprecio de la fantasía infantil, desde J. R. R. Tolkien hasta Harry Potter. Pero ahora que lo pienso, ahora que hablo de este personaje de las novelas juveniles, me doy cuenta de algo que te interesará, algo que todos tus enemigos quisquillosos te reprocharán para confirmar los errores en los que incurres.

Es la simpática errata o deliberado gazapo –no son excluyentes— que cometes en el capítulo de tu autobiografía que dedicas a Harry Potter. Cuando hablas del villano, del auténtico heredero de Sauron, en este caso en la novela de J. K. Rowling, lo nombras como Valdemort. Ja, ja, ja. Se llama, en realidad, Voldemort. De no ser deliberado, supongo que habrás hecho un híbrido involuntario o una simbiosis creativa entre Voldemort y Valdemar (ya sabes: el señor Valdemar, de Edgar Allan Poe, otro de tus amores literarios). Ja, ja, ja.

Si es un error o algo así, podíamos decir lo que dijo Borges: por favor, no te corrijas ni lo corrijas, que las erratas nos mejoran. Valdemar tenía el cuerpo descompuesto y su aborrecible podredumbre se consumó en el espacio de un minuto. Voldemort, por su parte, carecía de cuerpo aunque añorara hacerse con uno para toda la eternidad.

Permíteme que te recuerde la primera aparición de este maligno personaje: así me explicaré mejor y podremos ver la culpable, la simpatiquísima índole de tu errata.

En *Harry Potter y la piedra filosofal* (2001), hay un villano, alguien que quiere robar un tesoro, en este caso la piedra filosofal custodiada por un perro de tres cabezas. Es Lord Voldemort, un antiguo mago bueno que, como Lucifer, optó por el lado oscuro, cayendo, perdiéndose, y contra quien Harry Potter emprende y reinicia la eterna lucha del bien contra el mal, una lucha para la que el perverso cuenta con aliados, con algún traidor que está dentro del colegio.

El *atrezzo* es variado y es, como no podía ser de otro modo, laberíntico. Hay bosques, el bosque como experiencia, como amenaza, como destierro y como aprendizaje, un bosque en el que hallamos unicornios y centauros y en el que Harry debe adentrarse para pasar una noche; y hay pasadizos secretos en los que Potter da muestras de valor y de coraje, ese mismo que tú celebraste, pasadizos por los que se avanza al superar pruebas y acertijos.

Ese bosque y esos corredores son el escenario del enfrentamiento y de la restauración del orden, una restauración siempre provisional. ¿Y para qué quería el malo la piedra filosofal? Para lograr la inmortalidad, pero sobre todo para lograrla dentro de un cuerpo. Es decir, Lord Voldemort no tiene cuerpo aún y, por eso, puede habitar distintos continentes, materializarse de diferente manera con el fin de seguir cometiendo sus fechorías.

Lo que parece un logro del malo, la inmortalidad incorpórea, en realidad es una carencia, un límite y una condena, algo semejante a lo que le sucediera a Drácula. El coraje de Harry Potter impide que Lord Voldemort complete sus vilezas, que logre su meta, pero no consigue la destrucción absoluta del mal.

Por tanto, el villano no cejará en su empeño y los lectores de esa primera novela de la saga adivinan pronto su vuelta, suponen que la serie de las aventuras de Harry Potter continuará, reanudándose esa eterna lucha y confirmando que también para ellos vivir es sobrevivir bravamente. Etcétera, etcétera.

¿Cabe mejor lección?

En fin, permíteme acabar con Robert Louis Stevenson, apelando a uno de sus *Ensayos literarios* (1894), con una cita que te brindo, una referencia con que te obsequio y que, seguro, es la mejor definición de tu obra y de tu modo particular de ver, de hacer las cosas y de escribir.

Se trata de la "Carta a un joven que se propone abrazar la carrera del arte", un colofón muy justificado en este escrito mío que adopta la forma epistolar, pero también un cierre muy pertinente si hablamos de esa pulsión infantil por el relato que tú cultivas o que tú admiras.

"La ejecución de un libro, de una escultura, de una sonata", dice Stevenson, "deben emprenderse con la insensata buena fe y el espíritu incansable de un niño que juega", como ese niño que tú describes en la primera parte de la autobiografía, pero también como ese adulto que no abandonó nunca lo mejor de su aprendizaje infantil.

"¿Merece la pena?", se pregunta Stevenson. "Siempre que al artista se le ocurre hacerse esta pregunta, ampara una respuesta negativa. No se le ocurre al niño que juega a los piratas en un sillón del comedor, ni tampoco al cazador que rastrea su presa; la ingenuidad de aquél y el ardor de éste debieran fundirse en el corazón del artista".

Qué atinada descripción de la fotografía con que se ilustra la cubierta de tu autobiografía.

Es probable, querido Fernando, que tú hayas sido ese niño al que se refería Stevenson, ese niño que juega a piratas o que sueña con ser cazador de fieras mientras lee una narración de peripecias viriles, mientras espera hacerse a sí mismo aventurándose en lo que aún está por vivir.

Salud.
Recibe un abrazo,
Justo Serna

Constitucionalismo y anticonstitucionalismo
15 de mayo de 2004

El gran fraude (2004), de Fernando Savater, es un volumen combativo, de principio a fin, y es un libro de circunstancias, como otros a los que nos tiene acostumbrado su autor.

Eso significa que se adhiere al contexto que examina y que es deudor del momento que glosa: es, pues, un volumen comprometido con el presente, con su presente, y es en relación con ese tiempo desde el que hay que juzgarlo, sin anacronismos, sin cómodas evaluaciones retrospectivas.

Añado datos acerca de mi lectura y escritura. Quiero decir: añado el contexto que rodea a mis palabras. Toda lectura depende de la circunstancia en que se realiza, que inevitablemente capta, altera y modifica el libro: impreso e inerte hasta que sus destinatarios lo completan, lo interpretan o lo *sobreinterpretan*, por decirlo con Umberto Eco.

Como es lógico, mis palabras están escritas tras la publicación y lectura del volumen de Savater, pero la circunstancia es muy especial: antes de celebrarse las elecciones generales del 14 de marzo de 2004, aunque inmediatamente después del atentado del 11-M.

Escribo sumido en el estupor y el dolor, aún aturdido, y esa precisión no la hago para curarme en salud, sino para revelar mis propias condiciones, para no formular aseveraciones desde un presente que no sería el de un libro expresamente circunstancial.

Veamos la cubierta.

Distinguimos al lehendakari Juan José Ibarretxe en una foto en blanco y negro. En esa instantánea vemos a la primera autoridad vasca como si estuviera encogiéndose de hombros. No sé: parece mostrar incredulidad o indiferencia o irresponsabilidad. Los colores de la ikurriña contrastan y sirven de frontispicio. Con ello, la cubierta ya revela el tono polémico, batallador, de la obra.

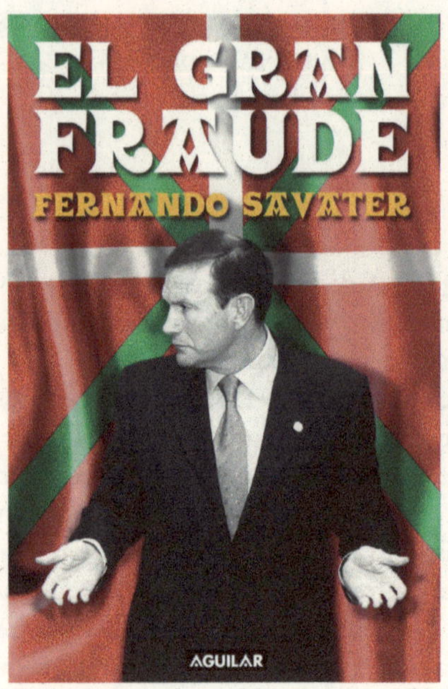

Reúne un puñado de artículos publicados por el filósofo donostiarra en distintos periódicos, principalmente *El País*, y puede leerse como una continuación de *Perdonen las molestias* (2001), el volumen en el que Fernando Savater compilaba sus primeros textos de *¡Basta Ya!*

¿Por qué titularlo así? ¿Por qué *El gran fraude*? Se trata de un volumen en el que el autor fustiga las tesis nacionalistas, particularmente las que han arraigado en su tierra, el País Vasco. Pero se trata también de combatir la conducta de otras opciones políticas: la que entiende como dejación de una cierta izquierda española que, a su juicio, habría abdicado de su sentido crítico, emancipador, universalista para comulgar con el credo opuesto, para echarse en brazos del nacionalismo.

¿Qué credo opuesto?

El de la diferencia y el particularismo. Se trata, desde su punto de vista, de alancear el anticonstitucionalismo galopante que, por acción o por omisión, parece imponerse en una parte de la sociedad española.

Por alguna razón que a él le resulta inexplicable, desde la muerte del general Franco, los nacionalismos periféricos tendrían buena prensa en España. Por haber sido tan furiosa la campaña españolista y castiza del antiguo Régimen, la nueva democracia habría acabado por incorporar lo que contrarió al dictador. Lo que contrarió al dictador no sería fácilmente compatible, pero ello no habría impedido confundirlo todo en un antifranquismo genérico.

De estas mixturas y de estas indecisiones se habrían aprovechado los terroristas —dice Savater—, invocando la independencia de Euskal Herria. Pero se habrían beneficiado también sus compañeros de viaje, los nacionalistas moderados.

Dados estos contenidos que tan apretadamente abrevio, ¿estaría justificado el título del volumen? Insisto: *El gran fraude*.

Reparemos en esa palabra contundente con que el intelectual rotula el libro. La voz fraude tiene tres acepciones. La primera se refiere a toda acción contraria a la verdad y a la rectitud que perjudica a la persona contra quien se comete. La segunda designa todo acto tendente a eludir una disposición legal en perjuicio del Estado o de terceros. La última, propia del derecho, alude al delito que comete el encargado de vigilar la ejecución de contratos públicos, o de algunos privados, confabulándose con la representación de los intereses opuestos.

¿Es un título excesivo?

Si nos atenemos a los argumentos que Savater emplea en su interior, si le aceptamos el significado de las palabras, si convenimos en el sentido con que él juzga los actos que critica, entonces deberíamos admitir que no hay contradicción entre el rótulo y la mercancía. Repasemos las acepciones anteriores y comprobemos si se ajustan.

La primera, el fraude como el acto contrario a la verdad y como el acto que perjudica a un tercero. En efecto, el anticonstitucionalismo, como promesa de una Euskadi libre y floreciente, sería una fantasía cuyos beneficios estarían por verse. Más aún, sería un embeleco deliberado que, además, dañaría a la parte de la que se arranca el nuevo país independiente: dañaría, en fin, a la España constitucional.

La segunda acepción de fraude se refiere a toda acción que elude una disposición legal en perjuicio del Estado: el anticonstitucionalismo que aspira a convocar un referéndum o plebiscito en el territorio vasco vulnera los cauces legales, el propio marco de quien plantea la secesión.

¿Por qué razón?

Porque el Gobierno del lehendakari es, a la postre, parte de las instituciones del Estado y su fundamento procede, por decirlo con Max Weber, de la legitimación legal-racional de la Constitución de 1978. Es decir, la acción sería fraudulenta porque rebasa lo permitido saltándose las vías que permiten la reforma de la Carta Magna.

La tercera acepción también parece cumplirse. El anticonstitucionalismo sería un fraude.

¿Por qué razón?

Porque quien debe encargarse de vigilar la ejecución de los pactos de la ciudadanía se confabula con los destructores de la ley y de la paz social. Es por eso por lo que, de verificarse, se incurre en una suerte de delito.

Si los anticonstitucionalistas son los adversarios, entonces a Fernando Savater no le importaría coincidir con quienes teniendo una ideología contraria a la suya se oponen a los fraudulentos.

O dicho en otros términos, al filósofo donostiarra, que se reconoce de izquierdas y próximo al partido socialista, no le molestaría compartir mesa con los populares, pues éstos se habrían empeñado en una lucha sin cuartel contra los terroristas y sus afines.

Hay que aceptar que el combate contra ETA ha rendido frutos decisivos y, por lo que parece, los criminales lo tienen más difícil ahora para matar, para destruir o para provocar desórdenes callejeros. Esto se debería al PP, pero se debería también al apoyo del PSOE, coaligados en la lucha gracias al Pacto Antiterrorista.

Admitamos hasta aquí todo lo anterior, incluso aquello que convendría matizar, pero para lo que ahora no hay tiempo. Insisto, admitamos ese fraude que Fernando Savater denuncia con coraje y obstinación, con riesgo de su vida, y que sería fruto no solo del terror sino también de la indiferencia y del anticonstitucionalismo.

Habría, sin embargo, dos cuestiones básicas a considerar que para el filósofo donostiarra no son fundamentales. A mi juicio, constituyen serios peros a su análisis: se las planteo porque estos cargos subrayan las partes débiles de su argumentación, asuntos a los que el intelectual vasco no atiende suficientemente. A algunos tal vez les parezcan pequeñas cosas, pero para mí no lo son y si se las sugiero es precisamente para reforzar la lógica de su combate.

La primera cuestión tiene que ver con la idea de España con que se han revestido el Gabinete de Aznar y sus adláteres: Savater admite que hay algo así como un españolismo de los populares, pero no concede gran importancia a ese rearme nacionalista español.

¿Y por qué no lo valora ni lo teme?

Porque no cree que sea esencialista, como sí lo serían los nacionalismos periféricos, juzgándolo solo un reforzamiento del españolismo constitucional: decir España es ahora decir Constitución, no Atapuerca ni Viriato. Por tanto, Aznar no sería el furioso nacionalista o el acérrimo asimilista que sus adversarios ven.

Ojalá fuera como Savater dice.

Yo, por el contrario, creo que hay, en efecto, un españolismo esencialista que ha rebrotado en los últimos años, expresado además con tono arisco, una españolidad que se atavía de un constitucionalismo con el que parece confundirse, cuando en el fondo aspira a nacionalizarnos en el viejo sentido.

Creo que no deberíamos confundir la contundencia expresiva de quienes defienden la Carta Magna con grave riesgo de sus vidas, contundencia a la que tienen derecho porque les va la vida en ello precisamente, con la intemperancia arisca de Aznar, que es de otra naturaleza.

El acoso terrorista que desde antiguo se padece ha sido de tal envergadura que el lenguaje se ha endurecido entre los actores del drama, entre los perseguidos y los amenazados.

¡Basta Ya! es así un frente de lucha por la transparencia moral y verbal, pero es también una sociedad de apoyo mutuo en un país, Euskadi, en el que la indiferencia o la ceguera han sido tan habituales.

En esa circunstancia ha de entenderse *El gran fraude* como un manifiesto, como un panfleto más, uno más, contra la abulia. Pero, a la vez, al leerlo vemos a un Fernando Savater que comienza a estar verdaderamente harto de tener que repetir lo mismo, de tener que sumar libro tras libro sin que mejore la rectitud civil de ciertos representantes públicos, y de tener que hacerlo con gran dureza polémica.

La alegría, el principio vital al que rinde tributo el filósofo donostiarra, se agría, claro, y se oscurece como consecuencia del horror que no cesa y de la persecución a la que él mismo está sometido.

Por su parte, Aznar salió ileso de un atentado y, por esa y por otras razones, se propuso sensatamente no dar respiro a los terroristas.

Pero su intemperancia no es resultado de ese malestar o de dicha amenaza, sino que es anterior: es un estilo de gobernar, de tratar a quienes no coinciden con él, entre despectivo y desdeñoso, sin que medie alegría, sin que parezca disfrutar de la vida contingente que nos ha sido dada.

Es por eso por lo que el españolismo de Aznar se avinagra y sus maneras, sus formas de enfrentarse a la oposición han podido hacer odioso el constitucionalismo tomado como pendón, como gran bandera nacional, tan grande como esa enseña que ondea en la Plaza de Colón, en Madrid.

Pero dejemos las cuestiones de carácter y volvamos al asunto general que en principio nos ocupaba, a la primera cuestión que Fernando Savater no trata suficientemente. Como el tema es peliagudo, pondré un ejemplo personal (permítanme, pues, una revelación), que nada tiene que ver con el País Vasco. Pero pondré después un ejemplo general. El primero tiene que ver con la educación y la Constitución; el segundo con la televisión y con la idea milenaria de España.

En el País Valenciano, hay numerosos individuos que hablan catalán. Pongamos un ejemplo que me es cercano, el de mis hijos, a quienes he escolarizado en esa lengua (tengo libertad para ello). ¿Por qué razón? En primer lugar, por ser el valenciano su idioma materno, por ser estricta y literalmente el idioma de su madre. Es bueno que aprendan y que se socialicen en la lengua que les es cotidiana.

La razón por la que profeso esa opción educativa no es la de reforzar la identidad colectiva ni los sentimientos de pertenencia histórica. El motivo es estrictamente particular: la satisfacción de un derecho individual, como es el de poder emplear uno de los idiomas en uso, que, además, da la coincidencia de ser el materno.

Pero ese dato, ese rasgo, solo es uno más de los numerosos atributos con que se revisten mis hijos, con que crecen, con que se desarrollan y con que, finalmente, me desmienten y me sobrepasan.

El castellano, que es mi lengua de uso corriente, lo es también para ellos. Con ese idioma aprenden a compartir un universo de discurso, el de su padre (y también el de su madre bilingüe), y el de millones de personas —la mayoría, de nacionalidad no española— que han crecido y vivido con esas voces y con esa expresión.

La historia de España —decía Jaime Gil de Biedma en célebre verso mil veces repetido— es la más triste de todas las historias porque siempre acaba mal. Escrito bajo el franquismo, ese diagnóstico podemos darlo por superado o por erróneo.

La historia de España fue, entre otras cosas, la de un nacionalismo liberal y castizo de escasa hondura, de guardarropía, inmediatamente contestado, un nacionalismo luego agravado por una mixtura monstruosa y franquista que mezclará lo cultural y lo político, lo comunitario y lo civil, bajo el amparo de una dictadura feroz, tristísima.

En principio, lo bueno de los nacionalismos periféricos fue que impugnaron la evidencia de las cosas, que desestabilizaron la idea de una España uniforme y homogénea. Así lo supo ver Manuel Azaña, por ejemplo, cuando defendía la constitucionalidad del Estatuto catalán frente al jacobinismo fracasado de los liberales del Ochocientos. Así, podemos leerlo ahora en uno de sus *Discursos políticos*, que ha recopilado Santos Juliá.

Gracias a esa labor de zapa de los tempranos regionalismos, lo español ya no se identifica sin más con el idioma castellano y con la historia real o presunta que tiene detrás. Esa lengua es un atributo incuestionable de lo español, qué duda cabe, pero lo español tiene otros atavíos con los que los ciudadanos pueden revestirse.

El catalán, por ejemplo, no ha subsistido solo por la presencia del nacionalismo que se desarrolló en el antiguo Principado. La prueba de ello la tenemos en el País Valenciano: si el catalán aún se habla en este último no se debe a la efectividad de un nacionalismo minoritario y prácticamente inexistente; si el catalán ha subsistido ha sido gracias al uso cotidiano, al empleo culto o no, que sus hablantes han hecho de este idioma.

La liza que comenzaron los nacionalismos periféricos hace un siglo ha permitido concebir lo español a partir de una pluralidad irrevocable, pero esos mismos nacionalismos tradicionales, como el que encarnan Convergència i Unió, se muestran ahora perplejos ante una desestabilización de sus propias identidades predefinidas.

Lo que habría que decirle a un ciudadano de Barcelona o de Valencia es que tiene todo el derecho a hablar el catalán justamente porque es un derecho individual que se le reconoce, porque es un atributo que tiene, porque es un tesoro personal que le conviene conservar, porque es un capital que puede hacer productivo con los suyos y consigo mismo, no porque sea una obligación nacional a la que deba supeditarse.

Lo que habría que decirle a ese mismo ciudadano es que tiene todo el derecho a hablar el castellano, porque es su patrimonio personal, porque es su riqueza y su valor que comparte con otros, con los hablantes que le precedieron y con muchos otros que no son ni siquiera compatriotas.

Hay una pluralidad lingüística y cultural en España, pero hay sobre todo una pluralidad lingüística y cultural dentro de cada uno, a poco que se cultive, a poco que se explore. Que no se me pida que sea nacionalista español, porque quiero pertenecer a una comunidad de disidentes, no de iguales sellados con la misma estampilla, ahormados con el mismo corsé.

La historia de España, esa de la que Gil de Biedma lamentaba su fin y su derrotero, es la historia de unas disidencias y de sus persecuciones. Que me dejen ser disidente a mi manera. Que me dejen ser español a mi modo. Pero no me pidan tampoco que sea fiel y respetuoso con la identidad obvia de lo valenciano, porque lo que me salva es el marco constitucional que —ahora sí— reconoce prerrogativas iguales para todos: como, por ejemplo, el derecho a emplear el catalán, a escribir en catalán, a educar a mis hijos en catalán.

Los inmigrantes son portadores de atributos y de rasgos que me desmienten, y mis cualidades los contradicen, los objetan a ellos. Habrá que perfeccionar marcos de convivencia —de acuerdo con el ámbito constitucional— en los que dar cabida a las diferencias individuales que son resultado de diferencias culturales. La clave no es la comodidad indiscutida, esa que echan en falta quienes aspiran a un mundo evidente, la de quien permanece ciego a lo que le es vecino y le contraría, sino la incomodidad universal, la globalización efectiva.

¿Nos garantiza eso el *patriotismo constitucional* del que habló Jürgen Habermas? Si la Constitución acoge y reconoce la pluralidad, si integra, entonces... Viva la Constitución. Pero si no impide la discriminación de los individuos por ser portadores de diferencias, entonces mejoremos su aplicación o reformémosla o incluso postulemos otra.

Ahora bien, lo que debemos admitir, sobre todo después de esa triste historia de España que acababa mal, es que no hay vida más allá o más acá de la Constitución, que no hay vida *pre* o *pos*constitucional que valga la pena vivirla, que no hay vida inteligente fuera de la Constitución, que no hay nación —sea la que sea— que preceda o exceda a la Constitución.

¿Quién dijo que era cómodo vivir por aquí? Sí, ya sé que hay grados diferentes de incomodidad, pero en cualquier caso la circunstancia actual es la mejor situación posible que cabe imaginar comparada con ese pasado de injurias.

Pero no acaban aquí las cosas que quería decir y que me suscita el volumen de Savater, al menos en el sentido que quepa atribuir al españolismo. Decía que pondría un segundo ejemplo que hacía referencia a la televisión.

En efecto, aludo a la serie *Memoria de España*, emitida en 2004 por TVE y coordinada por el historiador Fernando García de Cortázar, vasco también y, como el filósofo, amenazado por los criminales.

Tomaré lo hecho por García de Cortázar como el síntoma de ese españolismo. Reparemos, en primer lugar, en el título del documental. Por alguna razón, cuando entre los representantes políticos se hace una invocación explícita al pasado, suelo experimentar una gran incomodidad, un prurito personal.

Insisto: esas palabras, generalmente altisonantes, me producen malestar como individuo y como historiador, y este hecho simple me obliga a interrogarme. ¿Por qué padezco esa desazón cada vez que oigo dichas apelaciones?

Creo que son dos las razones del malestar.

Hay, en primer lugar, una razón académica: la que diferencia la historia de la memoria. Pierre Nora, un colega francés al que en algún otro artículo ya he citado, lo dijo expresamente. Permítaseme una cita extensa de sus atinadas palabras.

> "La memoria es la vida, siempre acarreada por los grupos vivos y, a este respecto, está en evolución permanente, abierta a la dialéctica del recuerdo y la amnesia, inconsciente de sus sucesivas deformaciones, vulnerable a todos los usos y manipulaciones, susceptible de estar latente durante mucho tiempo y de manifestar súbitas revitalizaciones. La historia es la reconstrucción siempre problemática e incompleta de lo que ya no es. La memoria es siempre un fenómeno actual, un vínculo vivido en el eterno presente: la historia, una representación del pasado. Dado que es emocional y mágica, la memoria solo se acomoda a aquellos detalles que la confortan: se nutre de recuerdos borrosos, chocantes, globales o flotantes, particulares o simbólicos, sensibles a todas las transferencias, velos, censura o proyecciones. La historia, en tanto que operación intelectual y laica, apela al análisis y al discurso crítico".

Por eso, cuando se mezcla historia y memoria, el resultado no suele ser la mejoría crítica del recuerdo o el examen significativo del vestigio, sino la recreación del pasado en términos emocionales y mágicos, simbólicos. Un horror, pues.

Aunque, tal vez, mi irritación contra el pasado como apelación pública se deba, en segundo lugar, a las condiciones que me rodearon en la infancia.

Nací cuando acababa la autarquía del primer franquismo, cuando ya se atisbaban el turismo y una revolución sexual (esa que hoy deploran los enérgicos obispos), turismo y revolución que ciertamente parecían amenazar la estabilidad del orden católico.

Nací cuando empezaba la oposición universitaria al Régimen y, sobre todo, cuando comenzaba la televisión, cuando se daba inicio a las emisiones de la televisión en España. Es decir, más que católica, es la mía la primera generación *cat*ódica —por decirlo con Umberto Eco—, la generación que aprendió a ver el mundo y el entorno gracias a la pequeña pantalla.

Nací, además, en el seno de una familia adaptada al Régimen, silenciosa, prudente, una familia del *franquismo sociológico* en la que se mezclaban la obstinación, el esfuerzo, el empeño, el miedo. En aquella época, entre mis parientes, entre mis abuelos concretamente, fueron habituales la invocación al pasado colectivo y el recuerdo de un desastre, de un pánico, el de la guerra del 36.

Aquellos ancianos hacían continuos ejercicios de memoria para instruirme, para educarme, para aplacarme. No les culpo ahora, pero vivir así —me decía entonces— era sobrevivir aherrojados, cosa que yo odiaba.

La idea de pasado, de que hay un pasado al que estaba obligado y que me libraba de mí mismo, era un atentado contra la vida, contra mi vida. Si se concibe lo pretérito como lastre, si se apela al cataclismo antiguo como amenaza, solo nos cabe una tarea, la de recordar sin vivir, sumidos en la triste analogía de lo que son vaticinios retrospectivos. No tengo existencia alternativa —parecía decirme entonces, cuando púber—: solo dispongo de esta vida ordinaria, finita, y en ella resuelvo mi destino personal.

¿Egoísta?

No estaba tan equivocado: el coraje y la elección, esas pequeñas tareas en las que nos empeñamos cada día, se hacen contra el pasado de los mayores. Entiéndaseme: quien solo es fiel a lo que sus ancianos hicieron, quien es temeroso de lo que su linaje también padeció, se agosta sin hacer nada nuevo.

Es posible que entre cierta izquierda española aún sobreviva la mención explícita al 36, como hemos oído en alguna de las últimas intervenciones de Pasqual Maragall. Es verdad que entre nacionalistas imaginativos lo pretérito ha sido objeto de recreaciones fantasiosas, melancólicas, reparadoras, incluso falsas.

Pero no es menos verdad que una parte de la derecha española, la más arisca, la más intemperante, la que creció con el frufrú de las casullas, ha invocado ese mismo pasado para denostar, para atemorizar o para afirmar marcialmente una identidad indiscutible.

Es más: en los últimos años, han sido los gobiernos del Partido Popular los que han hecho de la historia un territorio para la renacionalización. Y a ello han contribuido culpablemente historiadores profesionales que como Fernando García de Cortázar profesan una ardiente fe españolista.

Que yo comparta con este colega una convicción constitucionalista, porque no hay vida más allá o más acá de una Constitución que me garantiza como ciudadano, no significa que deba, además, comulgar con su nacionalismo redivivo que mezcla historia y memoria, un nacionalismo que idea una unidad de destino desde tiempos prebabélicos.

El pasado ha servido así para la identificación colectiva que nos ata: la ventaja del reconocimiento es que me permite localizar a los míos o, al menos, a aquellos antepasados con quienes creo compartir reflejo, filiación, linaje. Con ello, aspiro a darme una defensa contra las ofensas potenciales que siempre parecen venir de los otros, de los extraños, de los vecinos.

Sin embargo, la historia debería servir hoy para colectivismos menos étnicos, menos afirmativos, menos castrenses. Más que para el reconocimiento, que es un modo de uniformar, de establecer la fatalidad de unas ataduras, la historia debería emplearse para el conocimiento propio, para mostrar lo que me diferencia de aquellos de quienes procedo, para hacer ver todo lo que ignoro de mí mismo, esa parte remota que también me constituye, lo que es deuda o lo que es logro, el azar de que yo esté aquí.

En la vida de cada uno no hay necesidad ni tarea que cumplir y solo una suma de casualidades me ha hecho: por tanto no hay desastres antiguos, incluso seculares, que me amenacen y que me impidan vivir, ni hay fardos que esté obligado a acarrear y que me libren de ese ser contingente que soy yo mismo.

La historia me permite regresar para averiguar qué hicieron de sus existencias los antepasados, cómo afrontaron sus incertidumbres, tan ignorantes como yo, tan distintos. A ese modo de pensar lo llamamos saber, examen, no identificación ni reconocimiento, pues ante los homínidos de Atapuerca no veo analogía ni memoria que fatalmente me vayan a reflejar.

Vuelvo a Fernando Savater, vuelvo a *El gran fraude*. La segunda cuestión a examinar y que el filósofo no trata suficientemente en esta obra es: qué se le consiente y qué no a las víctimas del terrorismo. Como es un tema muy delicado, quisiera tratarlo con corrección y con respeto, pero también con frialdad.

Pondré para ello otro ejemplo.

El miércoles 18 de febrero de 2004, el espectador de La 2, de Televisión Española, tuvo la oportunidad de ver la entrevista que

Carlos Dávila le hacía a Conchita Martín, viuda perteneciente a la Asociación de Víctimas del Terrorismo.

Dicha señora reclamaba de la sociedad, reclamaba de todos nosotros, la comprensión, la solidaridad, el buen juicio, la honradez de trato que los dañados se merecen. Reclamaba la lealtad y la simpatía de cada uno con los damnificados por la violencia etarra. Creo que tiene derecho a exigirlas.

Pero... ¿se deriva de esa circunstancia la aprobación de una determinada política?

Si nos atenemos a lo que esta viuda sostuvo, parece ser que sí. Tengo para mí, sin embargo, que en esta circunstancia excepcional que vivimos tras los atentados del 11 de marzo, y que agiganta lo que Conchita Martín decía en febrero, todo se está extralimitando, todo tiende a torcerse. Que uno sea víctima, que uno sea un damnificado del terrorismo (deleznable, punible, como todos) no le da necesariamente superioridad, no le da un juicio político atinado.

Cuando murió Franco, había muchos damnificados del Régimen: numerosas víctimas tuvieron que morderse la lengua, tuvieron que sofocar su dolor, tuvieron que sacrificarse por el bien de todos, que era la construcción de un marco constitucional común. No se procedió a incoar un expediente general contra los herederos y beneficiarios del franquismo.

¿Qué fue aquello, una amnesia, como tontamente se dice ahora?

Fue, más bien, un *echar al olvido*, según corrige Santos Juliá. Es decir, no se olvidan, sino que se recuerdan los ultrajes, las ofensas, los daños, las muertes, las torturas, las vejaciones padecidas. Pero, para beneficio de todos y para facilitar la convivencia, no se tienen en cuenta. Con una gran dignidad, los comunistas españoles, los socialistas españoles, los republicanos españoles, los sindicalistas españoles, admitieron el sacrificio, aceptando pactar para facilitar la transición.

Años después, José María Aznar sostuvo que había llegado el momento de *La Segunda Transición* y fue a partir de entonces cuando la revelación de la Verdad, así con mayúsculas, y la defensa de la Identidad dañada se convirtieron en meta, en objetivo, en solución. En realidad, fue desde la invocación de esa Segunda Transición cuando, por emplear una fórmula bien conocida de *Conversación en La Catedral*, todo empezó a "joderse, Varguitas".

Por las preguntas que hacía Carlos Dávila ante las cámaras se infería que, o bien aceptábamos las tesis *políticas* de la viuda que comparecía, y entonces éramos gente cabal; o bien las rechazábamos, y entonces carecíamos de toda rectitud, de toda honestidad.

Dávila es un periodista untuoso (en el doble sentido de la expresión) que conocen suficientemente los espectadores valencianos: hace unos años irrumpía cada semana en la televisión autonómica para participar en un programa multitudinario y bronco.

Creo que debemos un respeto a las víctimas del terrorismo, siempre, en cualquier circunstancia, pero no puede pedírsenos que aprobemos sin más las directrices de la política española a partir de lo que alguno de ellos diga públicamente.

¿Alguien se imagina a una Asociación de Mujeres Maltratadas dictando con pormenor y minucia el sentido general de la acción de Gobierno o la letra menuda del Derecho Penal?

Las víctimas tienen, claro que sí, todas las prerrogativas que da ser damnificados a los que la sociedad ha de proteger y satisfacer, pero nuestros representantes solo han de tener un precepto y un requisito: no agrandar el mal, no infligir un daño suplementario a la ciudadanía si con ello se cree dar satisfacción a las víctimas.

El Derecho Penal no solo es punitivo y retributivo, no solo está pensado para las víctimas, ni por supuesto para exculpar a los responsables de los crímenes, sino para garantizar la presunción de inocencia de cada uno de nosotros.

Los damnificados del terrorismo no son simples víctimas como las que ocasiona un accidente de carretera. Hacer esa comparación sería intolerable, deleznable. Nauseabundo, como algunos añaden. Propongo, por el contrario, comparar a esos damnificados con las mujeres que han sido víctimas de la violencia. Insisto y repito: ¿alguien se imagina a una Asociación de las mismas dictando la política a seguir? No basta, desde luego, con prestarles, sin más, una atención humanitaria para de ese modo olvidarlas. Antes al contrario: con razón, los damnificados exigen de las autoridades acciones políticas, decisiones políticas, pero el bien y la bondad no pueden confundirse con la reparación.

Tzvetan Todorov hablaba en uno de sus libros más atinados de la tentación del bien como uno de los grandes males *iliberales*, como uno de los grandes daños del totalitarismo.

El riesgo que corremos cuando nos proponemos alcanzarlo es confundir la justicia reparadora, a la que por supuesto tienen derecho las víctimas, con el ejercicio de la política, que exige sacrificios colectivos no para lograr metas o utopías, sino para crear un marco de convivencia.

A fuerza de querer el bien, a fuerza de querer dar total reparación política a lo que es un daño ocasionado por criminales, podemos convertir el espacio público en un tribunal inquisitorial en el que condenar o aprobar políticamente.

¿Cómo decirlo?

La víctima no puede dictar la cosa común, insisto. Hay que satisfacerla con la atención y cuidado del Estado. El recuerdo emocionado, las satisfacciones económicas a que tienen derecho, el homenaje público o la persecución implacable de los criminales sin darles respiro no son meros actos humanitarios. Son gestos, decisiones, audacias políticas, no caridades.

Pero, sobre todo, la gestión gubernamental no debe ir en un sentido contrario al de las víctimas, es decir, no se puede hacer un homenaje a la mujer maltratada o al herido en un atentado para después adoptar medidas que no sean acordes con su salvaguarda. Ahora bien, lo que no resulta exigible es que compartamos todo lo que la víctima, en su dolor, es capaz de proclamar o de demandar o lo que algunos de sus interlocutores con afán ventajista acaban por sonsacarle.

He vuelto a ver a doña Conchita Martín en *El debate electoral* de CNN+. Fue el 11 de marzo de 2004. José María Calleja reunía en el estudio de la cadena a esta viuda y a Antonio Elorza, catedrático de historia del pensamiento político. La señora Martín corroboraba y decía siempre la última palabra a lo que defendía Elorza. El catedrático no tiene puntos de vista que contradigan los que defiende la Asociación de Víctimas del Terrorismo: experto como es en cultura islámica contemporánea y en *religiones políticas*, Elorza siempre hace atinados o documentadísimos juicios sobre lo que acaece. Conchita Martín daba el visto bueno.

Creo que una víctima del terrorismo tiene todo el derecho a hablar y a desgarrarnos con su dolor y a exigirnos respuesta. Debemos ampararla para que pueda hacer públicas sus reflexiones morales, sus dictámenes acerca del bien, de lo lícito, de lo aceptable. Pero creo, igualmente, que ser damnificado, como lo es Conchita Martín, no le da un aval superior al de cualquier ciudadano para emitir juicios políticos.

De lo contrario, ¿a qué asistimos? ¿A un debate político entre una respetabilísima viuda y un catedrático de historia del pensamiento?

Son estas cosas, pequeñas cosas, las que Fernando Savater no trata en su libro, posiblemente porque son minucias si las comparamos con el horror al que hay que hacer frente, posiblemente porque no conviene sembrar el desconcierto o el desánimo entre quienes son perseguidos o son aliados de una noble causa. Pero yo no juzgo el valor moral de unos héroes, de unas víctimas, de unos ciudadanos amenazados.

Solo examino unas páginas políticas de un publicista casi siempre pertinente, pugnaz y campechano, que se enfrenta a la indiferencia o al desistimiento, pero que no siempre aborda lo que debiera tratar. Solo escruto lo que haya de convincente en sus argumentos, pero también lo que haya de menos plausible en sus razonamientos.

En el caso de que Fernando Savater leyera todo lo anterior, nada me gustaría más que me siguiera teniendo entre sus interlocutores, uno más entre los muchos que no se pierden sus libros.

La vida eterna
1 de abril de 2007

Hace treinta, treinta y tantos años, Fernando Savater era un joven filósofo español, un pensador que irrumpía en los medios de comunicación evaluando, juzgando, examinando, reseñando libros.

Y, sobre todo, irrumpía escribiendo acerca de muchos sujetos, algunos tipos relevantes u otros personajes aparentemente menores: Spinoza, Nietzsche, Cioran, Frankenstein, Jim Hawkins y Drácula.

Frecuentó a otros muchos, desde luego, pero entre esos héroes reales y ficticios (dejo al lector averiguar quiénes eran una cosa o la otra) aquel Savater halló a sus interlocutores principales.

Desde el más importante y grave hasta el más desamparado y joven, esos personajes le servían de referencia, de modelo de excelencia, de ayudantes o donantes. ¿Ayudantes o donantes frente a qué? Frente a Dios y frente a la muerte.

Baruch Spinoza le mostró las claves fundamentales de la ética humana, el código de esa entidad falible que quiere perseverar en su ser, de ese sujeto que se alza contra la decrepitud y el acabamiento sin encontrar nación que lo acoja, sin hallar una comunidad tolerante.

Nietzsche le enseñó el legítimo orgullo del individuo que ha roto sus cadenas trascendentales y colectivas, el coraje de quien por haber renunciado a Dios solo se tiene a sí mismo para calificar los actos que emprende.

Cioran le indicó la irrelevancia o la chiripa de haber nacido, la falta de necesidad que tiene dicho accidente: un hecho a partir del cual ese maldito yo perdura años y años solo porque tiene la libertad última de matarse.

El monstruo de Frankenstein —compuesto de trozos, de cachos, de fragmentos— le reveló la fealdad y la orfandad a las que cada uno está condenado, esa mala hechura con la que sobrevivimos y de la que no todos acaban de reponerse.

Jim Hawkins le demostró lo que es el valor adolescente (el valor, a secas), la audacia de quien, siendo huérfano de padre, crece y madura de grado o por fuerza, enfrentándose a los que lo amenazan u hostigan.

Y Drácula…, qué decir del señor Conde: del triste vampiro aprendió la importancia de gozar el instante para no condenarse a una inmortalidad previsible, a una eternidad de cinco o seis siglos por vivir.

Etcétera.

Esos héroes particulares (y universales) son, en efecto, auxiliares: los habitantes de una comunidad de interlocutores de distinto tiempo, pero que entonces y ahora (en la imaginación del lector Savater) conviven y charlan civilizada, educadamente, sobre temas escabrosos.

Dios, por ejemplo.

Hay un momento en la vida en que algunos creyentes ven flaquear su fe hasta finalmente perderla. Cuando eso sucede, ¿qué queda? Puede quedar un vacío sin creencias, con el ánima desarbolada, con la ética personal echa trizas.

O, por el contrario, ese hueco existencial puede rellenarse con cualquier cosa, con cualquier fe secular que dé cohesión, fuerza y valores a quien ya no está protegido por la custodia de la Providencia.

Pero puede muy bien ocurrir que la antigua criatura de Dios empiece a tomarse como creador, como el creador de sí mismo. Es entonces cuando decretará la muerte de la antigua divinidad y es entonces cuando se elevará juzgándose dueño del presente en cuyos actos se define. Nietzsche lo estableció así y Fernando Savater lo difunde desde hace treinta, treinta y tantos años.

Imagino a nuestro filósofo donostiarra siendo joven y recitando pasajes como éste, frases explosivas procedentes de *Así habló Zatatustra* (1883-1885):

> "¡Ante Dios! ¡Pero si ese Dios ha muerto! Hombres superiores, ese Dios ha sido vuestro mayor peligro. No habéis resucitado hasta que él bajó a la tumba. Ahora solamente vuelve el gran Mediodía, ahora el hombre superior es el amo. ¿Habéis comprendido esta frase, oh hermanos *míos*? ¿*Os* habéis asustado? ¿Vuestro corazón

> es presa del vértigo? ¿Aquí se abre el abismo para vosotros? ¿El perro del infierno os ladra? ¡Pues bien! ¡Vamos, hombres superiores! Ahora es cuando la montaña del porvenir humano va a dar a luz. Dios ha muerto: ahora queremos 'nosotros'... que viva el superhombre".

Imagino a nuestro pensador local sumándose a esa empresa cosmopolita, la de individuos que ya no abdican de su condición, de su inmanencia, de su finitud. Si el catolicismo fue un empeño universalista, su superación habrá de serlo también: pero habrá de serlo sin metafísicas compensatorias, sin recambios de religiones políticas que simplemente secularicen y reemplacen la figura de Dios.

El ser humano se define en cada acto que realiza, sabiendo, además, que se levanta y muere en cada acción, que elige y descarta. En el donostiarra, aquella soledad cósmica que descubre con Spinoza, Nietzsche, Cioran, Frankenstein, Jim Hawkins y Drácula se realiza, finalmente, con Jean-Paul Sartre, otro gran solitario...

Fernando Savater no ha ocultado el gran aprecio que desde joven ha sentido por Jean-Paul Sartre y, en particular, por el primer Sartre, siempre ateo, aquel que pronunciara la conferencia inaugural de una época, de la reconstrucción de posguerra: *El existencialismo es un humanismo*, charla impartida en el Club Maintenant en el París de 1945, concretamente el 29 de octubre.

El francés no era pesimista, admitía Sartre definiéndose a sí mismo, sino un escritor que declaraba su fe en la capacidad creadora de los jóvenes. Ser joven no era, sin más, un estado de carencia que se resolviese con la edad. Ser joven era reconocer el presente como un espacio de contingencias, sin patrimonios definitivos, sin legados gravosos. Así, ese joven que se crea a sí mismo... *elige*, pero sobre todo *se elige*: decide ser de una forma frente a otra y, por tanto, opta por una clase especial de humanidad.

"Hemos sido injustos con el existencialismo francés de la primera hora: era el bueno", dejó dicho Fernando Savater en su obra *Humanismo impenitente* (1990). "El propio Sartre fue retrospectivamente injusto consigo mismo, cuando abjuró de su célebre conferencia del Club Maintenant", añadió.

Pues bien, creo que Fernando Savater ha sido fiel a aquel precepto y podríamos decir que su compromiso y sus yerros, su intervención incluso aspaventosa en la esfera pública, su empecinamiento, su ateísmo religioso e ideológico (que le genera el reproche o la incomprensión de los clérigos y de sus mantenedores) son la aplicación tentativa de dicho programa, tan temprano.

Por eso, años después, bien puede decirse que *La vida eterna* (2007) de Fernando Savater, una obra aparentemente dedicada a la religión, en el fondo está destinada a examinar ese escándalo que es la muerte.

Pienso en ello, en el ateísmo saludable que profesa Savater... O quizá no: quizá —como él mismo indica— no pueda llamarse ateísmo a lo que es una actitud *irreligiosa*, ajena totalmente a la religión. De eso tratan estas páginas: de cómo refundar la vida individual del yo en un espacio hospitalario, legal, democrático y laico sin guarecerse en el colectivismo o en las creencias que nos permiten abdicar a cada uno de nosotros, sin renunciar a lo que somos y a lo que nos espera: la muerte sin esperanza.

Qué lejos nos queda la Providencia a quienes —como Savater— carecemos de "oído musical para la religión" (por decirlo con Max Weber) o a quienes nos profesamos anticlericales.

"El anticlericalismo es una visión política, no epistemológica o metafísica", dice Richard Rorty en *El futuro de la religión*, un libro del que es coautor con Gianni Vattimo, y a quienes Savater cita críticamente en su obra.

"Las instituciones eclesiásticas, a pesar de todo el bien que hacen —a pesar del consuelo que ofrecen a los que están en situación de necesidad o hasta de desesperación—, son peligrosas para la salud de las sociedades democráticas", añade Rorty.

> "Según nuestro punto de vista, la religión resulta inobjetable en la medida en que se privatice, en la medida en que las instituciones eclesiásticas no pretendan convocar a los fieles en pos de propuestas políticas y en la medida en que tanto creyentes como no creyentes estén de acuerdo en seguir una política de vivir y dejar vivir".

Algo semejante podría defender el Savater maduro y actual (2007) por oposición —seguro— al Savater nietzscheano…

Los creyentes tienen derecho a manifestar su contento y su fe. Pero lo que las Iglesias no pueden olvidar es que su referencia moral no tiene por qué imponerse a toda la ciudadanía; igual que nuestras autoridades no deben ignorar que hay una parte de la población que tiene un oído "religiosamente no musical", que hay una parte de la población que es agnóstica o atea.

"Los que son indiferentes a la cuestión de la existencia de Dios", apostillaba Rorty, no tienen derecho a despreciar a los que creen apasionadamente en su existencia. Y en ese punto el Nietzsche más tremebundo se bate en retirada (como el Savater más radical).

Pero, de igual modo, los que creen apasionadamente en la Providencia no tienen derecho alguno a reprenderlos por no acudir a un Rosario o a una Misa o por no seguir los preceptos que esa Iglesia impone. Más aún, esos preceptos no pueden contradecir las normas comunes a que están obligados los ciudadanos de una democracia.

Por tomarme en serio esta conclusión, que Savater repite una y otra vez —obvia, por otra parte—, decidí leer lo que sobre este mismo punto sostiene Nicolas Sarkozy. Son interesantes el ejemplo y la comparación, pues el afrancesamiento del filósofo donostiarra obliga: obliga a compararlo con lo que ahora se dice del laicismo en Francia. Y en este punto Sarkozy es quien ha dicho las cosas más interesantes: las más interesantes y discutibles.

Admito que es un político con ideas que sabe expresarlas y que tiene el don de la oratoria y de la convicción. Es tal el empeño que le pone a sus intervenciones que es capaz de hacernos olvidar sus incongruencias o su conservadurismo imaginativo.

He releído *La República, las religiones, la esperanza* para cotejar esas ideas con las de Savater. Es un libro-entrevista con Sarkozy de 2004 —ahora traducido— en el que el político francés se explaya sobre las creencias y sobre su condición de ministro de Cultos (función asociada al Ministerio del Interior).

Lejos de profesar el laicismo, Sarkozy prefiere reivindicar la laicidad de la República (por decirlo con una palabra más propiamente francesa), es decir, la igualdad jurídico-política de los credos. No hay confesión que esté por encima y, por tanto, las distintas Iglesias deben estar amparadas por las leyes, que deben cumplir.

En principio, no es nada audaz afirmar eso, pues la República francesa no reconoce, no paga salario ni subvenciona ningún culto desde la Ley de 1905. De todos modos, las reflexiones de Sarkozy van más allá, precisamente porque la importancia del islam en la Francia de hoy exige ciertas reformas a las que este político no se opone.

En cualquier caso, la parte que a mí me ha resultado más interesante y discutible es la que hace referencia a esa palabra, *esperanza*: un vocablo que repele a Nietzsche o a Savater o a cualquier ateo (yo mismo), y que el exministro repite una y otra vez.

La vida es corta y, además, es humanamente inexplicable su significado —dice—. No hay argumento filosófico o antropológico que sea suficiente, que dé sentido a esa brevedad y al hecho inapelable que implica morirse. Por eso, a los individuos no les basta con ser ciudadanos, incluso no les basta con ser ciudadanos honestos. Necesitan tener esperanza: en el más allá inexplicable —añade Sarkozy.

Aunque no cita a Ludwig Wittgenstein, esta conclusión recuerda en algún momento al arrobo místico que sintiera el filósofo vienés ante el hecho religioso. Podemos parafrasearlo: no lo puedo explicar, ni siquiera puedo hablar de un sentido que no alcanza a expresarse con el lenguaje del mundo, pero tengo enorme respeto a la creencia que proporciona esperanza, a ese absoluto que me obliga a preguntarme...

Pero dejemos a Wittgenstein.

Más aún, añade Sarkozy, la religión es comunidad y, por tanto, anuda lazos entre individuos que, de otro modo, estarían desorientados. O, por decirlo con palabras de la tradición sociológica francesa —Émile Durkheim, a quien tampoco cita—, una Iglesia es una comunidad moral en la que los creyentes se sienten vinculados por normas comunes, por valores compartidos, por una cierta idea de lo sagrado y de lo profano.

Justamente, lo que Savater no olvida.

La religión proporciona cohesión, una forma secular de consenso: una gran ventaja para la estabilidad de la sociedad, podríamos decir con Durkheim. Los individuos forjan sus preferencias a partir de unas expectativas que la propia sociedad alimenta; ésta les da o les quita los medios para satisfacerlas.

Si carecemos de esperanza religiosa, la frustración de esas expectativas (y la principal es *la vida eterna*) nos deja peligrosamente desamparados, añade. "La cuestión espiritual es la cuestión de la esperanza, la esperanza de una perspectiva de realización en la eternidad después de la muerte", precisa Sarkozy.

"El hombre experimenta la necesidad de la esperanza desde que es consciente de tener un destino". De ahí viene que la amenaza de una muerte sin esperanza solo provoque decepción profunda, incluso una quiebra absoluta de la propia voluntad de vivir. A eso, Émile Durkheim lo llamaba la *anomia*, la pérdida del sentido, la falta de valores, una evaporación de toda axiología.

La vida nos decepciona —insiste Sarkozy— y, por eso, necesitamos la esperanza y la comunidad que nos procura la religión. Desde ese punto de vista, las creencias son beneficiosas para la República. Ya no estamos en tiempos de lucha anticlerical —añade un Sarkozy que parece responder a Savater—, porque el catolicismo ultramontano y político ha remitido: no interfiere.

Por tanto, un laicismo como combate antirreligioso carece de sentido y, además, entraña peligros —concluye—. De triunfar, dejaría a los ciudadanos sin referencias: sin las beneficiosas ataduras de la identidad. Por eso, este creyente tibio que es Sarkozy valora muy positivamente el catolicismo como factor de equilibrio social: ya no es un riesgo para la República —insiste.

> "A lo largo de los años, la religión católica ha tenido un papel de instrucción cívica y moral ligada a la catequesis que existía en todos los pueblos de Francia. El catecismo ha dotado de un sentido moral bastante afinado a generaciones enteras de ciudadanos. En tiempos se recibía educación religiosa incluso en las familias no creyentes. Eso permitía la recepción de valores necesarios para el equilibrio de la sociedad".

Y eso acaba diciendo Sarkozy cuando apela implícitamente a la idea de cohesión comunitaria y moral, propia de Durkheim.

¿Y el islam? "En Francia por doquier, y en mayor medida en las barriadas que concentran todas las desesperanzas", añade Sarkozy, "es preferible que los jóvenes tengan esperanza espiritual en vez de tener en la cabeza como única *religi*ón la violencia, la droga o el dinero".

Si lee dicho volumen, no creo que el filósofo donostiarra pueda llegar a convenir en algo así, tan conservador. Es probable que ya no profese el culto del Nietzsche más tremebundo, pero no es menos cierto que para él cualquier concesión a la religiosidad como excusa moral es el principio de una derrota.

Leamos a Savater y disculpémosle que su anticlericalismo se haya atemperado. Lo que no ha menguado es su arrojo vital, esa certidumbre nietzscheana que sostiene que la vida se acaba aquí, en un presente civil y republicano en el que no hay esperanza trascendental que nos salve. Mal que le pese a Sarkozy o a su prologuista español: José María Aznar.

En efecto, el prólogo lo firma el expresidente del Gobierno y he de reconocer que no está a la altura del vuelo místico de su amigo francés. Mientras Sarkozy habla de *la esperanza* y de *lo absoluto*, categorías de honda raigambre religiosa (propia también de Wittgenstein, diría), el político español insiste en la *excelencia*, palabra de orden entre los conservadores locales que yo no le he leído al político francés en estas páginas. Aznar insiste también en asociar la ideología socialista al relativismo, curiosa aleación sobre la que tampoco Sarkozy se extiende y que, de ser debatida por Savater, habría merecido un severo rapapolvo.

Aunque pueda rebatir la posmodernidad muelle, al filósofo donostiarra no le gusta (evidentemente) el esplendor religioso, esas "manifestaciones dogmáticas" que en España se han convocado "contra la ley del matrimonio de homosexuales y la escuela laica", según dice: algo impensable en la Francia republicana.

Más aún, por lo que confiesa, le disgustan especialmente el peso, el papel y el poder de los creyentes en la esfera pública, unos fieles que no se toman "su fe como una forma poética o metafórica de dar cuenta de sus emociones ante el misterioso universo y ante la vida" (como aceptaría un Wittgenstein místico), "sino como explicaciones efectivas y eficaces de lo que somos y de lo que podemos esperar".

Y eso que Sarkozy evita tratar directamente Aznar lo aprueba: a distancia —claro— del "ateísmo" de Savater. Si uno mismo se declara ateo (y esa revelación de quien reseña es algo que solo interesa relativamente), en principio no tiene más que aprobar la posición del filósofo español.

Pero hay un problema, un problema que prueba su egregio fracaso: nada de lo que aquí dice —ahora con más erudición, con mayor madurez— es realmente nuevo. Como sigo con interés al Savater ateo, al intelectual que interviene contra el confesionalismo voraz, estas declaraciones se las tengo leídas treinta, veinte o diez años atrás.

Se las leí en *La piedad apasionada* (1977), en *Invitación a la ética* (1982), en *Ética como amor propio* (1988), en el *Diccionario filosófico* (1995), en *Las preguntas de la vida* (1999). Etcétera.

Como dijo el propio filósofo español, ésa es la prueba del mayor revés: si unas ideas interesantes, razonables, incluso exactas, han de ser repetidas una y otra vez, entonces hay que admitir el propio chasco: el rotundo mentís que Savater recibe es el de la muerte que espanta y que a tantos hace aproximarse a las creencias y a la fe.

La religión no es un dato del pasado, una ilusión del pasado: para muchos, la fe perdura, como permanece el porvenir de una gran ilusión, de una gran compensación, de una gran coartada, de un gran consuelo.

En fin, del Savater que dejó de ser católico podríamos afirmar lo que Jorge Luis Borges decía de sí mismo: "los católicos creen en un mundo ultraterreno, pero he notado que no se interesan en él. Conmigo ocurre lo contrario; me interesa y no creo".

A Savater le interesa la vida eterna, pero no cree.

CUARTA PARTE

POLÍTICA PARA SAVATER

El ateísmo y el antiterrorismo
2 y 3 de abril de 2007

Ahora, a las 21:45 horas del lunes 2 de abril de 2007, acabo de enterarme por la prensa de que un comando desarticulado por la Guardia Civil estaba haciendo un seguimiento a Fernando Savater. Este seguimiento —supongo— no sería novedad alguna de este momento, sino todo un horror previo y previsible. Vaya por delante mi solidaridad y mi estupor: mi estupor ante una situación como la que padece Fernando Savater.

Ahora, a las 8:30 del martes 3 de abril, creo que algo más hay que añadir…

Durante meses, el filósofo donostiarra ha dado su apoyo al Gobierno del PSOE en su política antiterrorista, cosa que le ha granjeado todo tipo de denuestos y de repudios. Pero, por encima de eso, está su decidida apuesta por un final próximo del terror, bien guiado por la mano firme del Estado, sus representantes y sus instituciones.

En todo este tiempo y por lo que ahora vamos sabiendo, los bárbaros no habían dejado de organizarse para matar o, al menos, para poder intimidar. ¿Lo sabía el Gobierno? ¿Lo sabía Fernando Savater mientras apoyaba al Gobierno?

En fecha reciente, el filósofo ha dejado de respaldar esa política. Pero, según parece, no por estar siendo seguido por los miembros del comando, sino por juzgar ya como inaceptables los pasos dados en dicha negociación.

A su juicio, el Estado estaría haciendo dejación de sus responsabilidades ante Iñaki de Juana Chaos o ante Arnaldo Otegi. Este argumento es la baza empleada por los populares para atacar a los socialistas.

Sin embargo, la desarticulación del comando prueba justamente lo contrario. Creo que el editorial de *El País*, de 3 de abril de 2007, que comparto y que ahora reproduzco, abunda en la misma dirección:

"Las Fuerzas de Seguridad han conseguido desmantelar la red terrorista antes de que llegase a actuar, como venía ocurriendo en los años que precedieron al alto el fuego. Todo parece indicar, por tanto, que tenía razón la policía francesa cuando insistía en que durante la tregua ETA no se había parado, y que también la tenían los responsables de Interior cuando afirmaban que tampoco la investigación policial se había detenido. La hipótesis de un fin dialogado de ETA se hacía depender de la aparición de datos indicativos de una voluntad de poner fin a la violencia. Evidenciado que tal voluntad no existe, la eficacia policial vuelve a ser un eje central de la política antiterrorista. Ése es el auténtico plan B que todo Estado de derecho debe tener dispuesto en procesos de paz como el ensayado. Eso no significa que no debería haberse intentado. Las razones que determinaron la debilidad de ETA se mantienen. (...). Las encuestas indican que es ya muy mayoritaria entre las bases de Batasuna la convicción de que el tiempo de la violencia ha pasado. Por muchos pretextos que sus dirigentes busquen para atrasar las decisiones, saben que el abandono de las armas por parte de ETA es inevitable, y también que sin esa condición, o la ruptura clara con la banda, no recobrarán ellos la legalidad, ni podrán ser candidatos en las elecciones".

Punto y aparte

Hace unos días pude seguir la entrevista que Antonio San José le hacía a Fernando Savater. Fue en el programa *Cara a Cara*, de CNN+, y el motivo de su presencia era la reciente publicación de *La vida eterna* (2007).

Salvo algunas alusiones brevísimas a la situación del terrorismo y del antiterrorismo, el grueso de dicho espacio se dedicó a hablar de Dios, de la muerte y de las religiones. Esto es algo en lo que pueden coincidir sin mayor conflicto San José y Savater, dos personas cultivadas y descreídas.

El periodista podía haberle interrogado sobre un artículo de Ignacio Sánchez-Cuenca publicado en *El País* (28 de marzo de 2007). Podía haberle preguntado por las críticas que el politólogo ha hecho a entidades cívicas como ¡Basta ya!

Pero, en dicho artículo, Sánchez-Cuenca evita mencionar al filósofo. Quizá no quería frotar la herida. Ahora bien, la conclusión era contundente: tal vez, sin pretenderlo de manera expresa, pero lo cierto es que organizaciones como la que preside Savater favorecen la estrategia del Partido Popular. Eso sostenía Sánchez-Cuenca.

Si se hubiera tratado dicho asunto en CNN+, esto bien podría haber provocado el malhumor del compareciente y, de paso, bien podría haber obligado a preguntar sobre la colisión PP-PRISA. Dado que CNN+ es parte de PRISA, la circunstancia habría podido ser algo embarazosa: más aún, si tenemos en cuenta que Hermann Tertsch ha sido recientemente despedido de *El País*...

Punto y aparte.

Horas después, el pasado domingo 1 de abril, pude leer la interviú que Antonio Astorga le hacía al filósofo donostiarra en *ABC*. ¿El motivo? La nueva posición *antiZapatero* por parte de Fernando Savater.

Después de haber aprobado la audacia o la temeridad antiterrorista de José Luis Rodríguez Zapatero (lo que al filósofo le ocasionó severos rapapolvos por parte de organizaciones de víctimas), después de haber mantenido un discreto apoyo gubernamental durante meses, el intelectual vasco se apartó días atrás de dicha opción.

Quizá con algo de aspaviento y gesticulación: parecía regresar a la estrategia antiterrorista anterior (sin negociación posible) después de haber defendido posiciones prosocialistas.

Cuando Savater leía en la calle, públicamente, un manifiesto aprobado por ¡Basta ya!, por el Foro Ermua y otras organizaciones, hacía quizá una puesta en escena que algunos se la celebraban y que otros —el editorialista de *El País*— se le admitían por ser quien es.

Las organizaciones cívicas parecían decir algo así como: por fin, tenemos al filósofo con nosotros. Por fin se acabaron las disensiones. El artículo de Ignacio Sánchez-Cuenca de días atrás confirmaba de manera indirecta, inversa, este nuevo alineamiento. Porque de eso se trata: la política española parece exigir alineamientos...

Tanto es así que hoy, lunes 2 de abril de 2007, aparece en *El País* un artículo de Fernando Savater que es una clara respuesta al de Sánchez-Cuenca. Ahora bien, esta vez sin menciones personales, sin nombres, de modo que aquél no puede, no podrá, responder por alusiones: si lo hace, entonces es que se siente aludido picajosa, quisquillosamente. La diatriba del filósofo donostiarra es diabólicamente perfecta: a quien le pica, ajos come. Es decir, Sánchez-Cuenca no es mencionado...

Pero volvamos a *ABC*.

La entrevista que Antonio Astorga le hacía a Savater confirma en parte lo dicho por Sánchez-Cuenca: que el filósofo ateo sea convocado a las páginas de un diario tan católico no se debe necesariamente a la amplitud de miras de su línea editorial, sino a la coincidencia estratégica.

El regreso de Savater a su antigua posición antiterrorista le aleja del PSOE y le aproxima al PP. Justamente por eso es entrevistado por el periódico dirigido por José Antonio Zarzalejos y justamente por eso el interlocutor evita cualquier mención al ateísmo del filósofo, cualquier alusión a ese anticonfesionalismo de estirpe nietzscheana que tal mal sienta en el diario de Vocento.

No extraña, pues, que el entrevistador le pregunte expresamente por Jesús de Polanco, por Hermann Tertsch y por su posición: precisamente esos asuntos sobre los que no le interrogaba San José, el periodista de CNN+.

En su respuesta a *ABC*, Savater trata de hallar un punto de equilibrio, una equidistancia que le permita criticar con tiento. Son *asuntos internos*:

> "Yo creo que Jesús [de] Polanco, al que yo tengo por una persona muy sensata y que medita mucho lo que dice, en esta ocasión –supongo que nos puede pasar a todos– lo que dijo fueron cosas exageradas, injustas y, sobre todo, desplazadas para decirlas en la situación en la que estaba, ante una cantidad de gente que se podía tomar eso muy en serio. Siendo una persona de tanta importancia en Prisa como es Jesús [de] Polanco, la gente que esté trabajando en el grupo podría decir: bueno, ésta es la bandera que hay que seguir y como nos salgamos de la pauta se nos va a caer el pelo".

Es decir, Savater amonesta leve, pero expresamente, a Jesús de Polanco. Además, tiene un recuerdo muy medido, muy bien pensado, para

Hermann Tertsch. Digo bien medido y bien pensado, porque no formula exactamente una solidaridad aspaventosa, sino melancólica: una melancolía dicha con sintaxis extraña.

"...y además está el caso de Hermann Tertsch, sin duda uno de los mejores periodistas que había en *El País*. Cuando yo abría el periódico y veía un artículo suyo, sin dudarlo me lanzaba sobre él. Entonces esta persona ya empobrece, digamos, el periódico faltando. Claro, si todo eso se da junto, a mí me parece un momento bastante aciago en el grupo".

Cabría preguntarse por qué Savater no expresa rotundamente su solidaridad con Tertsch: rotundamente quiere decir forzando a Jesús de Polanco, una figura que con Juan Luis Cebrián es su némesis en la empresa... Pero, claro, llegados a este punto, Savater ha de marcar distancias frente al PP, pues si sigue la crítica se le identificará con los populares, cosa que sería injusta y hasta incómoda.

"Ahora, la reacción del boicot por parte del Partido Popular me parece un absurdo", dice inmediatamente.

"¿A qué lleva eso? ¿A castigar a los lectores que se van a quedar sin escuchar otras opiniones, sin poder escuchar otras ideas? Al contrario, yo creo que verdaderamente para borrar esa impresión falsa que podría tenerse del Partido Popular o de otras ideas alternativas a las del Gobierno hay que defender los espacios que ofrecen *El País* y otras ramas del grupo, para que no quede todo monopolizado por los lacayos gubernamentales que hoy se meten con ¡Basta Ya!"

Eso añade en clara y maliciosa alusión a Ignacio Sánchez-Cuenca y en evidente reto a Jesús de Polanco.

"Más que nunca hay que luchar en ese espacio, y me parece que ahí cuanto antes se resuelva mejor, creo que algún tipo de disculpas se podría pedir al Partido Popular porque verdaderamente era una ofensa lo que se dijo, sinceramente. E inmediatamente el PP

> debería ceder en esa postura de boicot que no tiene sentido, y que está perjudicando a trabajadores y a lectores, que no tienen nada que ver con lo que se ha dicho".

Reparemos en que Fernando Savater pide a Polanco una disculpa, pero no exige al PP una justificación. Durante meses y meses hemos asistido a todo tipo de descalificaciones por parte de los populares. Por ejemplo, en la posición rabiosamente clerical que mantiene dicho partido frente a las providencias y decisiones gubernamentales. Y, sin embargo, el filósofo donostiarra nada dice de ese enfoque militante y cristianísimo.

Para justificar razonablemente la postura de su organización cívica (¡Basta ya!), Savater se pregunta en "Los ideólogos del Carnaval", el artículo que publica en *El País* (2 de abril de 2007) algo así como: "¿Se ha entregado ¡Basta Ya! a un nuevo fundamentalismo antigubernamental? Pregunto a mi vez: ¿alguien nos ha visto manifestándonos contra los matrimonios de homosexuales, o la Ley de Igualdad o la enseñanza laica y cívica?".

Por supuesto que no, añadiríamos.

Pero, a la vez, convendría preguntarse por qué posiciones con un sesgo ideológico tan marcado (las que defiende el PP) son toleradas con comprensión por un filósofo tan ateo. Y todo esto lo digo sin aspaviento ni estrépito: lo digo con la simpatía crítica que le profeso a Fernando Savater desde antiguo.

El Partido de Savater
22 de mayo de 2007

Empecemos con cuatro trivialidades bien sabidas, pero que ahora —justamente ahora— merecen ser recordadas.

¿Qué es un partido político?

Un partido es una organización, es decir, una estructura y una jerarquía concebidas para la lucha electoral con el objeto de hacerse con el poder. Debe aunar voluntades y, por tanto, sus militantes, simpatizantes o simples votantes deben ser convencidos para que empujen en una misma dirección.

Esto es, todo se concibe para obtener ese triunfo electoral que aupará a los dirigentes de la organización. Porque, en efecto, un partido no es solo (o principalmente) la suma de sus miembros: es sobre todo un liderazgo que congrega y dirige, que representa y vela por los intereses que la organización dice encarnar.

Su funcionamiento interno y sus luchas externas tienen ese fin y, por tanto, no es necesariamente una comunidad de individuos iguales, sino una asociación en la que hay un reparto desigual del poder y de la influencia. Precisamente por eso, no es extraño que los partidos —que son un instrumento esencial de la democracia parlamentaria, del sistema representativo— tengan las tensiones características de toda sociedad.

En los grupos humanos, hay ambición, egoísmo, rivalidad, altruismo, entrega, abnegación, soberbia, estulticia y laboriosidad. Nada de eso puede ser extirpado sin amputar la condición humana y, nos guste o nos disguste, esas virtudes y esos vicios acompañarán a quienes militen en un partido: no son su segunda piel, sino la condición humana. ¿Hay modo de frenar lo peor que puede darse o hallarse en un partido?

En un sistema democrático, el partido no puede profesarse como antidemocrático y, por tanto, los estatutos que regulan su funcionamiento imponen una forma institucional que no contradiga los principios constitucionales básicos.

Ahora bien, en el seno de la organización no hay solo estructuras: hay individuos que trabajan por el partido y éstos, lógicamente, tienen intereses a veces comunes, a veces dispares y, por ello, alientan colusiones y colisiones, ambiciones y servicios. De lo que se trata es de que esas ambiciones y servicios no se empleen para perpetuar a los dirigentes que se han alzado a dicho puesto gracias a sus cualidades o a sus manejos.

De lo que se trata, en fin, es de que el funcionamiento interno sea lo más democrático posible: que su concurrencia a las urnas sea lo más transparente posible y que, por tanto, los cargos sean efectivamente revocables.

Punto y aparte.

Pasemos a recordar otra cosa archisabida.

¿Qué es un intelectual?

Es un individuo al que se le reconocen ciertas habilidades en el pensamiento, en el arte o en la escritura, etcétera: ahora bien, lo que lo hace intelectual no son esas capacidades creativas, sino su voluntad de intervenir en la sociedad para corregir vicios o enderezar entuertos políticos.

Se vale del reconocimiento que su obra ha logrado, de la fama que ha cosechado, para salirse de su competencia, denunciando en la prensa, en la televisión, en la radio lo que que cree que debe ser denunciado.

Levanta la voz ("yo acuso"), publica o firma manifiestos, escribe artículos, concede entrevistas, expresa posiciones y hace precisamente de la moral, de los principios, su vara de medir. *La suya no es una tarea política u organizativa propiamente: su papel es el de ser referente.* Es conocido, es valorado, es apreciado y, por eso, una palabra suya bastará para que sus lectores o seguidores atiendan lo que dice o proclama.

Ahora bien, para que tal cosa sea posible, el intelectual necesita los *mass media*: necesita que esa voz que se alza —que postula o que critica— se haga oír. Esto es, no será nadie si no cuenta con unos medios que le den respaldo o le hagan eco.

Habitualmente, los intelectuales han estado distantes del poder, severísimos críticos que denuncian desde la convicción aquello que los gobernantes hacen o dicen hacer por responsabilidad.

Eso significa que el político obra con diplomacia, con mesura, con presupuesto; el intelectual, por el contrario, critica armado de principios. El dominio de los primeros se basa en la gestión de las instituciones, en su control; el poder de los segundos se fundamenta en su capacidad de influencia.

Hasta aquí las cosas archisabidas.

¿Pero qué pasa cuando los intelectuales que intervienen en los medios se arriman al poder gubernamental, le dan su apoyo, legitiman su gestión, se hacen valedores de sus intereses políticos? ¿No estarían contradiciendo el cometido al que clásicamente se han entregado, la crítica de las instituciones y del Estado?

En realidad, los intelectuales no son tipos que vuelen sin ataduras y en la España de hoy, por ejemplo, suelen formar parte de grupos de comunicación que son también instrumentos de un poder informal. Por tanto, la imagen romántica del crítico aislado, insobornable y frecuentemente errado es un resto de tiempos pretéritos: es Jean-Paul Sartre. Hoy, la prensa acumula un inmenso poder de intervención, de fiscalización, un poder que no es solo el de la influencia, sino también el de sus intereses materiales.

Fernando Savater es un intelectual sobradamente conocido, alguien que ha sido crítico del poder, pero también fiel aliado de ciertos gobiernos. Sabedor hoy de que es preferible un intelectual sensato a un utopista peligroso, el filósofo vasco ha apoyado distintas opciones políticas. Por ejemplo, depositó su confianza en José Luis Rodríguez Zapatero, sobre todo porque, al parecer, esperaba un resultado positivo del giro antiterrorista adoptado por el Gobierno socialista.

Eso le supuso severas críticas de antiguos correligionarios suyos, entre ellos vascos y víctimas de la barbarie que recelaban del nuevo Gabinete. O bien porque desconfiaban de dicha estrategia, o bien porque suscribían la política del Partido Popular, férreamente contraria a ese nuevo giro.

Meses después, Savater ha dicho *basta ya*. Es decir, ha abandonado a Rodríguez Zapatero, a quien ha acusado de *adanista*, entreguista y debelador de consensos. Ese alejamiento del Gobierno *no parece* que le haya llevado al PP: nuevamente, Savater dice desconfiar de la política clerical, confesional de los populares.

Por eso, con otros correligionarios suyos de ¡Basta ya! (la organización cívica antiterrorista) ha dado los primeros pasos para formar un partido político que habría de presentarse a las elecciones de 2008. Esta postura ha sido alabada y avalada por *El Mundo*. Y por Arcadi Espada, columnista de dicho periódico y antiguo colaborador de *El País*.

El Mundo califica la operación política como el principio de una nueva organización, una izquierda distinta que vendría a disputarle al PSOE su hegemonía. En otra línea, *ABC* ni la aprueba ni la celebra: pide sin más que los antiguos intelectuales de izquierdas descontentos con los socialistas apoyen las listas electorales del PP, como André Glucksmann y otros han hecho en Francia con la opción de Nicolas Sarkozy. Por su parte, los responsables de *El País* guardan silencio de momento, sumidos probablemente en una embarazosa incomodidad.

Por un lado, no suscriben en público esta operación. ¿Por qué razón? Porque esa operación —como la de Ciutadans— acabará teniendo una función básicamente partidista, quiero decir: antisocialista. Por otro lado, en *El País* no pueden desprenderse de uno de sus principales articulistas.

Fernando Savater aprovecha sus últimas colaboraciones en dicho periódico para preparar políticamente ese nuevo partido que ya se divisa en lontananza, es decir, está sembrando entre su audiencia para abonar la idea.

¿Cuál es el problema?

En realidad, hay dos problemas. Por un lado, Savater y sus correligionarios —que han hecho público un manifiesto bienintencionado—parecen desconocer la lógica inevitablemente oligárquica de los partidos. Parecen ignorar que decir organización es decir oligarquía, como apuntara Robert Michels a principios del siglo XX.

Demuestran gran ingenuidad —*adanista*, precisamente— proponiendo un nuevo partido prístino, incontaminado, que —según añaden— estaría por encima del actual enfrentamiento PSOE—PP y de las viejas inercias.

El caso de Ciutadans —con alguna colisión interna— prueba que esta idea es, como mínimo, ingenua, pues cuando se empieza de nuevo, cuando se funda o se refunda un partido, suelen reproducirse vicios semejantes.

Pero, por otro lado, Fernando Savater —que es un filósofo agudo y entretenido, que es generalmente un articulista perspicaz y persuasivo— ha tomado decisiones políticas legítimas y discutibles a lo largo de su carrera intelectual.

Fue ácrata —es decir, acérrimo enemigo del Estado— y fue nietzscheano para después apoyar los Gobiernos de Felipe González durante años y, más tarde, acercarse a Rodríguez Zapatero.

¿Es eso un problema?

Desde luego que no: a ello tiene perfecto derecho. El asunto está en que el intelectual Fernando Savater confunde sus avances personales, probablemente justificados, con los avances generales de sus coetáneos.

Es posible que hasta tenga razón en sus opciones y en sus cambios de postura: lo que no creo es que esos saltos estén cronológicamente justificados. Quiero decir, ¿tantos meses le ha costado a Savater descubrir el presunto *adanismo* de Rodríguez Zapatero?

Como Sartre, el intelectual vasco prefiere equivocarse a destiempo defendiendo principios y apoyando políticas que justifica ante sus lectores. Así, los votantes que leemos sus artículos deberíamos estar justo en el lugar en que él dice estar en dicho momento.

Por eso, habría que ser ácrata cuando él lo fue o *zapaterista* cuando él lo era. Ahora, para las elecciones municipales y autonómicas, propone votar en blanco para castigar al Partido Socialista. En 2008, por lógica, supongo que habrá que votar la candidatura de ese nuevo partido que se está gestando.

Pues no.

Y esto lo digo siendo un seguidor antiguo de Savater; habiendo leído veinte, treinta, cuarenta libros suyos; habiendo hecho reseñas generalmente elogiosas de sus obras cuando de literatura se trata, pero críticas cuando confunde sus posiciones políticas con la lógica universal o con lo obligado. Tiene derecho a acertar o a equivocarse, pero no a presentar sus posiciones como si fueran evidentes.

Sé que es una persona perseguida por los bárbaros y sé que ha defendido la rectitud moral con coraje. Pero ser víctima no da la razón política necesariamente y sobre todo no la da en el momento o en el tiempo en que uno decide estar aquí o cambiar o apoyar a este o a aquel partido.

La cabellera y los cuatreros
25 de mayo de 2007

Es normal que los ciudadanos muestren todo su desánimo ante las promesas electorales que tantas veces se incumplen. Es perfectamente legítimo que algunos intelectuales puedan hartarse de los apoyos prestados al partido del Gobierno y que, por ello, se propongan fundar una nueva organización.

Distantes, ajenos, sin partido propio al que seguir, Fernando Savater y otros miembros de ¡Basta Ya! han decidido votar en blanco en estas elecciones. ¿Razones? La decepción que habrían experimentado con la política antiterrorista de Rodríguez Zapatero. "Ya sé que estas elecciones municipales no son ni debieran ser unas primarias", dice Fernando Savater en un artículo titulado "Indios y sociólogos".

"Pero me temo que en gran medida van a funcionar como tales. Porque algunos estamos preocupados sin duda por la corrupción urbanística y temas afines, pero por mero instinto de conservación sentimos otras cuestiones como prioritarias", concluye refiriéndose al terrorismo.

Entiendo el reproche que pueda hacer, estando como está amenazado por los bárbaros; entiendo que inicie los trámites para constituir un nuevo partido si cree que los actuales no lo representan; entiendo que lo prioritario frente a la amenaza de los indios (la metáfora es suya) sea sobre todo conservar la cabellera; pero me parece simplemente irresponsable postular el voto en blanco *en toda España* para castigar la política antiterrorista dejando de lado, como algo secundario, "la corrupción urbanística y temas afines".

La corrupción urbanística y temas afines interesan, precisamente, a los valencianos, motivo de escándalo y principal deterioro de la comunidad política. Si en esta o en aquella población hay manejos o enjuagues dudosos, si hay recalificaciones escandalosas, si hay enriquecimientos deshonestos de auténticos forajidos, ¿alguien cree que la solución es la de votar en blanco para castigar a Rodríguez Zapatero? Es legítimo e incluso saludable que los electores expresen su repudio ante comportamientos políticos indecorosos o simplemente delictivos.

Cada vez que un representante institucional, en un municipio, en una diputación, etcétera, ejerce con arbitrariedad o abusa de la confianza aprovechándose del empleo o del cargo público se deteriora el crédito de la democracia. Siempre podrá decirse: nuestro sistema político tiene paliativos, como la vigilancia de la oposición, la independencia del poder judicial o la observancia de la prensa.

Pero, si lo pensamos bien, el sistema ha de tener a los ciudadanos como principal instrumento de crítica. Nuestra democracia es manifiestamente mejorable y el sistema de partidos desde luego no está pensado para poner diques a la corrupción, pero somos nosotros quienes hemos de debatir, de juzgar, de castigar electoralmente.

John Dewey hablaba de *democracia creativa* para hablar de la deliberación ciudadana. Seguramente no es preciso llamarla así. Basta con que la ciudadanía se implique en la exigencia y en la transparencia: sin grandes experimentos, desde luego, pero sin grandes renuncias...

Debemos "desprendernos del hábito de concebir la democracia como algo institucional y externo, adquiriendo el hábito de tratarla como un modo de vida personal", decía Dewey en 1939.

"Su puesta en práctica significa que la democracia solo puede enfrentarse a los poderosos enemigos que hoy la acechan creando nuevas actitudes personales en los seres humanos individualmente considerados", añadía Dewey.

Los antagonistas de la democracia siempre han sido los totalitarios, en 1939, aunque también ahora los acosadores que rompen las urnas o que amenazan con el viejo y el nuevo escuadrismo. Pero los enemigos de la democracia son igualmente aquellos representantes nuestros que destruyen el espíritu público, la virtud ciudadana, con lucros injustificados propios de salteadores.

¿Y qué hacer frente a ellos? ¿Votar en blanco en espera de mejor ocasión, cuando nuestro partido ideal nos salve de la decepción?

"Me inclino a creer que la base y la garantía última de la democracia se halla en las reuniones libres de vecinos en las esquinas de las calles, discutiendo y rediscutiendo las noticias del día leídas en publicaciones sin censura, y en las reuniones de amigos en los salones de sus casas, conversando libremente", concluía John Dewey.

Sí, ya sé que esas condiciones faltan en el País Vasco; sé que hay miedo a discutir y sé que los indios hostiles de los que habla Savater perturban o impiden el ejercicio democrático. Pero en Valencia o en Castellón o en Alicante, si los vecinos queremos conservar la cabellera, no podemos votar en blanco: la tribu está amenazada por los cuatreros.

Ciutadans y Savater
27 de mayo de 2007

Leo *El enigma Ciutadans. Un misterio político al descubierto* (2007), de Álex Sàlmon. Y leo *Ciudadanos. Sed realistas: decid lo indecible* (2007), editado por Jordi Bernal y José Lázaro. Son, por supuesto, libros ocasionales, volúmenes que aprovechan o despiertan el apetito de lo noticiable: son ejemplares que pronto caducarán, pues pertenecen a ese género momentáneo que es el libro político.

No es que lo que allí se trata se olvide en un par de semanas. Lo que ocurre es que dos o tres ideas buenas o irritantes, cinco o seis aciertos verbales o siete u ocho análisis atendibles o discutibles se perderán inevitablemente cuando las novedades bibliográficas, la cita electoral o el nuevo oportunismo los entierren.

Un libro efímero desaloja a otro libro temporal y precario. Por eso, los he leído ahora, justamente ahora, antes de que desaparezcan: he aprovechado que aún están en los expositores de novedades. Dentro de un tiempo es probable que sean descatalogados y finalmente guillotinados.

El primero de ellos, *El enigma Ciutadans*, lo firma el director de la edición catalana de *El Mundo*: Álex Sàlmon. El volumen está concebido como la crónica de un partido nuevo, como el relato en el que se narra la gestación de un partido a raíz de un sueño particular: el de una Cataluña posnacionalista.

Quince intelectuales, amigos, conocidos y residentes en Barcelona (la mayor parte de ellos) se reúnen en varias ocasiones para hablar; comen en restaurantes más o menos caros mientras alimentan aquella idea, mientras confirman tener una misma idea y, después de hacer públicos algunos manifiestos, deciden plasmarla formando un partido político.

Pero por ser eso, intelectuales más o menos talludos, reconocibles, admirados u odiados ceden dicho trabajo partidista a militantes menos conocidos o nada conocidos, gente de la base que tenga elocuencia o que se valga de una oratoria convincente. Forman la organización en cuatro meses y en las siguientes elecciones autonómicas catalanas obtienen tres diputados en el Parlament.

A la crónica, Sàlmon le pone su intriga, al tiempo que manifiesta por Ciutadans su admiración abierta. Sàlmon también le pone su entrega, pero el libro se resiente de precipitación: hay numerosas erratas, hay descuidos injustificables e incluso hay repeticiones de párrafos o de citas. Dice haber escrito el volumen en varios fines de semana. Desde luego se nota. No creo que el autor haya leído completamente y de una sentada el original de su libro. Es probable que la necesidad de llegar a las elecciones y de aprovechar el leve tirón de esta circunstancia le haya llevado a cometer esos deslices.

Más cuidada es la edición de *Ciudadanos. Sed realistas: decid lo indecible*, coordinado por Jordi Bernal y José Lázaro. Aun así, veo igualmente precipitación: en menor número, pero también hay erratas incomprensibles en un libro hecho con mayor esmero.

En esta obra se reúnen los textos fundacionales de Ciutadans, de 2005 y 2006, los manifiestos elaborados por aquellos quince intelectuales, artículos de prensa, entrevistas a los nuevos diputados y los diálogos con los profesores, escritores, gentes de la cultura, en fin, que alentaron el proyecto. Aquí aparecen, entre otros, Félix de Azúa, Albert Boadella, Francesc de Carreras, Arcadi Espada, Félix Ovejero, Xavier Pericay y… Fernando Savater.

¿Savater?

En marzo de 2006, en el Teatro Tívoli de Barcelona se realizó el acto fundacional del nuevo partido, todo un acontecimiento pensado como hecho noticiable: sin ser promotor de la idea, sin ser barcelonés de origen o de vecindad, en aquel evento ya estuvo Fernando Savater saludando la iniciativa.

En un capítulo de este libro, podemos leer sus respuestas a preguntas que el editor les hace a todos ellos, cada uno de los cuales apronta ideas. Fuera de algunas enormidades a que tan proclives son los intelectuales y que probablemente no podrán asumir los diputados de Ciutadans, la verdad es que ni Savater ni sus virtuales contertulios no dicen nada que no sea de sentido común. Ése es el problema, indica Félix de Azúa: que decir las cosas más sensatas es en Cataluña un acto revolucionario.

Seguramente es una enormidad de Félix de Azúa. Otra más...

Dicen cosas, pues, en ese capítulo, un capítulo que los editores no han querido titular debate –un debate, dicen, es una lucha—, sino deliberación. Esa palabra tiene un enorme prestigio, pues a lo que alude es a una actitud abierta del dialogante: quien delibera no discute desde posiciones inamovibles; quien delibera expresa su deseo de dejarse influir por las ideas del otro, que –seguro— algo tendrán de racionales y de razonables.

Sin haberlos reunido en un espacio físico para grabar sus intervenciones, los editores han compuesto ese capítulo con las declaraciones escritas de estos intelectuales, declaraciones remitidas normalmente por e-mail a partir de preguntas generales: un capítulo provisional luego reenviado para que cada uno de ellos pudiera introducir sus últimos retoques o apaños. Sin duda, es la parte más interesante del libro. Primero por los protagonistas; segundo por lo que tratan y dicen.

Yo no veo especialmente la deliberación por ningún lado: cada uno dice la suya y no creo que nadie modifique sus puntos de partida. En realidad, lo que sostienen es la necesidad de que Cataluña vuelva a los hechos. Los mitos del nacionalismo —dicen— habrían velado la percepción de los ciudadanos y, por tanto, un baño de realidad —incluso de objetividad— sería imprescindible.

Entienden que Ciutadans —como partido transversal y posnacionalista— sería la solución y la respuesta: ellos no son los políticos que bregan diariamente, sino que ellos son la referencia última que impulsa.

Más allá de la defensa del bilingüismo, se trataría, en suma, de crear y mantener una organización que no cayera en los vicios electoralistas de PSOE o PP, un partido abierto, antiburocrático.

Pero no las tienen todas consigo: saben que la política es canibalismo y que, por eso, los cargos públicos de ese nuevo partido que no quiere ser antipartido (no ignoran que eso conduce al fascismo) pueden caer atrapados en la maquinaria del sistema.

Savater aparece en el libro como un simpatizante fervoroso y esperanzado: la oferta de Ciutadans no debe limitarse a Cataluña. Eso es lo que espera y desea... Por ello, por ser tan evidente su enfoque, resulta algo impostada y teatral la pose que él y Carlos Martínez Gorriarán han mantenido la última semana. Resumo.

¿Crónica de un nuevo partido? "*Ciutadans y «Basta Ya» escenifican su futura alianza política*", dice el diario *ABC* en su edición del 26 de mayo. El verbo es exacto y realista, preciso. Muestra hasta qué punto la política es hoy teatro, exhibición, puesta en escena. Muestra hasta qué punto aquello que ahora domina es el periodismo de declaraciones: el que persigue el hecho noticiable y a los protagonistas que puedan decir algo.

Así empezaron los inspiradores y responsables de Ciutadans, en 2005 y en 2006, sabedores de que hay que crear el acontecimiento: cuando los quince intelectuales presentaron el primer manifiesto y cuando en el Tívoli de Barcelona se constituía el nuevo partido. Para tener eco, para tener respaldo directo o indirecto en los medios, es preciso provocar un evento, por pequeño que sea. Raudos acudirán los periodistas...

Ahora bien, para que funcione como tal, dicho acontecimiento político ha de tener, por supuesto, protagonistas, gentes reconocibles, individuos que antes o en el momento se ganan una audiencia gracias a esos mediadores que son los periodistas.

Se trata, insisto, de provocar un evento, sí, pero sabiendo después de qué modo hay que administrar estratégicamente la información, de qué manera hay que suministrar los datos a los reporteros que cubren los hechos, de qué forma hay que presentarlo y representarlo.

Es decir, esos hechos noticiables han de tener su intriga, su planteamiento, su nudo y, finalmente, su desenlace. Es un modo de inducir y de aumentar el interés. En periodismo o en publicidad se sabe que una noticia por sí sola no despierta atención: solo cuando esa información se convierte en crónica, en serie, en capítulo de un proceso más largo, es cuando el dato llega a una audiencia que lo recibe con solicitud.

Durante una semana, Fernando Savater y Carlos Martínez Gorriarán, cabezas visibles de ¡Basta ya! y simpatizantes declarados de Ciutadans, se han presentado ante los medios deshojando la margarita...: que si sí, que si no, que si montamos un partido, que si hay que votar en blanco...

Al mismo tiempo que esto sucedía, Eduardo Zaplana les proponía una alianza coyuntural, como si el Partido Popular fuera un partido recolector de todo tipo de votos, incluso de laicos confesos. A la vez que eso ocurría, *ABC* rogaba ese mismo día a Savater y Martínez Gorriarán que prestaran su apoyo al PP: que no forméis un partido al estilo Ciutadans, que no hay tercera vía, que no hay más opción que la de desalojar a Rodríguez Zapatero aliándose con los populares.

Savater aprovecha su audiencia de *El País* y Martínez Gorriarán se vale de una *Tercera* de *ABC* para volver a lamentar la vaciedad del actual presidente del Gobierno. El periódico de la grapa (así lo llamaba Javier Marías) da todo su respaldo al articulismo antizapaterista sin que su director parezca advertir que el diario *proRajoy* está siendo utilizado por otra opción... Es tal la ojeriza que Rodríguez Zapatero despierta que José Antonio Zarzalejos cree posible una gran coalición contra el PSOE...

De todas las tribunas y columnas aparecidas en el diario conservador, la más significativa ha sido la de Edurne Uriarte: con una prosa algo envarada, la autora dice que entre Savater y Aznar no hay gran diferencia, que hay más cosas que unen de las que separan, que la izquierda no tiene superioridad moral, que..., por favor. Algún día después, el viernes 25 de mayo, Savater y Martínez Gorriarán se presentan en Barcelona haciendo como que descubren ahora las afinidades con Ciutadans.

No hay tal cosa.

Me refiero al descubrimiento tardío: ya sabemos que desde hace meses Fernando Savater presta su apoyo a Ciutadans al tiempo que muestra su todo desencanto, toda su decepción, con Rodríguez Zapatero.

Que dos días antes de las elecciones, después de haber predicado el voto en blanco (que yo mismo le he criticado), el filósofo donostiarra defienda la opción de Ciutadans es... la penúltima operación de una presentación mediática calculada. Vayamos dosificando las informaciones, vayamos dando ruedas de prensa estratégicamente, de modo que siempre haya una novedad que los periodistas puedan registrar.

¿Cuál es la consecuencia?

Ciutadans recoge el descontento, cierto, pero la auténtica opción es que, si sale mal, si no obtiene concejales en Barcelona o en otras poblaciones, siempre podrán echarle la culpa al bipartidismo imperfecto que pretenden abatir aquí o allí. Si, por el contrario, sale medianamente bien al lograr algún regidor, siempre será un triunfo, una gesta personal, un hecho heroico. Habrá que ver, no obstante, en qué consiste ser ese nuevo partido que espera no reproducir los vicios de los anteriores.

Aunque, ahora que lo pienso, no sé por qué una organización liderada por Albert Rivera va a funcionar mejor que el PSOE o el PP (siempre decepcionantes, claro), una organización prístina y adánica que por lo que parece llega, incluso, a convencer a Fernando Savater, tan sabedor de decepciones políticas. Mientras estamos atentos a la pantalla, confirmando la alianza de facto, José Antonio Zarzalejos vuelve a lo mismo en su *Tercera* dominical, ajeno —al parecer— a lo que es evidente:

> "Con el respeto más absoluto, sin embargo, y en atención a la historia de España que tanto nos enseña, expreso la duda de si la migración de estos intelectuales a militantes de un nuevo partido sería útil o no a la causa de la democracia constitucional española. El modelo que ha puesto en práctica Sarkozy —nutrirse de las ideas de intelectuales de procedencia diversa pero homogéneos en su convicción sobre la necesidad de una gran regeneración de valores y principios nacionales y sociales— ha sido exitoso. Gallo, Baverez, Marseille o Glucksmann, entre otros, no han entrado en la arena política, pero sí en el compromiso por una opción electoral –la de UMP dirigida por Sarkozy–, ejerciendo así un papel referente y orientador para la opinión pública".

Esa invitación es ceguera voluntaria: la obstinación de un director de diario que lo fía todo al triunfo del PP. En una dirección semejante se expresa Jon Juaristi, que en su artículo "Fernando" publicado en

ABC (27 de mayo) viene a decir que al aprecio por Savater no le hará seguirle. "Sus desplazamientos tácticos no me preocupan", precisa Juaristi. "De Fernando Savater se puede prescindir en las escaramuzas, incluso es recomendable hacerlo con frecuencia", añade.

El Mundo, por el contrario, juega con varias barajas, algo que se puede ver en el libro *Ciutadans* escrito por Álex Sàlmon. Si el PP sale bien parado de las elecciones locales y autonómicas (¿y quién no sale bien parado de unas elecciones?), sus respaldos serán *ABC* y *El Mundo*. Si los populares no consiguen "la capacidad de absorción" que ha demostrado Sarkozy (en palabras de Zarzalejos), entonces el diario de Pedro J. Ramírez siempre podrá hacer valer su simpatía por Ciutadans.

En cualquier caso, es difícil que los socialistas puedan salir con bien de este trance al que les llevan sus opositores o sus desengañados. Aumentar o repetir el mismo número de sufragios logrados en 2003 o en 2004 son quizá logros improbables, un menoscabo que siempre podrá ser aprovechado por los rivales: la pérdida de votos en números absolutos probaría el desgaste, la decepción, el hastío incluso.

Salvo que el PSOE incremente netamente su respaldo (hazaña improbable) o salvo que los socialistas obtengan alcaldías o autonomías emblemáticas, todos podrán presentarse como ganadores: más aún, un porcentaje abstencionista significativo siempre podrá ser achacado al partido socialista. Ésa es una opción interesante para Ciutadans y para la plataforma que auspicia Savater: pueden sumar votos propios y otros que jamás llegaron a las urnas.

¿Un partido ómnibus?
7 de septiembre de 2007

Hace unos meses publiqué diferentes reflexiones en las que analizaba las posiciones políticas de Fernando Savater. Analizaba también su anuncio de abandonar las simpatías socialistas. Al margen de sus acercamientos a Ciutadans, pronto se vio que su propósito era el de formar una organización política distinta, valiéndose para ello de la agrupación ¡Basta Ya!

Por otra parte, también dije que me parecieron irresponsables las palabras que Savater escribiera poco antes de las elecciones. El filósofo pedía el voto en blanco para castigar expresamente a los socialistas. Por su parte, quería que ese voto en blanco fuera sobre todo la expresión del descontento general que precede a la constitución de un nuevo partido, el suyo, como así ha sido.

A lo de constituir un partido, nada que objetar. Según sostuve desde el principio, a todo ciudadano asiste el derecho constitucional de formar organizaciones políticas, de reunirse, de expresar sus opiniones.

Los partidos son entidades muy defectuosas que dependen no solo de sí mismas, sino también y muy especialmente del marco electoral en el que compiten.

En su interior, los responsables tienden a perpetuarse: entre otras razones porque hay rendimientos materiales e inmateriales que se disfrutan por el hecho de ser dirigentes.

Pero hay más razones que nos afectan a los demás: la mayor parte de los ciudadanos no queremos invertir nuestro tiempo en dichas labores, no deseamos ocuparnos constantemente de tareas de gestión, de gobierno, de responsabilidad. En definitiva, de tomar decisiones.

Los líderes se encasillan y se encastillan porque obtienen ventajas de su posición, porque son apoyados por seguidores a los que han persuadido y porque muchos que podrían oponerse a ellos se desentienden de la pugna.

Leo hoy, viernes 7 de septiembre de 2007, una *Tercera* de Mikel Buesa (del Foro Ermua) en *ABC* que se titula "Por un partido nuevo". El lema de dicho rótulo está muy gastado.

Viene a ser algo así como: el sistema electoral español favorece el peso determinante de los pequeños partidos nacionalistas; el modelo político español facilita la tendencia oligárquica de las grandes organizaciones; nuestra oferta romperá con esa dinámica.

Nos piden que confiemos en una nueva organización —irremediablemente pequeña— que reemplazará a otros partidos pequeños, pero ahora con un ideario constitucionalista.

Bien. Pongamos que eso sea así o que pueda ocurrir algo así. Queda, sin embargo, la gran cuestión que estos promotores no responden y que Buesa, por supuesto, ignora completamente.

¿Cómo esperan romper con la tendencia oligárquica de los partidos o con las maquinaciones de unos dirigentes contra otros?

Sean grandes o pequeñas (veamos el ejemplo de Ciutadans), las organizaciones políticas reproducen los mismos vicios y, a la postre, en un entorno mediático, todo acaba dependiendo de la capacidad de intervención en los medios, de permanencia en los medios.

En la *Tercera* de *ABC*, Mikel Buesa habla del nuevo partido: la organización incipiente se caracterizaría por "una ambición democrática y un sueño de libertad". ¿Y por qué hemos de creer sus palabras. ¿Acaso ese partido no va a reproducir los vicios de otros anteriores? ¿Y por qué hemos de creer que esa organización no va experimentar conflictos internos por el liderazgo?

Buesa estuvo durante meses mostrando toda su simpatía por las posiciones políticas del PP y ahora, justamente ahora, dice sumarse al nuevo partido. Así se lo ha comunicado a Mariano Rajoy.

Señalaba Fernando Savater en un entrevista en *El Mundo* (6 de septiembre de 2007) que "nuestros votantes vendrán de los hartos del nacionalismo del PSOE y el clericalismo del PP". Dice ahora Buesa que en el nuevo partido pueden encontrar cabida muchas personas desencantadas del "etnonacionalismo" del PSOE y también aquellas otras "que no gustan del conservadurismo".

Bien.

Aceptemos como hipótesis, lo anterior.

Si los reclamos son tan amplios, de tan ancho espectro ideológico, entonces el funcionamiento del nuevo partido se asemejará al de las otras organizaciones: más que una agrupación *ad hoc* (que es lo que han sido hasta ahora ¡Basta Ya! o el Foro Ermua) será un *partido ómnibus*, en palabras de Moisei Ostrogorski (según tipificó en *La democracia y los partidos políticos,* 1902).

¿Qué es un partido ómnibus?

Como la propia expresión indica, una organización de esta índole se basa en las elecciones, con un candidato que necesariamente será una especie de charlatán. En materia política ha de ser una suerte de doctor *de omni re scibili et quibusdam aliis*, es decir, ha de tener en la recámara una solución para cada uno de los problemas posibles, comprometiéndose a resolverlos pronto: por varios o numerosos que sean.

El candidato que pudo muy bien haber empezado como campeón de una causa, como representante de una agrupación *ad hoc*, se convierte en sabelotodo que efectivamente atiende a todos. Pero ese dirigente no solo persuade con su facundia: detrás ha de contar con un aparato de partido.

Toda organización —constataba Ostrogorski en 1902— necesita una *maquinaria* y, por tanto, *maquinistas*. Eso es especialmente cierto en partidos que tienen como objetivo mover grandes masas de población.

No se podrá prescindir, pues, del servicio de organizadores de distinto rango y estos rivalizarán con los líderes que se sitúan por encima del aparato.

Habrá colisiones: tensiones entre la maquinaria y aquellos dirigentes que se sienten autónomos; pero también fricciones entre aquellos líderes que se hacen fuertes apoyando la endogamia del aparato por oposición a los mandamases rivales que se creen soberanos.

"Crearemos comités electorales en todos los sitios donde haya gente que quiera participar", dice Carlos Martínez Gorriarán en *ABC.*

> "Necesitamos una estructura que no sea la de los partidos españoles clásicos. Queremos un partido transversal, estamos

> insistiendo mucho en eso, aunque sabemos que es difícil y, además, que tenga una estructura innovadora, un tanto diferente de la de los partidos tradicionales, que son leninistas (...). Y esto no es una broma (....) Fue Lenin el que creó un modelo de partido centralizado con un entramado muy complicado de organizaciones y células y luego con un aparato muy grande (...). Vamos a ver si conseguimos que el aparato sea el mínimo indispensable y que la gente pueda participar todo lo que quiera, a través de la fórmula de los comités electorales. Con esa fórmula, los miembros del partido hacen propuestas, asumen responsabilidades y participan activamente en el debate".

Sorprende el optimismo antiburocrático de Martínez Gorriarán, pero sorprende más que dictamine con tan escaso fuelle teórico sobre el funcionamiento de los partidos actuales.

La tipificación de leninista ya se la había leído a Fernando Savater en el libro de *Ciudadanos*, editado por Jordi Bernal y José Lázaro. Allí, el filósofo donostiarra decía ver Ciutadans como una alternativa al leninismo de los partidos existentes.

La historia posterior (y anterior), que aquí hemos ido examinando, prueba que los nuevos partidos reproducen... ¿el leninismo? No: el peso de la maquinaria y de los dirigentes que se creen irrevocables, algo que se agrava en una sociedad mediática que aumenta la importancia del programa ómnibus. Ambos vicios no se dan solo en el partido bolchevique: ya lo anticipó Moisei Ostrogorski; ya lo predijo Robert Michels; y ya lo refrendó Max Weber.

Los intelectuales que fundan un partido deberían saberlo.

Diccionario del ciudadano sin miedo a saber
1 de octubre de 2007

Recordemos algo ya dicho, pero que ahora conviene recalcar. No es una simple repetición. Es una insistencia intelectual.

Fernando Savater nunca ha ocultado el gran aprecio que desde joven ha sentido por Jean-Paul Sartre, el Sartre de *El existencialismo es un humanismo*, aquella conferencia pronunciada en octubre de 1945.

Sartre no era fatalista, admitía Savater en *Humanismo impenitente* (1990): era un escritor que declaraba su fe en la esperanza pesimista, que es algo distinto.

"El hombre no es otra cosa que lo que él se hace", que lo que él consigue hacer de sí mismo con empeño artesanal, decía Sartre. En realidad, *ser* humano es abarcar "un proyecto que se vive subjetivamente", añadía el filósofo francés.

Ser humano es configurarse tentativamente, sabiendo que al final la muerte que a todos alcanza decreta un fracaso inapelable. Esa es la razón por la que el hombre es siempre "responsable de lo que es", de lo que alcanza a ser, concluía el autor de *El existencialismo es un humanismo.*

Entre Sartre y Savater hay, sí, numerosas concomitancias.

No sería exagerado afirmar que el pensador vasco siempre se ha mirado en el espejo del francés, buscando quizá un reflejo que mejore su propia impresión. Por eso, Savater es torrencial como Sartre: uno y otro suman o sumaron volúmenes, algo así como instantáneas en las que se retocan, nuevos libros que se suceden en una obra tentativa, analítica, omnímoda e inacabable.

Con sus volúmenes, Sartre y Savater perfilan mejor la imagen que de sí mismos quieren ofrecer. Un libro en ambos no dura: es pronto reemplazado por otro... Resulta, sin duda, una tarea agotadora que no alivian la edad ni las medallas.

Siendo ya anciano, Sartre vivió un rejuvenecimiento inesperado gracias a Mayo del 68 y gracias a un radicalismo redivivo. Ya lo sabemos y lo hemos dicho. El filósofo aupado a un bidón o al capó de un coche, con un megáfono, se vio de improviso rodeado por gente joven que lo tomaba como oráculo o guía: él no era un tipo que agigantaba su obra en soledad o aislado, sino para el público y entre el público. Era creador.

Sartre era —y lo sabía— un individuo feo que buscaba el aprecio de sus contemporáneos después de haber sido un ángel, el niño preferido de mamá. Eso es lo que leemos en *Las palabras* (1973).

Por su parte, Savater no ha sido ni es un hombre guapo (como admite en sus memorias, *Mira por dónde*), sino una persona que ha debido retocarse, mejorarse, maquillarse intelectualmente..., para así hacerse querer por sus coetáneos gracias al despliegue de sus otros recursos.

Pues bien, creo que Fernando Savater ha permanecido leal a aquel precepto y podríamos decir que su compromiso y sus yerros, sus intervenciones incluso aspaventosas, su empeño, su anticlericalismo son una aplicación más o menos humilde de dicho programa.

Por esto, también ha podido hacer suyo aquel precepto de ese otro gran solitario, de ese emboscado que se ofrecía al mundo y que fue Ernst Jünger: "El poder y la salud están en quien no siente miedo".

Más aún: "El emboscado es la persona singular concreta, el hombre que actúa en el caso concreto. Para saber lo que es justo no necesita teorías ni tampoco leyes elucubradas por los juristas de los partidos". E insiste: "el emboscado desciende a aquellos manantiales de la moralidad que aún no han sido repartidos por los canales de las instituciones".

"A este emboscado", decía Savater en *Humanismo impenitente*, "le deseamos que vaya al Parlamento (...), pero que no se olvide nunca de sí mismo".

El filósofo español se ha propuesto fundar un partido político que llegue al Parlamento, a unas Cortes que juzga envejecidas por los vicios del sistema partidista. Es una tarea titánica, la tarea del héroe que él quiso ser desde joven.

El *Diccionario del ciudadano sin miedo a saber* que acaba de publicar es su programa máximo, su filosofía electoral, pero es también la enésima obra que corrige, matiza, maquilla y repite las anteriores, un depósito de voces con coherencia interna...

La fórmula *Diccionario* es un expediente cómodo para acumular, para sumar sin rehacer: por debajo del orden está el desorden; por encima de la sucesión están el pronto y la intuición. Un libro doctrinal y sistemático obliga a meses y meses de demora: un volumen de entradas enciclopédicas, pongamos por caso, facilita la expresión rápida y el pensamiento urgente, justamente el espacio en el que Savater se encuentra cómodo.

Pero... nuestro filósofo está más lacónico que nunca y su abecedario de política es corto, escueto: nada comparable con aquel *Diccionario filosófico* que publicara en los noventa y que ahora también se reedita. Se nota el paso del tiempo, aunque sobre todo se ve la multiplicación de tareas: el exceso creador, à *la Sartre*, quizá.

El *Diccionario del ciudadano sin miedo a saber* es una obra inspirada en Immanuel Kant. En el exergo, en la cita que encabeza el volumen —cómo no—, Savater repite la célebre fórmula de la Ilustración entendida como salida de la minoría de edad.

Desde "ciudadanía" hasta "tolerancia", pasando por "constitución", "nacionalismo" o "terrorismo", son varias las voces que integran este "diccionario mínimo", en palabras del autor que evocan a Umberto Eco (*Diario m*ínimo).

El volumen es una suerte de actualización de algún libro anterior (de hecho, aparte de su edición autónoma, también figura como anexo de la reimpresión que Ariel ha hecho de *Política para Amador*). La verdad es que no es difícil estar de acuerdo con Savater en bastantes páginas de este *Diccionario*, pero este libro tiene varios problemas.

En primer lugar, es *mínimo*, en efecto: los editores han fabricado como libro, como novedad bibliográfica, lo que Savater escribe en pocas horas (aunque detrás tenga años de reflexión, sin duda). Es decir, han convertido ochenta y tantas páginas en opúsculo. No es que la operación sea condenable: me parece que los panfletos, los manifiestos o, propiamente, los opúsculos son géneros imprescindibles.

Veamos el que firmara el Savater más joven: *Panfleto contra el Todo* (1978). En aquel panfleto nietzscheano y exagerado, un Savater de treinta años lo daba todo, precisamente, hasta quemar las naves, con un anarquismo inmoderado que ahora no suscribe, pero con una entrega que ahora no se ve.

En este nuevo *Diccionario…*, nuestro filósofo ha repetido lo que ya ha dicho una y mil veces en volúmenes maduros, aunque ahora sin ir más allá. ¿De qué podría ser prueba esta reiteración? ¿De la necesidad de repetir lo evidente dada la degradación de la esfera pública?

Eso mismo decía Savater en la reedición de su libro *Contra las patrias* (aparecido en 1984). Citaba a G. K. Chesterton, creo recordar. La repetición podría ser prueba de ello, pero eso no le excusa, pues Savater ha tenido momentos de excelencia que se han plasmado en libros irrepetibles, precisamente.

En segundo lugar, el librito empieza por "ciudadanía", por la *c*, nada menos. Evita, pues, u olvida palabras importantes que, incluso, fueron decisivas en su propia formación política, como filósofo.

Con la *a*: "acracia", "anarquismo". Es decir, es un vocabulario actual de cuya *corrección* no hay duda… Más aún: expresa prevención a la derecha. "Mientras que todos los partidos que se dicen de derechas suelen ser fundamentalmente de derechas, algunos de los que se dicen de izquierdas lo son solo a ratos".

Si leemos bien lo anterior, eso quiere decir que la derecha tiene aspectos punibles por el hecho de serlo: en cambio, la izquierda hay momentos en que deja de serlo y es precisamente entonces cuando es condenable. "Por sus obras y proyectos deberéis juzgarlos, no por sus siglas", añade Savater refiriéndose claramente al PSOE.

¿Pero, entonces, qué se espera? ¿Una derecha que por el hecho de serlo tenga aspectos criticables y una izquierda que, justamente por serlo, tenga que probar que lo es siempre y no solo a ratos?

En tercer lugar, con Rosa Díez, Savater funda Unión, Progreso y Democracia, un partido, y piensa un programa, pero al hacer tal cosa creo que le falta realismo político, un maquiavelismo bien entendido.

Los partidos no son instituciones beneméritas: incluso los nuevos no son "alternativa a los ya existentes" como candorosamente dice, pensando quizá que es posible triunfar sobre el abstencionismo.

Quienes lo arropan son candidatos que han salido escaldados (Mario Vargas Llosa, Rosa Díez) o son dramaturgos con ínfulas políticas (Albert Boadella). A pesar de que me interese lo que estos personajes digan, no me creo tanta inocencia prístina… de cara a los comicios.

Lo diré de otro modo.

Cuando llegan unas elecciones, es normal que cierto número de ciudadanos expresen su desaliento absteniéndose: como forma de oposición a los partidos, maquinarias de poder siempre decepcionantes. Tanto es así que periódicamente se habla de refundación de las organizaciones políticas, incluso de creación de otras nuevas que no repitan los vicios de las anteriores.

¿Es posible tal cosa? ¿Es posible crear un partido nuevo e incontaminado?

Hay algo de ingenuidad o de altiva ferocidad en proponer cosas así, porque eso significaría desconocer que en política lo nuevo suele repetir los vicios de lo viejo. Por ello, más que inventar organizaciones inauditas, tal vez sería preferible someter las ya existentes al control de la ciudadanía: con listas electorales no bloqueadas, por ejemplo.

Ahora bien, aun en el caso de que esto llegara a suceder, dicho cambio no alteraría la naturaleza permanente de los partidos, que seguirían siendo organizaciones concebidas para hacerse con el poder y para conservarlo. Más aún, seguirían siendo estructuras en las que internamente hay un conflicto de intereses y una disputa por la autoridad...

Vuelvo a decirlo. A comienzos del siglo XX, hacia 1911, un estudioso alemán, Robert Michels, dictaminó sobre estos males. Escribió una obra de sociología política que se ha convertido en un clásico. Es un clásico cuya agudeza quizá ahora pueda despertar entusiasmo entre algún lector precipitado que hoy crea confirmar sin más el dictamen de Michels.

En sus páginas, el autor parecía saberlo todo de los partidos, de la política: ésta no es una disputa caballeresca, sino una forma más o menos sofisticada de canibalismo. Es más –podríamos añadir hoy—, quienes compiten por el poder lo hacen en un juego de suma cero en virtud del cual lo que tú ganas yo lo pierdo, aquello por lo que no sabes luchar acabará siendo logro o beneficio mío.

Desde luego, Michels quería retratar el funcionamiento real de los partidos, presentándose como un Maquiavelo del Novecientos. Pero lo interesante no es la descripción de la liza electoral o parlamentaria en la que se veían envueltas distintas organizaciones, sino la querella interna que el poder del partido provocaba y que él resumía.

Un partido —insistía Michels— es sobre todo un organismo en el que compiten distintos líderes que aspiran a hacerse con su control, valiéndose para ello de la oratoria, de la voluntad, de la cooptación o de la colusión: es decir, de aquellas capacidades o tretas de que unos dirigentes se sirven para imponerse a otros que son a la vez correligionarios y rivales.

La elocuencia de algunos ejerce un influjo sugestivo que subordina, así como las habilidades que se plasman en victorias y que tanto impresionan a quienes los rodean. Por eso, si las cosas van bien, los dirigidos no revocarán a sus dirigentes: les mostrarán todo su reconocimiento, pues sería ingratitud no reelegir a camaradas que han demostrado capacidad, generosidad.

Pero Michels no se engañaba: tras el gesto de entrega, los líderes intentan perseverar para sí, para su propio interés. Por eso —añadía—, el altruismo afectado de los dirigentes es una forma velada de hipocresía.

La conclusión a la que Michels llegaba era muy descorazonadora y archiconocida. Establecía una ley sociológica fundamental. Formulaba, en fin, la *ley de hierro de la oligarquía*: "la organización es la que da origen al dominio de los elegidos sobre los electores", señalaba.

"Quien dice organización, dice oligarquía".

Quien controla un partido tratará de aumentar su poder, de consolidar y aumentar su autoridad, de impedir o dificultar su revocación; intentará profesionalizarse, hacerse imprescindible, hacerse venerar. Michels hablaba de su experiencia: de lo vivido y lo visto entre los socialdemócratas alemanes, mostrando con ello la gran decepción que su partido le había provocado.

Muchos años después, parte de ese diagnóstico parece hoy estar absolutamente vigente: no solo para los partidos socialdemócratas, sino también para los conservadores. Es decir, para toda organización de masas en la que se abra un abismo entre militantes, simpatizantes y electores, de un lado; y dirigentes, líderes, mandatarios, de otro.

¿Punto final?

No nos precipitemos.

Michels abandonó chasqueado la socialdemocracia, objetando incluso el sistema de partidos: solo son un conjunto de organismos miserablemente oligárquicos, apostillaba.

Ahora bien, su decepción le hizo abrazar el fascismo, el liderazgo carismático de Benito Mussolini. Ese es un riesgo que debemos evitar hoy cuando algunos hablan de experimentos partidistas. Lo diré de otro modo: que la constatación desalentada de lo que un partido es no nos lleve a desentendernos —facilitándole las cosas a la oligarquía enquistada—, o que el repudio de los partidos de masas no nos lleve a repetir viejas formas de fascismo.

Pues bien, ese realismo analítico no lo veo en el diccionario político de Savater. No sé: es un repertorio de voces abstractas cuya definición no compromete. Ante una formulación indeterminada resulta difícil no apoyarla. Tratemos de poner en negativo lo que Savater proclama: seguramente no lo aprobaríamos. Qué le vamos a hacer: entonces es que la formulación resulta evidente.

Me tocará aguardar a la próxima entrega del filósofo. Quizá en la siguiente obra acierte en las formas y en la resolución, siempre —eso sí— que le dedique mayor número de horas y no nos presente un manifiesto urgente. Sartre también se extenuó con opúsculos perentorios, inaplazables…

Manifiesto por la lengua común
4 de julio de 2008

El Mundo lleva una, dos, tres..., varias semanas, ocupando parte de su primera plana y de sus páginas interiores con una campaña sobre la *lengua común*: dicho periódico, que es una empresa de comunicación que ha de atraer a anunciantes y lectores, que es un grupo de interés (como tantos otros más o menos importantes), que ha de ejercer su influencia formal e informal, ha sabido alentar y capitalizar el denominado *Manifiesto por la lengua común*.

Día tras día, la portada anunciaba destacadamente novedades sobre dicho texto: o bien nuevas adhesiones de celebridades culturales, o bien entrevistas con algunos de sus promotores, o bien noticias relacionadas, como son en este caso las iniciativas parlamentarias.

Es una táctica periodística a la que *El Mundo* nos tiene acostumbrados. Encabeza o apadrina una campaña política que considera urgente, inexorable y a la que toda persona sensata o de buena fe no podría negarse. Comienza la maquinaria a funcionar con la insistencia de lo obvio, de lo que debe recordarse a diario y de manera machacona. Pretende con ello crear y forzar un estado de opinión, estado del que nadie podría escaparse o *escaquearse*.

Lo más astuto de la campaña ha sido, sin duda, su concepción integral. En primer lugar, dotarse de unos promotores, celebridades o primeros firmantes cuyo rostro más reconocido es el de un colaborador de la competencia.

Me refiero a Fernando Savater, que todo lector avisado lo sabe colaborador habitual del diario rival: *El País*.

El ardid es ingenioso y muy útil. *El Mundo* no iniciaría campañas para su propio beneficio. Antes al contrario, interpelaría a la ciudadanía toda y a los intelectuales más reverenciados con metas a las que nadie podría negarse dada la bondad de la cruzada. Con ello,

Savater, que se sabe querido, que no se resigna a no hablar, apadrina una campaña sobre la que no tiene ni la iniciativa ni el control.

En segundo lugar, esa campaña fuerza una colusión de diarios y de medios audiovisuales que son oponentes, prensa rival en efecto a la que ahora se convoca por justeza y por urgencia.

De ese modo, salvo que quieran mostrarse cicateros o ruines, los medios se ven obligados a suscribir una causa que parece transversal y patriótica: de todos (*ABC*, Telecinco, etcétera), pero que solo *El Mundo* gestiona y capitaliza enteramente, con disgusto del director de *La Razón*, al que le habrían arrebatado la iniciativa patriótica.

Ahora bien, lo más ingenioso, el ardid mediático más eficaz, es la periodicidad diaria de la campaña, la cobertura que el periódico está dispuesto a darle presentando el *Manifiesto* como un certamen de adhesiones, como una telemaratón de firmas, como una carrera en la que todos podemos participar para mostrar nuestra dignidad: ya somos cien mil, por ejemplo.

Un hecho noticiable se mantiene en los medios si diariamente se lo alimenta. Anunciar cada jornada nuevas firmas de intelectuales de mucho nombre y ringorrango con fotografías y declaraciones, generalmente obvias pero muy sentimentales y cercanas, es una forma de alentar y de "*alenar*" (por decirlo en catalán).

En otros términos, resulta un modo de airear un *Manifiesto*, que es obra cerrada e inmodificable, pero oxigenándola a la vez como obra abierta. Sería así un texto que depende de la recepción y no solo de la sintaxis que lo consuma. Con ello se provocan y se adhieren nuevas firmas, agigantando una iniciativa que es ya objeto de codicia mediática para esos otros medios que no controlan la iniciativa.

Con adhesiones a una lengua común anunciadas con suficiente cobertura, ¿hay alguien que pueda negarse a estampar su firma? Pero el lado noticiero no acaba con las celebridades de la cultura: en el elenco de adhesiones se incluye, como es lógico, una lista de gentes menos conocidas o desconocidas, lectores que quieren sumarse: el pueblo llano.

En una de las páginas dedicadas al *Manifiesto*, *El Mundo* nos propone diariamente dos tareas: "Lea el *Manifiesto* íntegro", ya que en la versión impresa (en papel) del texto original solo se reproducen las cinco últimas reivindicaciones.

La edición en papel nos lleva, pues, a *elmundo.es*, espacio electrónico en el que se le dedica mayor cobertura. La segunda tarea que el periódico nos propone es la siguiente: "Adhiérase y compruebe si su nombre está incorporado a la lista".

Es una instrucción narcisista.

En efecto, los responsables del medio vienen a decirnos algo así como... Estimado lector, súmese al elenco de los que verdaderamente cuentan, verifique que su nombre figura, sienta la dicha de estar flanqueado por personajes indiscutibles y famosos: Mario Vargas Llosa o Federico Jiménez Losantos o Luis Aragonés.

"Yo soy español y soy un defensor del español totalmente", dice el Seleccionador Nacional de Fútbol. "Soy de Madrid y el madrileño chuleta me encanta, tengo una hija casi de Sevilla y me encanta el andaluz; me gusta cualquier lengua, pero creo que hay que defender a capa y espada la nuestra", concluye Luis Aragonés con una metáfora mosquetera y ahora futbolística.

La lista deviene un espejo en el que verse reflejado junto a esas celebridades que se pronuncian con el gracejo o la ocurrencia de que cada una es capaz.

El jueves 3 de julio, el suplemento de libros que se adjunta con *El Mundo*, *El Cultural*, dedicaba portada y páginas principales al tema bajo el título de "Arde el debate sobre la lengua común". Más aún, "Primera palabra", la rúbrica con la que Luis María Anson abre la revista, se titulaba "El español, un torrente de agua clara", en alusión a dicho debate y a un célebre artículo de José María Pemán publicado en *ABC* el 19 de abril de 1970.

En el *Manifiesto*, al frente del cual está Fernando Savater, y no Mario Vargas Llosa (según dice Anson), se habla de lengua común. Atención, leamos bien: se habla de la lengua común, no del castellano. Esa precisión tan ajustada la hizo Federico Jiménez Losantos días atrás, cuando decía que había firmado ese *Manifiesto*: que había firmado ese *Manifiesto*..., pero que podría no haberlo hecho.

¿Por qué razón?

Principalmente por la antipatía que le profesa a Fernando Savater, un advenedizo en estas causas de defensa de la lengua, según el locutor radiofónico. La ojeriza que se tienen se remonta, cuando menos, al verano de 1979, fechas en las que polemizaron con acritud.

Si te dicen que el idioma común está en peligro, la pregunta es desde cuándo. Si te señalan —como hace Félix de Azúa— que no hay posibilidades de ejercer los derechos individuales, la pregunta es igualmente desde cuándo. Si la urgencia es tan palmaria y evidente, la pregunta es por qué hay gente que no lo firma.

¿Por qué, por ejemplo, el director de la Real Academia se desentiende? ¿Por miopía, por ceguera, por venalidad, por cobardía... o por distancia institucional? ¿Y los otros intelectuales que desconfían de la iniciativa del periódico, una iniciativa que empezó siendo una campaña de Unión, Progreso y Democracia para ser finalmente tutelada y aprovechada por *El Mundo*?

Las colusiones político-periodísticas siempre han de despertarnos suspicacia, porque son fruto de sociedades de apoyos mutuos, de intereses comunes, generalmente materiales. Si tan española era la necesidad de reivindicar esa lengua común, ¿por qué una sola formación nacional tomó la iniciativa? ¿Por la molicie institucional de los restantes partidos? ¿Por su antipatriotismo?

Si pudiera interpretarse así, la legislación catalana no sería más opresiva de lo que pudo ser en origen y, en todo caso, la lengua vehicular —sea la que sea— no garantiza su conocimiento. Ése es el problema principal que tienen que enfrentar tantos profesores desengañados: justamente al comprobar el escaso dominio verbal —simplemente verbal— de tantos discentes.

Como tampoco se garantiza el conocimiento de la lengua común o adyacente con unas pocas horas de enseñanza semanales. Ese es el otro gran problema que no se arregla fácilmente. ¿O es que, acaso, se piensa que con unos minutillos semanales aprende uno a manejarse en un idioma? Es como el caso de Educación para la Ciudadanía, asignatura probablemente necesaria y bienintencionada que no garantizará, desde luego, un aumento sensible de las virtudes cívicas si esa lección no se refuerza con el activismo familiar y ciudadano.

Lo único que potencia una lengua es su uso sistemático, su uso correcto, su uso literario y esmerado, queriendo hacer y decir las cosas bien, incluso muy bien. Lo único que garantiza su mejora y crecimiento —no sé si en número, pero sí en calidad— es la lectura: la lectura, pero también la escritura, la oratoria, la declamación.

"Entone, Gutiérrez…", decía el viejo maestro.

Lo único que permite pasar de una lengua a otra es la formación y, sobre todo, vivir ambos idiomas como un patrimonio, no común, sino personal, del que valerse, un instrumento de autocreación: una autocreación que, siempre, necesitará comunidades lingüísticas que hagan factible la comunicación.

¿Que hay, que puede haber iniciativas legales de dudosa constitucionalidad? Combátanse. ¿Que hay mandatarios que sueñan con comunidades monolingües? Retírenles el apoyo electoral.

Yo no creo, sin embargo, que la lengua vehicular sea lo determinante del conocimiento: no es irrelevante, pero tampoco es determinante. Por otra parte, mi experiencia como castellanohablante me muestra una y otra vez la generosidad y la tolerancia con que me tratan los catalanohablantes de mi tierra.

Lo normal es que muchos se pasen inmediatamente a *nuestra lengua común* cuando no deberían hacerlo, porque saben que les entiendo sin problema y que si no me expreso diariamente en su lengua es por pereza o por vergüenza idiomática: solo hablo aceptablemente el castellano; nada más.

En fin.

Pero, dicho esto, lo que me sorprende de tantas y tantas declaraciones de intelectuales reconocidos o sobrevenidos que se pronuncian sobre este *Manifiesto* –y que recoge *El Cultural*— es la profunda ignorancia que muchos de ellos demuestran, pareciéndose en esto a los políticos de campanario.

El presente no es como el que ellos sueñan o desean; es un presente menos exasperado, una circunstancia ordinaria en la que la gente se expresa con libertad, con liberalidad, sabiendo que, en poco tiempo, la lengua común quizá acabe siendo el inglés…

O el chino.

¿Los intelectuales contra Berlusconi?
6 de julio de 2008

Los manifiestos de intelectuales sirven para afear la conducta al poder o para adular a sus representantes, pero sobre todo sirven para aunar a sus firmantes, para sentir la cercanía de quienes dicen compartir nuestra causa. Nos sabemos magistrados. Encausamos, pues. Los males de la Patria lo merecen.

Es por eso por lo que la retórica expresiva de los manifiestos —a derecha o a izquierda— suele ser muy común y un punto altisonante: la Patria o los Ciudadanos están en peligro o adormecidos.

Esta pequeña iniciativa removerá las conciencias dejando en evidencia a los traidores o a los cómodos o a los cobardes; y removerá los últimos obstáculos legales que nos impiden vivir en el país que queremos.

Pero concretemos: de un discurso político redactado por un filósofo o por un literato esperamos encontrar finura analítica y, con suerte, morigeración. Deben saber que un texto no es solo un texto: es también el efecto que ocasiona y, sobre todo, el modo en que es leído, interpretado o reinterpretado con significaciones sobreañadidas.

Por eso, no debe extrañarnos que ciertos firmantes se alarmen al comprobar las consecuencias o los usos de la letra suscrita: no debe extrañarnos que se apeen. Los intelectuales no son especies sin ataduras, sujetos volátiles, sin lazos. Son incluso demasiado humanos.

Es por eso por lo que un manifiesto puede tomarse como un tónico de la voluntad alicaída, como un refuerzo mutuo de confianza y autoestima, muletas o muletillas en las que se suelen apoyar autores o creadores que quieren hacer valer sus conciencias dengosas.

Es una causa común defendida y proclamada por quienes se sienten solidarios y lo toman como un murete frente a la acometida; y es también el momento de la exaltación hiperbólica y de la exageración que deforma.

Un manifiesto es un cuento moral en el que lo malo y lo bueno simplifican inevitablemente las cosas, pues sirve aquél para ordenar cada jornada, para determinar qué es lo perverso, para diagnosticar superficialmente sus daños y para prescribir remedios.

El 4 de julio de 2008, Félix de Azúa fue entrevistado por el diario *El Mundo* como uno de los dieciocho promotores del *Manifiesto*. Félix de Azúa, articulista de *El País*. Es bien conocido como ensayista y, en menor medida, como narrador.

En dicha entrevista, De Azúa sostenía la tesis de que el texto del *Manifiesto* es una defensa de los derechos individuales. Después de admitir esto, el entrevistado, que es intelectual de postín y columnista ocasionalmente brillante aunque siempre tajante, concluía:

> "Soy profundamente pesimista y creo que el país se encamina a una situación similar a la de Sicilia y Nápoles. El Gobierno no está dispuesto a que la realidad le estropee la siesta. Ni los negocios. Cada vez nos acercamos más a su modelo ideal: la Italia de Berlusconi".

Estupor.

La descripción y el análisis de Félix de Azúa me produjeron estupor. ¿Se puede decir algo tan hiperbólico y tan dañino? España se va asemejando a Sicilia y a Nápoles, señala. Decir algo así es ignorar qué sucede en Nápoles, por ejemplo, lugar en el que el imperio de la ley ha desaparecido o tiende a desaparecer, espacio en el que los ciudadanos honrados (*gli honesti)* se resignan al dominio del camorrismo, a la colusión delictiva.

¿Son comparables San Sebastián y Nápoles? ¿Acaso lo único que las diferencia es el grado de refinamiento o el colmo de las basuras?

Que la vida cotidiana en el País Vasco pueda ser peligrosísima e insufrible para muchos ciudadanos es algo objetivo y deplorable, algo que tiene que acabar. ¿Con qué instrumentos? Con la ley, por supuesto; pero también con la actitud solidaria de los vecinos: uno no puede desentenderse.

Sí, ya sé que es fácil decir esto desde el Mediterráneo, pero que yo pudiera obrar cobardemente si me viera en dicha circunstancia no quita para que ambas cosas (la ley y la solidaridad vecinal) sean los instrumentos. ¿Y la España de este Gobierno tiene como modelo ideal la Italia de Berlusconi? ¿Pero por qué se expresa así un exasperado Félix de Azúa?

No sé qué piensa Fernando Savater de estas palabras tan hiperbólicas de su cuate. La exageración en que incurre es tan grande y desafortunada que no hay exégesis posible. Veremos qué nos depara el futuro: tanto para los sufridos ciudadanos del País Vasco como para los intelectuales que se abandonan a la expresión colérica.

QUINTA PARTE

LEER Y NO LEER

¿Una novela de Fernando Savater?
17 de noviembre de 2008

Leo *La hermandad de la buena suerte*, la novela que ha sido galardonada con el Premio Planeta en la edición de 2008: una obra de la que, en principio, debía hacer una reseña para la revista *Ojos de Papel*. Avancé y en sus páginas aprecié virtudes y defectos del autor. Leo la sinopsis.

> "Un caballo invencible que ya ha sido vencido, un jockey que desaparece misteriosamente cuando busca el secreto de la buena suerte, dos magnates sin escrúpulos que pretenden zanjar sus rivalidades en la pista del hipódromo... Ya se acerca la fecha de la Gran Copa, la carrera internacional que desata pasiones. Cuatro aventureros deben encontrar al desaparecido a tiempo para que pueda montar en la prueba crucial: mientras, cada uno de ellos lucha contra los fantasmas de su pasado. Su búsqueda los hará enfrentarse con enigmas y peligros, hasta el desenlace en una isla del Mediterráneo donde se encontrarán con la traición... y con el acecho de los leones. Una novela de aventuras, aliñada con gotas de metafísica y ambientada en el fascinante mundo de las carreras de caballos".

Savater ha querido reunir en esta obra elementos que le son característicos, algunos rasgos de su prosa y de su vida muy identificables: su afición al *turf* (a las carreras de caballos), su inclinación por los relatos policiales, su apego a las novelas filosóficas.

Le guste más o le guste menos, el lector cree que Savater ha querido emular a Umberto Eco. Quizá pensó que podía reproducir con otros materiales una trama sostenible y a la altura de *El nombre de la rosa*, publicada originariamente en 1980.

Pues no.

Dice J-Ernesto Ayala-Dip en su reseña del 15 de noviembre de 2008 para *Babelia-El País*:

> "Le falta el gancho de la convicción novelesca. En realidad este gancho le falta a toda la novela. El objetivo artístico, que elogiaba Nabokov de Stevenson. Por eso puede suceder que el lector no sepa exactamente qué está leyendo. Al final la novela tampoco queda bien cerrada. O no queda bien abierta, que también podría ser. Y *La hermandad de la buena suerte*, con tener algunos buenos momentos, como el capítulo ocho, desperdicia la riqueza narrativa que otorga siempre el dibujo de un protagonista ausente, como es el caso del jockey desaparecido. De él no sabemos nada, excepto que es imprescindible en su oficio para ganar un gran premio".

Se me antoja correcta esa evaluación poco condescendiente. Y se me antoja correcta la prosa que sostiene la novela..., y poco más. No esperaba menos de quien es lector voraz y de quien se debe a la ligereza de los géneros narrativos.

A la vez debo admitir que me ha provocado escaso entusiasmo. Cuando empecé a escribir estas líneas aún no la había acabado. O sea: avanzaba animado por la esperanza de que Savater me entusiasmara.

Pues no.

Tal cosa no ha ocurrido. Un ensayista ha de hacer valer su voz. Un novelista debe servirse de distintas voces narrativas. Savater lo hace y lo hace con empeño aplicado. Ahora bien, conforme avanzaba siempre tenía la impresión de leer al brillante ensayista. Las erudiciones filosóficas, las ironías cultas, la celebración de la felicidad pesan... mucho, muchísimo.

Para escribir una novela relevante, verosímil, hay que tener buen oído. Hay que tener buen oído para dejar de ser uno mismo, para hacerse liviano o para hacerse desaparecer. Hay que abandonar la propia voz, ese timbre reconocible, esa sintaxis.

¿Con qué objeto?

Pues para ser portavoz de seres que no tienen nuestros tics o fórmulas, para desplegar a individuos que se valen de expresiones que no son las nuestras.

Como dicen los viejos críticos, Fernando Savater tiene un estilo inconfundible. Es demasiado torrencial y brillante, demasiado peculiar y significado, como para taparse o cancelarse o suspenderse...

El resultado de la novela es, así, decepcionante. Tanta agitación y unos personajes tan arquetípicos o prototípicos me resultan finalmente inverosímiles, previsibles y aburridos. La metafísica no arregla el entuerto ni el tedio. Y esto es cosa imperdonable en Fernando Savater.

Volver a *La isla del tesoro*
1 de enero de 2011

> "Dado que el squire Trelawney, el doctor Livesey, y el resto de los señores me han pedido que escriba todos los pormenores referentes a la Isla del Tesoro, de principio a fin, sin omitir otra cosa que la situación de la isla, y eso porque aún quedan allí tesoros por desenterrar, tomo la pluma en el año de gracia de 17... y retrocedo a la época en que mi padre llevaba la posada del «Almirante Benbow», y el viejo y curtido navegante, con el sablazo en la cara, vino a alojarse bajo nuestro techo".

Así empieza *La isla del tesoro* (1883), leída y releída en numerosas ocasiones, con esa prosa que anuncia la aventura, el riesgo, las mil y una asechanzas, los peligros que aceleran el corazón, las circunstancias angustiosas, los desenlaces corajudos.

Es "una historia para chicos", admitió Robert Louis Stevenson, una historia para chicos británicos que tienen el mar como experiencia o como meta. Pero yo no me dejaría engañar por esa declaración. La novela nos muestra una vía de ingreso en la madurez.

Advertir esto, que hoy puede parecer tan evidente (aunque no lo es), se lo debo a Fernando Savater. Por mi cuenta, sin preceptor o mentor, yo jamás habría prestado atención adulta a esta historia de piratas.

En efecto, de no ser por su ayuda, me habría perdido esta lección de humildad y coraje. Es más: al alabar la novela, al demostrar su calidad y su hondura, el filósofo donostiarra me quitó toda prevención o todo temor.

Uno podía madurar sin temer a ser acusado de infantilismo. Si, además, esta celebración nos la servía en bandeja, unida a otras reivindicaciones de la literatura no canónica, entonces la leo y releo con placer gozosamente culpable.

Según nos enseñó y recalcó en *La infancia recuperada* (1976), la lección que de esta historia se extrae y el goce que nos procura no decrecen con la edad adulta. Más aun: sobrepasan las Islas Británicas. Cada vez que la he leído, alguna en inglés con su equivalente traducido, descubro detalles que me habían pasado inadvertidos, aspectos nuevos que la enriquecen. ¿O soy yo mismo quien se beneficia de esta novela releída una y otra vez?

¿Qué nos relata y qué nos muestra Stevenson? Nos cuenta la historia de un aprendizaje. Es, por tanto, una *novela de formación* cuando ni siquiera este subgénero novelesco aún no estaba tan difundido.

Un muchacho ha de crecer, ha de madurar sin el amparo de los padres. ¿Cabe mayor atrevimiento? Un jovencito debe correr aventuras, debe tener sus propias experiencias, sabiendo salir indemne de las amenazas.

Un mozalbete ha de encontrar a sus interlocutores, a sus ayudantes o donantes: esa pequeña comunidad moral que lo auxilia y de la que le vienen las normas que ha de compartir. Pero, sobre todo, Jim Hawkins debe encontrar el tesoro de los piratas.

¿Cabe meta u objetivo más *interesante*?

Él es un inglés nacido en mil setecientos y pico. Es huérfano de padre y, por esa circunstancia aciaga, se halla condenado a llevar una vida aldeana y trabajadora en la posada que regenta su madre. La Madre. Es protección y es asfixia. Su existencia ya está hecha y nada parece que pueda perturbarla o cambiarla.

Sin embargo, la esperanza de obtener ese tesoro, que es gratificación remota y riesgo inmediato, le hace embarcarse.

Irá acompañado por personas incompatibles: por gente de orden y por una tripulación de bucaneros. Allí, en el navío, conocerá a Long John Silver. Es un pirata endurecido, encallecido, temible. Tiene un pasado criminal. Es un individuo fiero.

De entrada, lo mejor sería evitarlo. Sin embargo, con él habrá de aprender muchas cosas: lo bueno y lo menos bueno, la grosera supervivencia y la nobleza *viril* de la camaradería.

Un joven que regresa curtido, que vuelve siendo depositario de experiencias nuevas, ya no es el mismo. Ya no puede ser el mismo. Su viaje es iniciático y, tras la vuelta, su forma de mirar será distinta.

¿Cuál es la lección?

¿Acaso la pérdida de la inocencia? ¿Acaso el triunfo del cinismo?

No nos precipitemos, nos dice Savater.

No es tan sencillo. Hawkins es uno de los nuestros, un tipo que ha de vérselas con un mundo hostil, engañoso, con riquezas, con promesas y con trampas mortales.

Dice Robert Louis Stevenson en un ensayo breve titulado *Mi primer libro: La isla del tesoro* (1894) que, de todos los recursos que empleó para escribir la novela, tal vez lo más importante fuera el mapa.

Se refiere al mapa que dibujó para hacerse una idea de los emplazamientos y de los lugares por los que debía transcurrir la acción. En realidad, ese objeto el mapa que capta lo fundamental y excluye lo accesorio, podemos tomarlo como una metáfora de lo que es vivir.

Crecemos y vamos madurando humanamente, torpemente: con dolor y con decepción, alegres y resignados, según. Pero debemos aventurarnos. Para ello, únicamente contamos con un plano que mapea el territorio, un plano del que servirnos.

No hay mentor que nos ilustre enteramente, no hay padre que nos trace el camino, no hay adulto que nos salve: como mucho ese adulto es también un ser con extravíos, avejentado o averiado.

Necesitamos un mapa (metafórico) que represente los accidentes del terreno y que nos muestre las huellas humanas. Pero el plano superficial es eso justamente: superficial, vago, impreciso. Sencillamente incompleto.

Ese mapa no anticipa lo que nos va a pasar: es, como mucho, un resumen o una representación escueta, prospectiva y siempre dudosa del itinerario que vamos a seguir. Un mapa borroso, cuarteado, con los bordes rotos, con información escasa, con datos equívocos.

Pero hay que atreverse: de la aventura se puede regresar. La experiencia es el pequeño botín, el coraje es el pago parcial y la alegría de estar vivo es el tesoro.

No es magra lección, algo que aprendí de Stevenson..., gracias a Savater, el mismo autor que escribió una obra que es su escondida o evidente réplica: *Ética para Amador* (1991).

El espíritu de la colmena
14 de agosto de 1984

Lo dije hace años, en 1984; lo amplié en 2013 y, ahora, tras cincuenta años de su estreno, creo que lo preciso algo mejor. Ésta es la ultima versión.

Los ojos de Ana (Ana Torrent) en *El espíritu de la colmena* (1973) son el hallazgo cinematográfico español más sorprendente de principios de los setenta del siglo XX. No son efectos especiales, no son trucos de computadora. Son cine que expresa un hondura insondable, un cine con el que aún me identifico.

De su producción y estreno se cumplen cinco décadas. La historia tiene cincuenta años más, pero también sus responsables: el director, los guionistas, los actores y, entre otros, los espectadores..., algunos de ellos fallecidos. Del guion se ocuparon Víctor Erice y Ángel Fernández-Santos; de la dirección, Víctor Erice. El film fue suficientemente ambiguo como para exigir la intervención activa del público. Había que dar sentido a un contexto histórico y a unos actos imprecisos.

Yo vi de estreno la película, tras el galardón que se le había concedido en el Festival de San Sebastián. Mis padres, que me acompañaban, mostraron su creciente irritación. No les culpo. Los largos silencios de Fernando Fernán-Gómez o Teresa Gimpera les resultaban tediosos e incomprensibles, probablemente porque eran los silencios de su propia generación, la de mis padres y abuelos.

Los personajes del film se adaptaban a un mundo hostil, frío, completamente árido. Se adaptaban con miedo, con terror, sin que el espectador joven que entonces descubre la película, yo mismo, supiera muy bien por qué.

Tal era mi ignorancia.

En cualquier caso, para cierto tipo de espectador ya maduro y dañado, el frío y el silencio remotos cuestan ser aceptados. Asistíamos, sí o sí, a los estertores del caudillo.

Punto y aparte.

Una niña descubre con silencios y medias palabras lo que ha sido la Guerra Civil, lo que está siendo la posguerra. Todo es suposición o fabulación a partir de datos menores, de indicios escasos, por no decir escasísimos y apenas inteligibles. Ana mira, escruta, observa...: y los hechos vistos o entrevistos son informaciones y confusiones, conjeturas maduras e inmaduras, datos muchos de ellos inaprensibles.

La niña de siete años ve una película en el cine ambulante de su pueblo, Hoyuelos: una pequeña localidad de Castilla a comienzos de los cuarenta.

Es *Frankenstein* (1931), de James Whale.

La ficción, tan estremecedora, estimula la imaginación o quiebra lo obvio, ensancha lo visto y lo supuesto, lo temido y lo deseado.

No nos engañemos: en el film de Whale, un monstruo verdaderamente repugnante juega con un niña a echar florecillas al agua.

Ana, la espectadora, tiene una hermana mayor que le explica cosas. Conserva a sus padres: unas figuras silenciosas, prácticamente inaudibles que encarnan Fernando Fernán-Gómez y Teresa Gimpera.

Casi..., casi no hay comunicación entre los miembros de la familia. Callan. Y la fotografía de Luis Cuadrado entenebrece.

En el mundo adulto de Hoyuelos, todo son supuestos, sobreentendidos, medias voces, probablemente rencores y suspicacias.

En el mundo infantil de la localidad, estimulado por el cine, el mundo es ignoto: exige su desvelamiento. Iluminarlo, en fin. La pesquisa y la averiguación son una necesidad para quien se aventura. Todo está por descubrirse.

Yo quedé impresionado por el film. Pero admito que Fernando Savater me desveló cosas sin desmitificar nada. El filósofo supo verlo y decirlo con sutileza en el prólogo que escribiera para el libro de Elías Querejeta que reproducía el guion. Lo leí a comienzos de los ochenta y me sentí cofrade de ese Savater tan sutil.

Sin duda, las cosas que escribiera Savater por aquellas fechas respondían perfectamente al ánimo mitificador y narrativo que estaba en la base de *La infancia recuperada*, publicada solo unos años después del estreno de *El espíritu de la colmena*.

Si la película me había deslumbrado, ese prólogo de Savater me había servido de acicate, de estímulo, para indagar en el misterio, propiamente el misterio, de unos hechos históricos bien reales, pero vistos, entrevistos o mal vistos por una niña. O sea, yo mismo.

Sin duda, en la película se reflejan la mirada infantil y el hermetismo de su rostro. El padre, la madre, la hermana, el monstruo… Ana también se protege.

El padre parece bueno pero tiene algo de la anormalidad imperante. A la búsqueda de su propio espectro, del monstruo, dedicará Ana sus tareas extraescolares. Y su actividad psíquica.

Nunca me sentí tan solidario…

¿Por qué un pueblecito de Castilla? ¿Por qué a comienzos de los años cuarenta? ¿Por qué 'Frankenstein' produce tal impacto en Ana? ¿Por qué callan los padres? ¿Por qué la colmena y las abejas están presentes, colmena y abejas que con mimo y dedicación cuida el padre?

Todos son preguntas.

Ana sabe o cree saber más de lo que los adultos creen que sabe. A partir de ahí, la muchacha rehace su mundo aún incipiente. Ha vivido su propia epifanía y los mayores ignoran lo que la niña ha experimentado.

Ana, en casa y de noche, cuando todos duermen, abre los ojos, se levanta, se encamina hacia el balcón y lo invoca: llama al espíritu, ese espíritu...

INTERLUDIO. "*PERSONALMENTE, ME HE DIVERTIDO MUCHO CON EL TERRORISMO*" 21 DE FEBRERO DE 2011

"Personalmente, yo casi te diría que no solamente no estoy enojado con todo eso, sino al contrario, casi lo agradezco. A mi me han dado quince años más o veinte de juventud. Cuando terminó el franquismo, etcétera, etcétera, probablemente, como tantos otros, me habría dedicado a mis libritos, a ser académico, a no sé qué tal. Bueno, gracias al terrorismo, digamos, he podido mantenerme un poco vivo, activo, metido en política, haciendo actividades de joven. De modo que yo, personalmente, no tengo ningún… Tengo, naturalmente, el agravio de tantos muertos amigos y de tantos queridos amigos que hemos perdido por el camino. Pero yo, personalmente, digamos, me he divertido mucho".

Leo en *La Vanguardia*:

"El filósofo y académico Fernando Savater ha asegurado este lunes que el terrorismo le ha mantenido "activo y metido en política" y que gracias a él se "ha divertido mucho", aunque ha reconocido que tiene "el agravio de tantos muertos y queridos amigos" que ha perdido por el camino. En declaraciones a Telecinco recogidas por Europa Press, Savater ha señalado que si no hubiera sido por el terrorismo, tras el fin de la Dictadura Franquista se habría dedicado a sus "libritos" y a ser académico. "No solamente no estoy enojado sino al contrario. Casi lo agradezco porque me han dado 15 o 20 años más de juventud", ha afirmado. "Gracias al terrorismo he podido mantenerme un poco vivo, activo y metido en política, haciendo actividades de joven", ha asegurado, aunque al mismo tiempo ha declarado que tiene "el agravio" de todos los muertos y "queridos amigos" que ha perdido a causa del terrorismo".

Leo en *Público*:

"Fernando Savater realizó este lunes unas curiosas declaraciones en Telecinco. El escritor y académico dijo que no está 'enojado' con el asunto del terrorismo, sino que 'le está agradecido', ya que le ha dado 'quince o veinte años más de juventud'. Savater, amenazado desde hace muchos años por la organización terrorista ETA y una de las figuras públicas que más se han significado en la lucha contra el terrorismo, reconoció que tiene el agravio de las personas, 'amigos y queridos amigos' que han perdido la vida, pero afirmó sin dejar de sonreír en ningún momento que 'personalmente me he divertido mucho'. El escritor concluyó diciendo que de no ser por el terrorismo, 'me hubiera dedicado a mis libritos, a ser académico'…".

Leo en *ABC*:

> "Con probabilidad, ésta es una de las ocasiones en las que los matices son importantes. Pero desde luego, las palabras del filósofo y académico Fernando Savater, hoy en una entrevista concedida a Telecinco, no han sonado bien. El escritor señala que "personalmente, está agradecido al terrorismo", porque sin él, hubiese acabado la carrera y se hubiese dedicado a hacer "libritos" . Sin embargo, y tras mentar el agravio que ha supuesto para él perder a amigos y compañeros por el azote del terrorismo de la serpiente, también ha indicado que ETA le ha hecho estar "vivo, activo, metido en política y haciendo cosas de joven". Por ello, el académico dice que el terrorismo a él personalmente el terrorismo de ETA le ha dado "quince o veinte años más de juventud". "Me he divertido mucho", ha dicho esta figura amenazada desde hace décadas por la organización etarra..."

No puedo decir nada, no puedo añadir nada. El texto que encabeza este apartado es la transcripción de unas palabras procedentes de una entrevista concedida por Fernando Savater a Telecinco. Estamos en febrero de 2011.

A partir de la nota de Europa Press, algunos periódicos se hacen eco de estos comentarios, dichos entre risotadas. La prensa parafrasea y entresaca algunas frases literales. Yo he querido reproducir esas palabras sin añadir glosa alguna. No hay nada cómico ni la cosa se presta a carcajadas. Ni chistes ni zumba: solo irresponsables, caprichosas, desgraciadas palabras.

No sé si conseguiré olvidarlas.

El filósofo ignorante
2 de diciembre de 2012

En el Servicio Militar, en la *Mili*, mientras cumplía el periodo de instrucción, leí varios libros. No demasiados. El día no daba para mucho y el fuelle, tampoco.

Estoy hablando de diciembre de 1981.

Tras jornadas agotadoras en las que aprendíamos a desfilar con el Cetme, el fusil español de asalto, el recluta Serna se echaba derrengado en su catre: aquel camastro de muelles, con lamparones.

Todo eran ampollas, dolores, luxaciones, una perforación.

Leía mientras otros veían la tele o escribían a la novia. No me consideraba mejor por ello: simplemente quería disfrutar del silencio y de la soledad tras una jornada de camaradería castrense. O patriótica. Estábamos en un cerro de Córdoba: regularmente no había agua corriente y el tufo de hombres, de sobacos y de ingles nos asfixiaba.

El mundo se reducía a aquel escenario viril, pobretón, tan gélido. El único escape que el destino nos tenía reservado era leer o aturdirse con alcoholes en la cantina, con ensoñaciones bajo las sábanas. Por cuestiones de presupuesto, de pudor y por carácter insociable, yo prefería leer.

Recuerdo que uno de los libros más salutíferos que disfruté durante esos días fue una obra de Voltaire editada por Fernando Savater para la Biblioteca Nacional (1976): las *Cartas filosóficas*.

Son las misivas de un filósofo joven que se instala en Inglaterra y que observa con atención, simpatía y estupor la rareza de sus huéspedes, esa nueva forma de vivir y de ensayar lo público y lo privado. Estamos a comienzos del Setecientos.

Me maravillaba la ironía voltairiana, esa broma que se gastaba para sobrevivir en situaciones apuradas. Me agradaba su defensa de John Locke, de la filosofía inglesa, del empirismo, del raciocinio, del discernimiento. Hacía mía su crítica del fanatismo, de la intolerancia.

Los mejores momentos que pasé en la Instrucción militar fueron cuando recordaba lo que me esperaba: descanso y acicate con Voltaire.

Tantos años después —tras haber leído al *philosophe* en distintas ocasiones— regreso a sus páginas gloriosas. Ahora, gracias a la editorial Fórcola, a un nuevo libro, una obra que yo no había disfrutado en su primera edición: *El filósofo ignorante*, también de Voltaire y también con prólogo de Fernando Savater.

Leo *El filósofo ignorante* que Fórcola edita admirablemente. No se lo creerán, pero solo he detectado una errata: eso es un portento, tarea del editor.

¿Por qué leer a Voltaire hoy?

Que un sabio declare su ignorancia, que un metomentodo como el *philosophe* admita desconocer tantas cosas, dice mucho de su actitud: el asombro que precede al conocimiento. Y Voltaire sabe, ya lo creo que sabe: declara la moral universal.

¿Podemos imaginarlo? En pleno siglo XVIII, un escritor dice que hay unas pocas normas generales más allá de la religión, de la costumbre. Acepta que no hay relativismo cultural (digámoslo así), que todas las sociedades condenan por repudiables la violencia gratuita, el engaño, el fraude.

Voltaire confía en la razón, pero sobre todo espera mucho de la experiencia razonable, de la sensatez, del buen juicio: algo que se extiende por doquier.

> "Todos estos pueblos proclaman que hay que respetar a su padre y a su madre; que el perjurio, la calumnia, el homicidio son abominables. Así pues, todos deducen las mismas consecuencias del mismo principio de su razón desarrollada".

Eso significa que la idea básica, primaria, de lo justo es natural, "tan universalmente adquirida por todos los hombres, que es independiente de toda ley, de todo pacto, de toda religión".

Este libro es un librito, el de *El filósofo ignorante*.

Es decir, puede llevarse cómodamente en el bolsillo. Y puede consultarse con prontitud cada uno de sus pasajes. Es un prontuario. O un breviario. ¿Tiene una duda sobre la moral? No hay problema:

Voltaire le recomendará ser usted mismo, ser racional y ser razonable, evitando todo fanatismo, ese monstruo que siempre acecha.

Si en pleno Setecientos, un escritor ya anciano pudo filosofar con esta energía, sabiendo a lo que se exponía, ¿qué no podremos hacer nosotros con su auxilio? La prosa acotada, sintética, sin lirismos y sin retóricas vacuas, nos acerca a la perfección formal: la traducción de Mauro Armiño ayuda, sin duda.

Pero quizá lo más chocante es eso: la ignorancia que admite el filósofo. Bien mirado, eso no es tan raro. La inquisición y la erudición son cualidades de quien razona sin miedo. Pone ejemplos, cita casos, alude a sucesos. Voltaire hace de la anécdota su soporte intelectual y hace del argumento su alarde estético. Porque razonar no es una mera cuestión de lógica: es también y sobre todo un bello ejercicio de expresión. La sintaxis no es ancilar. El filósofo es un artista.

Quién como él...

¿Dónde está Fernando Savater? 10 de julio de 2013

Durante años, con coraje se enfrentó a los bárbaros del Norte. Sí, a los etarras. Ahora, finalmente, advertimos algo evidente: tenemos cuatreros en el Sur, gentes que saquean y que obran como nuestros mafiosos de postín. Necesitamos los servicios de un intelectual que examine y denuncie, un personaje público respetado que aclare e ilumine lo que nos pasa.

Lamentablemente, no escucho la condena firme de Savater frente a la corrupción. No escucho su crítica de esos ultraliberales que gobiernan y se benefician de lo público. No escucho cómo afea las concepciones y los planes de la extrema derecha.

¿Algo que decir de Federico Jiménez Losantos y de quienes como él incendian la esfera pública con sus ataques?

Jiménez Losantos tiene mucho cuento y una acrisolada inteligencia. ¿Está Federico en las últimas, con un pequeño holding mediático en estado ruinoso o será salvado por la audiencia y las subvenciones? Tiene labia y no poca sesera. Y una maldad estratégica.

Savater dice dedicarse a criticar el medio político del que él mismo procede, una izquierda incongruente que padeceríamos y de cuyas acciones o inacciones nos salvaría. Admitámosle, de entrada, lo anterior. Padecemos una izquierda incoherente.

¿Pero qué decir de esta derecha? Fernando, por el amor de Dios, ¿qué conservadores, qué liberal-conservadores son estos que se dedican solos o en compañía de otros al latrocinio? No tienes respuesta.

¿Todos son lo mismo, lo mismito?
12 de octubre de 2018

Leo un tuit de Fernando Savater. Lo leo y me lamento. Literalmente dice así:

> "No hay político en el mundo que piense a quince años vista, los que son capaces de levantar la cabeza y ver que tienen quince días por delante, además de la fecha en la que viven, ya son de los buenos. No le dan importancia porque no van a ver el resultado".

¿Qué añadir a esto?

El ser humano es ciertamente imperfecto. Así, en general, da asco. Podemos escrutarnos. Apenas levantamos la cabeza. Tenemos un aspecto bovino, como parte de una ganadería.

Yo mismo voy mirando el suelo para que Teo, mi perro, no se zampe restos, inmundicias, etcétera. Imaginen las mierdas.

Siento mucho el declive de Savater, o la tristeza o la senectud. Siento que ahora se lamente del ser humano así en general con un tono tan tonante. Y siento que deplore a una clase concreta de ser humano que le resulta poco atractiva: el político, así, también en general.

Lo he dicho en repetidas ocasiones. Savater fue uno de mis referentes en la adolescencia, en la juventud y después: pero ya no, ya no en la tercera edad en la que me adentro.

Ahora veo que él mismo contradice sus mejores enseñanzas y que se abandona. Que se abandona a lo obvio. O que se dedica a la prédica, género que él mismo reprobaba en su *Diccionario filosofico* (1995). No estamos para sermones, por cortos que sean.

Su tuit, su comentario, sobre los políticos —así, en general— me parece poco sensato, poco fino. No contribuye a mejorar la vista, la percepción o el vislumbre de nuestros representantes.

Pero esos aspavientos verbales alimentan, con nutriente poderoso, el malestar y el rencor de los antipolíticos, de aquellos que odian a nuestros dirigentes.

La antipolítica es el cáncer de la democracia. A los malos políticos podemos sobrevivirlos. Sin embargo, quienes deploran sin más la cortedad de los gobernantes nos hunden.

Hay un tópico que circula habitualmente. Es aquel que reza así: todos los políticos son lo mismo.

Siempre me ha parecido una descalificación intolerable, dicha por gente de poco seso. La política es tarea egregia, valiosa: un arte difícil para el que se precisan ciudadanos nobles y entregados, gentes con algunas convicciones y gran responsabilidad.

Se necesitan personas con ciertos ideales (tampoco muchos) y mucha habilidad para el acuerdo, para la adaptación. Frente a tipos así, estamos los demás...: los ciudadanos más o menos pasivos e intransigentes que somos quienes pervertimos por omisión el gobierno de las cosas.

Un político es alguien que tiene unas pocas ideas generales, proyectos; alguien que tiene unas cuantas convicciones por las que merece la pena luchar.

¿Cuál es el buen político? ¿Acaso aquel que hace valer, en primer lugar y sobre todo, esas ideas y esas convicciones? No, dirá Max Weber. Es buen político quien obra responsablemente para adaptarse con prudente realismo o... maquiavelismo.

¿Quiere decir eso que el político, al modo de Weber, es literalmente un chaquetero o un pancista, alguien dispuesto a sacrificar todo principio digno por razones de lucro o de mera oportunidad? Por supuesto que no. Es, por el contrario, un tipo responsable, alguien que sabe medir las consecuencias de sus acciones o decisiones. Alguien que mide y se mide. Tiene como fin último unos principios que cree moralmente dignos, unos principios que cree buenos. Pero por encima de ellos es alguien capaz de transigir en lo secundario; es capaz de llegar a convenios para no agravar el estado de las cosas.

En cambio, el gobernante que afirma conducirse por las ideas, y solo por las ideas, es un individuo temible. Si, además de sus convicciones, cuenta con la gendarmería, entonces podemos esperar lo peor.

Sé de regidores que han recuperado sus respectivos puestos de trabajo una vez concluidas las legislaturas municipales.

Sé de rectores que han regresado a la docencia universitaria tras sus gobiernos. Y han vuelto con el nivel de vida que les corresponde, sin ostentaciones, sin riquezas injustificables.

Sé de parlamentarios que ahora ejercen sus antiguas profesiones. Admitido lo anterior, ¿seguiremos diciendo que todos los políticos son lo mismito?

Hay profesores que son presuntamente mafiosos. Y sé que hay alumnos de la misma calaña. Le pediría a Savater mayor mesura. La vida son cuatro días y estamos ya en tiempo de descuento.

Cuidado con el fascismo
18 de mayo de 2019

Fernando Savater dedica su columna sabatina de *El País* a una polémica, a un desagradable episodio que ha tenido lugar en el Salón del Libro en Turín en esta convocatoria de 2019. La posición de Savater sobre el particular es, como mínimo, dudosa.

Me explico.

A un editor, responsable del sello Altaforte, le han dado espacio y presencia en dicha Feria. Esto ha provocado un enorme y ruidoso malestar. En Italia, qué quieren, con las cosas del fascismo no se juega. Para Fernando Savater, todo esto es quizá ostentoso y olvidable. Vamos, que no tiene demasiada importancia.

El editor de Altaforte "se proclama agresivamente fascista y condena el antifascismo como la desgracia política de Italia", admite Savater sin darle mayor relieve. El catálogo de Altaforte tiene obras acordes con su ideología, concluye el escritor español.

Por lo visto y leído, para Savater, todo esto no tendría mucha importancia. No sería nada especialmente grave. Sin embargo —nos recuerda Savater—, los opositores de Altaforte tendrían una razón escondida o más explícita (como se quiera) o menos santa para rechazar su presencia.

Lo grave para quienes se escandalizan sería —dice Savater— que entre sus novedades hay "un libro entrevista con el inefable [Mateo] Salvini, que atrajo la atención pública sobre el sello". Ha habido reacciones, ya digo, y, según Savater, reacciones exageradas que le han dado una publicidad gratuita.

"Algunos participantes en el Salón, como el historiador Carlo Ginzburg, anunciaron su retirada en señal de protesta" y con él otras personas del mundo de la cultura —admite Savater.

¿Es esto una exageración? —me pregunto—. No, no es una exageración. Estamos hablando de personas muy destacadas especialmente sensibles a la banalización o legitimación del fascismo.

El abandono del Salón por parte de Carlo Ginzburg es, como él mismo ha declarado, una decisión política. Ginzburg se opone a resucitar el fascismo (aunque solo sea intelectualmente)... por razones obvias. Pero se opone también por razones estrictamente personales.

Su padre, Leone Ginzburg, que fue un activo antifascista de Giustizia e Libertà, será asesinado por los nazis, concretamente por las SS, tras haber sido torturado. Estamos hablando del final de la Guerra Mundial.

Poca broma, pues.

Resulta insólita la banalización que hace Fernando Savater del episodio del Salón de Turín. La presencia de Altaforte, el editor fascista, es legal, pero es políticamente indecente. Por tanto, la reacción airada y expresamente política de Ginzburg está justificadísima.

Savater, sin embargo, aprovecha para quitarle hierro al asunto de Ginzburg, diciendo que las polémicas en Italia se disuelven pronto y que el fascismo lo hallamos a izquierda y derecha. Se refiere a los populismos, a esa corriente transversal que exaltaría al pueblo como referencia básica o única de la identidad individual y colectiva. La lógica de Savater trivializa el grave asunto y además resulta ofensiva.

Parafraseemos esa lógica savateriana y sabatina...

¿Para qué escandalizarse con un editor o propagandista del Fascio si hay fascistas por todas partes, a derecha e izquierda? ¿Para qué marcharse con tanto aspaviento, como habría hecho Carlo Ginzburg, del Salón del Libro de Turín, si hay fascistas por aquí y por allá, a derecha e izquierda?

El fascismo es un fenómeno histórico, de otro tiempo. Ciertamente. No podemos hacer fáciles analogías para concluir que lo que nos pasa es clavadito a lo que sucedió en los años veinte, treinta (de Italia, por ejemplo).

Pero lo que es actual, peligrosamente actual, es la multiplicación de propagandistas que hoy rebajan el veneno fascista, la toxicidad de aquellas ideas no enterradas del todo. Lo que es presente y detestable es confundir los populismos con el fascismo.

No es que los fascismos de hoy sean los populismos que proliferan (a derecha e izquierda, según insiste Savater). El autor español confunde el principio y su naturaleza, el fenómeno y su sustancia. Es justamente al revés.

El populismo precede al fascismo. Pero el fascismo histórico se nutre de ideas, prácticas, concepciones de origen populista. Los populismos de hoy recogen parte de esas tradiciones ya remotas con elementos nuevos.

Matteo Salvini, el líder de la Lega Nord, quita gravedad al fascismo, lo despenaliza intelectual e históricamente para, al final, rebajar la índole de sus crueldades. De paso quita toda legitimidad al antifascismo. Más aún: lo califica de desgracia política de Italia.

¿Cabe mayor ignominia?

A Savater ya le leímos una defensa de Vox como partido al fin y al cabo *aún* constitucional. Me niego a reproducir aquella infame columna, a remover aquel estiércol. Pero sí que parafrasearé lo dicho...

Vox es bueno y aceptable si con eso se puede echar a Pedro Sánchez. Lo que nos faltaba: ahora, además, Savater no se escandaliza con las manifestaciones ostentosamente profascistas de Salvini.

Salvini, dice Savater, es "inefable", con ese tono de personaje entre cómico y difuso que tiene la palabra. Es, usted perdone, algo más y algo más grave.

Es heredero voluntario de Benito Mussolini.

Quién es fascista
13 de junio de 2019

Leo ahora, en 2019, *Quién es fascista*: este libro del historiador italiano Emilio Gentile, que acaba de ser publicado aquí, en España, por Alianza Editorial.

En Italia hay una polémica pública sobre el fascismo, sobre su posible actualidad o sus resabios nunca digeridos del todo. Y la controversia arrastra a distintos historiadores y politólogos.

Emilio Gentile nos previene contra el uso indiscriminado del sustantivo "fascismo" y del adjetivo "fascista". Si un líder fuerte es sinónimo de fascista, entonces devaluamos el concepto, concluye inmediatamente.

Y nos previene contra cierto ensayo de Umberto Eco, datado en 1995, en donde el intelectual italiano veía un posible rebrote de las brasas del fascismo... En aquel ensayo, que primero fue conferencia, Eco establecía la tipología del fascismo.

El propósito de Gentile va más allá: su meta es enseñarnos qué fue el "fascismo histórico", encarnado principalmente en la Italia entre 1922 y 1945. Y para ello evita a Eco.

Muchos años después de aquel ensayo de 1995, Gentile nos previene contra la tendencia a endosar el calificativo a movimientos o partidos actuales de extrema derecha. Su idea es evitar una abstracción del fenómeno fascista.

Como propósito no está nada mal. Al fin y a la postre, nos obliga a ser rigurosos cuando contemplamos fenómenos que difícilmente se repiten. O cuando empleamos voces o expresiones que tienen historia, que tiene un pasado que no es equivalente al actual.

Sin embargo, esas derechas extremas tienen algunos rasgos directamente heredados del fascismo histórico. Y de ello son conscientes sus propios líderes.

Y, además, esos dirigentes incluso postulan la exhumación de la memoria fascista (como está ocurriendo en Italia con Matteo Salvini). De algún modo, esos vástagos aspiran a encarnar explícita o implícitamente un 'fascismo eterno'.

En el caso español, Gentile alude a Vox. Por supuesto evita cuidadosamente llamarlo fascista, pues lo ve como un partido nacionalista, unitarista, tradicionalista, católico ultramontano...

Sin duda, podemos seguir las enseñanzas del historiador italiano, las de Emilio Gentile, y admitir que no hay un "fascismo eterno" y menos aún un fascismo español ahora redivivo bajo la fórmula de Vox.

Pero, contrariamente a lo dicho por Gentile, el fascismo vuelve o puede volver —en palabras de Umberto Eco— bajo formas menos estrepitosas, sin uniformes ni escuadrismos, sin revoluciones estatalistas. Sin modernismos reaccionarios.

Puede volver empleando el parlamentarismo —algo meramente instrumental— para someter a los afines.

Para someter a los afines y para aherrojar a las fuerzas parlamentarias que le son cercanas y que, en el colmo de ignorancia histórica, creen poder domesticarlo.

Atentos.

Viva sin duelo
25 de septiembre de 2019

Me resulta muy difícil hablar, escribir, sobre *La peor parte* (2019), de Fernando Savater. Por ende, me resulta muy difícil hablar de su autor, de su forma última de argumentar y de exponerse. La razones son varias. En primer lugar, por el tema que trata en dicho libro.

El volumen está dedicado a una pérdida, al dolor irrestañable que provoca una pérdida. El libro está destinado a mantener viva y sin duelo la memoria muy querida, la más querida, la de Sara Torres, alias *Pelo Cohete*, el amor de su vida.

Digámoslo parafraseando al clásico.

El dolor humano más extremo se parece, pero cada paciente, víctima o acompañante lo vive, o lo expresa, o lo sobrelleva, o lo lleva o no lo lleva... a su manera.

¿Qué puede decir un lector, en este caso yo mismo, que no ha pasado por ese trance, alguien que quiere sentirse solidario, que desea compartir el sentimiento de quien padece?

¿Qué podemos añadir o enmendar si la prosa, en ocasiones de un marcado lirismo, se revuelve, se retuerce, mostrando una interioridad, vacía o desgarrada, con una desnudez casi obscena?

En principio y en esa circunstancia, todo comentario que podamos hacer huelga y toda glosa que podamos añadir sobra: es palabra excedente, superflua. Ante el sentimiento más atroz solo cabe mostrar la solidaridad más interesada y, si alcanza nuestra humanidad, la mayor compasión.

Pero Fernando Savater no es solo persona que te cuente su dolor, sino alguien que publica un libro. Savater es escritor y eso que sabe hacer bien le sirve para expresar públicamente su dolor. Por ello, el libro adquiere una forma concreta y no otra u otras. Lo diga o no, se adhiere al género necrológico (claro), pero sobre todo se ata a otra tradición aún más venerable: la elegía.

Savater no es poeta y por tanto no reproduce ni puede reproducir el verso de Jorge Manrique, su remotísimo y prestigioso precedente. Savater escribe en prosa y lo sabe, pero su dominio de la expresión es tal que puede alcanzar las cotas de lirismo que antes mencionaba.

La palabra es —y no solo puede llegar a ser— el dolor mismo. Por eso, Savater expone y se expone a propósito de Sara Torres, alias *Pelo Cohete*, el amor de su vida. No lo repito yo, sino el escritor: una y otra vez.

El autor expone intimidades, propias y ajenas, y se expone, detallándonos la agonía y la muerte de esa persona a la que profesó y aún profesa tanto amor, un sentimiento que quiere y desea inextinguible. En realidad, es tanta la emoción íntima que le despierta *Pelo Cohete* que Fernando Savater se niega a hacer el duelo tras cuatro años desde su desaparición.

Negarse a hacer el duelo significa dejar la herida abierta; significa alimentar el dolor, un dolor que supura constantemente; significa rendirse ante el desgarro que no cauteriza, que no se cierra.

Pero su libro es tres cosas: la caída en desgracia del esposo y luego viudo, la exposición de la vida en común, de una vida en común, y los nueve meses de agonía. Sin duda, todas esas partes son importantes, significativas, enternecedoras, pero es la última parte, la de la lucha contra el tumor cerebral, la que conmociona con mayor crudeza.

En ella vemos a una mujer y a un hombre que se aman en medio de la adversidad y que llegan a detestarse ocasionalmente en medio de la tragedia, que llegan a alejarse en medio de una cercanía, voluntaria y forzada; que vuelven a intimar en medio de su lucha.

Sin duda hubo una agonía innecesaria y quizá hubo egoísmo humano aunque igualmente innecesario. El propio Savater denuncia su porfía, pero… ¿quiénes somos nosotros para juzgar esa experiencia?

Con la lectura (en mi caso ya relectura) de este libro sabremos muchas cosas de esta mujer tan singular apenas vislumbrada hasta ahora. Pero confirmaremos muchas cosas más de este hombre a quien ya conocíamos por su máxima exposición, por su *grafomanía*.

En estas páginas está *todo Savater*. Por partes y por entero. El escritor original y cáustico, admirado por sus calidades. Y también está, qué remedio, el Savater de los excesos, de las manías y las inquinas.

En estas páginas, en fin, hay palabras de máxima justeza y hay denuestos que sobran. Ya lo decía al principio: me resulta muy difícil hablar, escribir, sobre *La peor parte*, de Fernando Savater.

E. M. Cioran. Cómo administrárnoslo
8 de febrero de 2020

Hace ya muchos años escribí para *Ojos de Papel* (10 de febrero de 2001), revista dirigida por Rogelio López Blanco, una larga reseña sobre la edición española de los *Cahiers, 1957-1972*, de E. M. Cioran. La titulé "Recuerda que eres mortal".

A este autor, a Cioran, yo lo había descubierto gracias a Fernando Savater. Así lo reconocía en mi escrito, claro. Y ese descubrimiento fue una auténtica revelación. Cómo gocé leyendo *Historia y utopía, Del inconveniente de haber nacido, Breviario de podredumbre*. Etcétera.

La edición española de los *Cahiers* (en Tusquets) que en 2001 glosaba era una publicación abreviada, un compendio hecho por Verena von der Heyden-Rynsch, con traducción de Carlos Manzano y con Prefacio de Simone Boué. Ahora, muchos años después, se publican completos los *Cuadernos, 1957-1972*. Por su parte, Antonio Muñoz Molina le dedica un artículo en *Babelia*. Nos alienta y nos advierte.

¿Por qué?

Cioran, podríamos decir, es un tónico y un tóxico… Depende de cómo nos lo administremos. Yo, por mi parte, rescato aquella reflexión que escribí tantos años atrás.

Dios, cómo pasa el tiempo.

No sé si vale la pena releerla.

Por si acaso extraigo aquí algunos pasajes y es casi una declamación. Escribí esas palabras prácticamente entonando. No sé si ahora la concebiría igual. Es lectura larga. Entre otras cosas decía esto…

Emil Cioran, como sabemos sobre todo a partir de la difusión que en España hizo de él Fernando Savater, fue un apátrida afincado durante muchos años en París.

Fue un escritor que abandonó el rumano por la lengua francesa, un polemista que, pese al interés, al humor y al desgarro de sus ideas, solo tuvo una escasa repercusión en los ambientes culturales de posguerra.

Fue un estilista si por tal se entiende la expresión pasional, el retorcimiento elegante y el solecismo que adrede inflige a un idioma prestado.

Fue alguien que predicó el hastío de vivir —como si de un volcán apagado se tratara—, la derrota que significa abandonar lo potencial, el error que entraña el nacimiento, el vacío existencial, la nostalgia del Paraíso.

No fue un existencialista angustiado al modo de los que frecuentaron el París de posguerra. No predicó la *náusea* ni tampoco se abandonó a un lenguaje abstruso.

Practicó el sedentarismo viviendo en hoteles durante mucho tiempo, ensalzó el disfrute de las pequeñas cosas de la vida sin darles la trascendencia grave y esencial de las que carecían.

No se tomó enfáticamente en serio y se vio con ironía, con la ternura del que se sabe desvalido.

Recomendaba, por ejemplo, la visita frecuente al cementerio para aplacar el dolor humano, para rebajar la herida que lo ordinario nos inflige y, más aún –añadiría yo mismo–, para alejar la soberbia, para evitar la jactancia arrogante del éxito.

A lo que nos cuentan, fue a la vez orgulloso y autopunitivo, tortuoso e irreparablemente vitalista: solo porque sabía de la posibilidad cierta del suicidio.

Tuvo una juventud peligrosa, explosiva, altanera, casi delirante y una madurez descreída, mostrándose cada vez más afín al budismo, a la templanza sabia que se distancia del yo enfático y evidente.

Un personaje así merece la pena frecuentarlo.

Cuando se cierne sobre nosotros la amenaza de morir de éxito o cuando el dolor se nos vuelve irreparable, cuando el narcisismo nos desequilibra o cuando el pesimismo nos ciega: en pocas palabras, cuando la omnipotencia infantil triunfante o frustrada regresa para dañarnos, hay que volver a Cioran.

Hay, en efecto, que volver a la obra de alguien que nos obliga a reparar en nosotros mismos.

Permítaseme, para subrayarlo, exhumar una anécdota de la Roma imperial, una anécdota que recuerdo haber leído a algún otro autor, pero del que ahora no retengo su nombre.

Es una anécdota, en fin, que resulta enteramente aplicable a Cioran para poder entender la clase de tónico que el antiguo rumano nos administraba y nos seguirá administrando.

Durante la ceremonia en la que se coronaba al nuevo emperador que accedía al trono, la tradición antigua había instituido la costumbre de que el gobernante se hiciera acompañar por un individuo que, justo en el momento de máximo esplendor, tenía por única función repetirle al oído: "Recuerda que eres mortal".

Es decir, Cioran sería como el bufón necesario que precisa el ser humano, ese ser engreído y enfático que unas veces se juzga rey y otras mendigo, que se ensoberbece o que se hunde al primer fracaso, ese ser insustancial que cree alejarse del sinsentido y de la muerte y que se piensa justificado, necesario.

El hombre es mortal y Cioran cumplió ya con ese destino escandaloso.

A su muerte, en 1995, se encontraron treinta y cuatro cuadernos inéditos de anotaciones, de aforismos, como si fueran las entradas de un dietario y abarcaban un periodo que iba de 1957 a 1972.

Se publicó en Francia un volumen póstumo de mil páginas. Ahora, la editorial Tusquets tiene el acierto de proporcionarnos una versión española abreviada, una antología de esa edición original.

Esos *Cuadernos* contienen borradores, ideas en latencia, aforismos provisionales aún por pulir o por trasladar a otros volúmenes, citas, retratos personales, estados de ánimo, invectivas, humoradas, pesimismos, euforias y exaltaciones. Expresan soledad, soledad alegre y taciturna a un tiempo, y no son propiamente un diario.

¿Deberían formar parte de unas obras completas del autor?

Desde luego no son anotaciones marginales, perecederas, dado que el propio Cioran las conservó y numeró en cuadernos sucesivos, ni son simples notas de lavandería que un discípulo minucioso o una viuda desamparada exhumen por exceso de celo o por falta de resignación.

Son algo más. Son el relato de un autor que asiste a su agostamiento desde el primer día, pero son también el relato de lo que él mismo creía su declinación literaria (después de haber dejado de fumar, por ejemplo, como si de un Italo Svevo se tratara).

Aun teniendo una cierta e irregular datación, no expresan un orden sucesivo ni dan cuenta de evolución alguna. ¿No nos había advertido [el propio Cioran] en *Del inconveniente de haber nacido* que "lo que sé a los sesenta años, ya lo sabía a los veinte"?

Los cuarenta o los sesenta años transcurridos son solo un minucioso o incluso un superfluo trabajo de comprobación, añadía.

Los *Cuadernos* son así retratos de interior, retazos de su psique en los que la fecha carece de importancia, puesto que expresan estados anímicos siempre presentes, logros o derrotas de un alma ya hecha.

Esos *Cuadernos* son, sobre todo, daguerrotipos antiguos en los que es difícil advertir el paso del tiempo y a partir de los cuales es casi imposible ordenar el relato de una vida.

El lector, es decir, yo mismo, un historiador que como dijera Michel Foucault de todos los historiadores es sobre todo un *caballero obsesionado con la exactitud*, no echa en falta la cronología, sin embargo.

Esto es, lee la obra como si su escritura fuera simultánea y no sucesiva, como si esas anotaciones fueran jirones contemporáneos, trozos de alma arrancados a la vez.

Son, pues, un pequeño tesoro que se añade al legado mayor de Cioran, un tesoro que salvó del olvido su compañera Simone Boué, su viuda, unos *Cuadernos* que ella misma prologó y que no pudo ver publicados.

En vísperas de su aparición, Boué moría *accidentalmente* —nos advierten los editores— confirmando con ello el destino irreparable y escandaloso que a todos nos aguarda y haciendo de estos *Cuadernos* una obra doblemente póstuma.

¿La última humorada de Cioran?"

Por supuesto, casi veinte años después me dispongo a leer (ya que no puedo decir *releer*) esos Cahiers, en traducción de Mayka Lahoz. Aún recuerdo el disfrute que me procuró aquella edición abreviada.

Aún recuerdo el trastorno.

SEXTA PARTE

LA DERROTA

¿Lo estamos perdiendo?
24 de abril de 2021

Un amigo me ha remitido esta misma mañana del sábado la columna que Fernando Savater publica en *El País*. No sé qué intenciones tenía. Me refiero a mi amigo.

¿Quizá quería zaherirme?

No. Conociéndolo, sé que tenía y tiene la mejor intención, la mejor disposición hacia mi persona. Un malvado o malpensado podría creer que mi amigo quería infligirme un dolor, una maldad, dado mi antiguo apego a Savater. Y desapego.

Vuelvo a repetirlo: no.

Lo que quería —imagino— es compartir una tristeza: nuestro antiguo interés y, en mi caso, una antigua devoción por Fernando Savater decaen irremisiblemente. El amigo sabe que esta columna remitida me hace daño y sencillamente confirma lo que con tristeza hemos corroborado tantas y tantas veces.

¿Qué cosa?

Que Fernando Savater perdió el norte, el centro y el horizonte… tiempo atrás. Yo espero envejecer aceptablemente, sin rencores especiales o sin gran vileza. Eso significa no desmentir por arte de birlibirloque lo que he creído o sostenido como persona madura. Eso significa respetar las posiciones que, a lo largo de los años, he ido manteniendo de manera más o menos congruente y razonada.

No hace falta mantenerse idéntico a uno mismo a lo largo de los años, por Dios. Hay que cambiar, por supuesto. Pero lo que resulta patético es dar un giro completo a tu pensamiento y a tu discernimiento. Y eso significa también que debemos ser conscientes y lúcidos para no confundir los avances o retrocesos personales con los avances o retrocesos de la Humanidad.

A estas alturas lo puedo decir… Creo que Fernando Savater es marcadamente ególatra. Siempre lo ha sido. Eso, pues, no sería una novedad de la vejez. Tampoco sería malo o dañino… siempre que supiera ser autocrítico.

Sin embargo, al cabo de los años, cualquier lector fiel de Fernando Savater descubre que el filósofo donostiarra tiene tres predisposiciones incorregibles: la de la arrogancia (unida al desprecio de quienes lo contrarían); la de perderse, es decir, arruinar sus propios logros; y la de creerse el centro del mundo, el mejor de la clase.

Tiene tendencia caracterológica a pensar que sus avances o atascos son equiparables o idénticos a los que el mundo desea o, mejor, precisa. Por tanto, su marcha y sus conquistas, sus conocimientos y sus descubrimientos, serían los imprescindibles y en el orden en que accede a ellos.

Savater siempre ha sido un hombre penetrante, más dado al sarcasmo que a la sutil ironía; un hombre de verbo agresivo y, si es el caso, incendiario y de pensamiento temerario. Parece haber concebido su vida política como una guerra que él libraría lúcida y heroicamente frente a tanto cobarde o adversario. Ha tenido las espaldas bien cubiertas (y no me refiero a los guardaespaldas, por Dios). Me refiero a su vinculación con PRISA y, por supuesto, a los éxitos editoriales que le han permitido tener una audiencia que lo respalda o respaldaba.

Lo que uno no podía esperar es que acabara haciendo suyo partes de un ideal reaccionario. Repito: *reaccionario*. Constato que avanza elásticamente en esa dirección.

Punto y aparte.

A mi amigo se lo perdono todo. Él sabe de mi antigua querencia por Savater. Él sabe de los libros y libros que del filósofo donostiarra he ido comprando, reuniendo, leyendo. En algún momento me lo ha llegado a decir: se sorprendía de esta querencia antigua cuando la prosa sarcástica del filósofo vasco poco tenía que ver con mi estilo morigerado de escritura.

Por supuesto sé hasta dónde alcanzo, mis limitaciones, y cuál es mi nivel de incompetencia. Pero, por eso mismo, no me dejo llevar por el don de la ebriedad verbal. Y también sé que muchos de los autores y de los libros que Savater ha glosado con gracia y lucidez han engrosado mi biblioteca. Desde Cioran, autor al que antes aludía, hasta Nietzsche, pasando por Borges.

Mi amigo sabe de mi decepción, de mi estupefacción, ante la derrota triste, tristísima, de quien fue sutil pensador y ahora es *cheerleader* de Isabel Díaz Ayuso y de otras celebridades de la derecha y la extrema derecha.

El pensador donostiarra ha pasado de filósofo incómodo y contrario al Todo (que tampoco hacía falta ser tan extremo) a hincha de ese mismo Sistema que quería abatir años atrás. Desde hace décadas sigo a Fernando Savater y confirmo sus giros, sus volantazos.

Mayday, mayday, mayday.

Lo estamos perdiendo.

Sergio del Molino y Fernando Savater
10 de junio de 2021

A Sergio del Molino (1979) lo identifican con Fernando Savater. Lo asimilan al filósofo donostiarra. Si soy sincero, yo no veo parecido alguno entre ambos.

Sergio del Molino es un novelista de un creciente y merecido prestigio. Y es un ensayista incómodo e incomparable.

Es, sí, persona corpulenta, barbada, con gafas y sorna. Ah, y es columnista de *El País*. Si hay alguna similitud, ahí acaban los parecidos. Creo que quien dice esto, quien lo identifica con Savater, no lo hace por bien. Lo hace para hacer daño. No es un ditirambo; es un denuesto.

Alguien totalmente desbordado y desnortado cree que Savater y Del Molino son lo mismo. ¿Es así? Durante años, qué digo años —durante décadas— seguí, seguimos, a Fernando Savater a pies juntillas. O menos. Imagino que Sergio del Molino, también. Lo seguíamos con asentimiento y disentimiento, con jovialidad y oposición: lo seguíamos con alegría y peros. Dicho esto, en sus propios términos: lo seguimos con alegría.

Seguíamos a Fernando Savater en sus diatribas, en sus exaltaciones y en sus denegaciones. En sus revelaciones y en sus debelaciones. Era un librepensador..., eso sí, con las espaldas cubiertas por el *editor* Jesús Aguirre, por el *editor* Jesús de Polanco. Etcétera. Y no lo seguimos entonces ni lo seguimos ahora cuando arremete con resentimiento.

Hacia 1974 o así, yo lo descubrí en *Triunfo*, el semanario de Eduardo Haro Tecglen, la revista de Manuel Vázquez Montalbán y otros comunistas. Y después me sedujo, como no podía ser de otra manera, con su libro más emocionante, del que ya he hablado: *La infancia recuperada* (1976).

Por razones varias que he intentado mostrar, a Fernando Savater lo estamos perdiendo. ¿Lo estamos perdiendo? Fijémonos en el plural.

¿Quiénes lo estamos perdiendo? ¿Acaso quienes nos profesamos de izquierdas?

No exactamente. O no solo.

Él siempre se mostró crítico con las tonterías y los crímenes de la izquierda, esas derivas en las que él mismo pudo incurrir cuando era joven. Todos, no, que conste. No me pongo como ejemplo: yo siempre fui un tímido socialdemócrata que también dijo bobadas. Él no niega haber sucumbido con ceguera e insensibilidad ante los compinches o camaradas. O ante los batasunos...

Es verdad que era muy suyo, pero en su momento no dejó de apoyar y de aupar a ácratas moderados y a ciertos aberzales atemperados (vamos a llamarlos así). A veces no tan atemperados. Hablo de 1978, por ejemplo. O de 1981. Por supuesto me gustaban sus equilibrios y sus equilibrismos, aunque no suscribiera necesariamente sus conclusiones. Y, por supuesto, admiré el coraje de Savater, décadas después, ante el acoso de los terroristas.

Pero, por hache o por be, Fernando perdió los concordantes hace años, seducido entre otros por la contundencia expresiva de José María Aznar y sus adláteres.

Estoy seguro de que su amigo Javier Pradera, una pieza imprescindible del periodismo y del pensamiento español (como ha mostrado con brillantez Jordi Gracia) no habría aprobado estos bandazos de última o penúltima hora.

Con la cantinela del constitucionalismo, Savater se pensó por encima de las ideologías. Por encima de los bandazos...con un equilibro emocional y con una inteligencia a prueba: a prueba en situaciones extremas.

Lo perdió.

El equilibro.

Lamento decirlo y con ello no me voy a granjear nuevas amistades.

Sus últimos años son una triste deriva. O derrota. Parece que su mayor dicha es decirse cercano a Vox y, finalmente, al PP. Al de Cayetana Álvarez de Toledo e Isabel Díaz Ayuso. Por supuesto, esto dice hacerlo para provocar a la izquierda más lerda o perezosa.

Yo no sé qué le ve a la derecha española. La siento lerda, perezosa y levantisca. No me molestaría que a Sergio del Molino lo confundieran con Fernando Savater. Me refiero a aquel Savater irredento, alegre y jovial que ahora ya no es, no puede ser.

Sergio del Molino tiene sus propias valencias. No necesita el hálito de los abuelos.

Pero qué publico más tonto tengo
12 de diciembre de 2021

Empezaba estas líneas aún aturdido. Acabo de leer con creciente estupor, con resignada sorpresa, el último libro de Fernando Savater, *Solo integral* (2021). Inmediatamente me he corregido. No hay tal cosa: no hay creciente estupor ni resignada sorpresa. Es algo peor. O más triste. O más irritante. Es una constatación.

Lo veía venir, por supuesto, sin sorpresa alguna, y con mi lectura corroboraba nuevamente el asco que a Fernando Savater tantos ciudadanos le provocamos. Su actitud y su letra me hacían recordar aquella célebre canción de Kaka de Luxe. Me refiero a *Pero qué público más tonto tengo* (1978).

Lo que en Kaka de Luxe era sarcasmo y autosarcasmo, una provocación juvenil de muchos quilates, en Savater es furia y ruido. Leía su libro y en algunos momentos incluso tarareaba la canción.

> "Pero que público más tonto tengo,
> pandilla fina me ha caído a mí,
> de los dioses heredero directo
> y soportando vuestras feas caras de gilis…".

La letra de Carlos Berlanga y sus amigos bien pudiera servir para expresar la actitud del actual Savater, decididamente harto de su público tradicional o leal, aquel que le acompaña desde hace décadas. Estamos ante un Savater quejoso del mundo y de esta España, confundida por un Gobierno socialcomunista.

Ya lo había dicho en 2019 en unas declaraciones a *ABC,* a *ABC Cultural* (1 de febrero de 2019) mientras hacía la promoción de su libro *La peor parte*. "Podemos tuvo 5 millones de votos [en los últimos comicios], no creía yo que hubiera tantos tontos en España".

Aparte del innecesario ultraje, Savater parece regodearse contra los *progres*, de los que por hache o por be, formó parte. Arremete contra una España de izquierdas que solía ser su público y con el que ahora anda muy enojado.

"Decididamente
No sé por qué aguanto a esta gente
Que la tengo enfrente
Y qué maldita la gracia que me hace seguir
En esta palestra
Aguantando a un montón de bobos,
A un montón de lelas,
Y qué maldita la gracia que me hace seguir...".

He leído el libro y junto a destellos breves del mejor Savater, con una prosa ocurrente y algunas ideas solventes, hay una letanía de quejas, de burlas, de aspavientos, de insultos.

¿Qué le ha pasado?

Lo que le ha pasado o, mejor dicho, lo que desde hace años le viene pasando es, sencillamente, que ha abandonado ese sector al que, por convención, llamamos izquierda. "Una patraña", añade en cuanto puede. Savater ha abandonado sus ideas, confundiendo su percepción de la realidad con la realidad misma.

Mismamente.

Y, claro, no hay una única realidad. Parece mentira que esto haya que recordárselo a un filósofo, al que se le supone complejidad.

Si quien te contraría es, por el hecho de contrariarte, un orate o un bobo (como decía Kaka de Luxe o el propio Savater en su última columna), entonces es que has perdido el Norte.

Y, en efecto, el Norte es lo que perdió a Savater. El filósofo ya no se repuso de la persecución de que fue objeto, de la repugnante persecución de que, en su momento, fue objeto. Pero tampoco se repuso del fracaso político de los partidos por los que optó. Hay, pues, un resentimiento contra una España que podría votar lo que él defiende y que, sin embargo, se desentiende de Unión, Progreso y Democracia.

A su juicio con ETA solo había dos estrategias dicotómicas: o hay derrota de los malos; o hay apaciguamiento de la fiera. Como esto último es imposible e indeseable, Savater no contempló al final ninguna otra vía o recurso. ETA está muerta, nos admite. Pero está mal enterrada, nos regaña. Por lo que parece, solo él es el forense que puede hacer las autopsias.

Savater hace ya años que confundió el aznarismo (como única vía de oposición a los terroristas) con el constitucionalismo. Y el constitucionalismo, que suponía la feliz colusión de los contrarios, se convirtió en el banderín de enganche. La Constitución como banderín de enganche en esa guerra cultural que siguió cuando ETA cesó.

La realidad, sin embargo, es más compleja y, por otra parte, contradice deseos y expectativas. Es más: hay todo un mundo que te contradice. Hay, sí, muchas personas que nos contrarían y que, sin ser zoquetes, estúpidas o malvadas, no comparten nuestras opiniones. Lección primera.

El libro que he leído se titula *Solo integral*.

¿Por qué?

Adopta como rótulo un tipo especial de escalada en el montañismo. Es aquella en la que quien trepa lo hace valiéndose únicamente de su cuerpo, de su cerebro. Es decir, sin arneses, cuerdas, etcétera. Esta metáfora le sirve para mostrar su arrojo imaginado e imaginario. El diagnóstico es lamentablemente sencillo: cree valerse por sí solo, sin la ayuda de nadie.

Si cree esto, entonces estamos ante un caso de solipsismo naïf, de egocentrismo que desasosiega, el propio de quien padece una omnipotencia preocupante. Estos diagnósticos no son míos, ni son un atrevimiento por mi parte. He consultado con especialistas y corroboran lo que muchos sospechamos desde hace tiempo: una caracterología narcisista fuertemente dañada. Etcétera.

Materialmente hablando, este libro es una recopilación de sus columnas sabatinas de los últimos años en *El País*. Perdida su mujer, Sara Torres (fallecida tiempo atrás), Fernando Savater dice en aquel momento y después que ha decidido abandonarse. Ya lo sabemos (si hemos de creer su aserto): para él, todo carece ya de sentido y por ello ha publicado un libro (*Lo peor de todo*) en donde se despide o dice despedirse de todos nosotros, sus públicos.

¿De cuáles?

Pues de los públicos que le seguimos o seguíamos desde hace décadas y los que ahora, desde la derecha, aplauden su giro. Savater dice entonces, en ese libro sentimental, que se niega a hacer el duelo. Lo dice y lo reitera una y otra vez. Por tanto, ya no le queda más que esperar.

¿Entonces? ¿Cómo justificar este nuevo libro? Según él mismo se responde, es un pequeño reto, una exigencia que le sacaría del aturdimiento. Se trataría del desafío del columnismo, que no del comunismo. Se trataría, en definitiva, de escribir una columna semanal para *El País* con los caracteres y espacios bien medidos, con las palabras exactas que no debe rebasar. Se obliga, pues, a ser conciso.

Sus temas se reducirán básicamente a sus constantes más reiteradas: a criticar el nacionalismo, la izquierda y al gabinete socialcomunista. Son adversarios coaligados en el Gobierno y a los que él toma como peligrosos anticonstitucionalistas. En muchas de esas columnas, Savater anuncia la hecatombe, el apocalipsis, el final de todo...

El libro resultante no es un *Panfleto contra el Todo*. Es, sin más, un volumen de tono incendiario y faltón que dice mucho de su malestar y poco de su capacidad o de su juicio o de su entendimiento.

Las columnas aquí agrupadas tienen respuesta, una vez pasado el tiempo. *Col tempo*, él mismo se contesta para confirmar y abultar el libro que se va gestando. Savater apostilla cada artículo, que es otra forma de egocentrismo, principalmente para corroborar que estuvo y está en lo cierto. En definitiva, más que un diálogo aparente, es un monólogo en dos tiempos.

El resultado es tremendo o tremendista, según. Pero no por la finura de su estilete. Sobrecogen su malestar, los ordinarios insultos que reparte, el concepto que tiene de las mujeres y sus relaciones y el antiliberalismo (*malgré lui*) que respira. Todo ello para caer o recaer en un *dictum* bíblico terrible: el que no está conmigo, está contra mí (Mateo 12:30). Lo que en el Savater joven era un rasgo incipiente, ahora es tremendismo verbal.

Hipocresía
4 de noviembre de 2023

Reproduzco íntegramente una columna de Savater, a la que no le pongo reparos. Toda ella es ofensiva. Nos deja sin palabras. Pero no por la hondura de su razonamiento, sino por la banalizacion del problema tratado y por las insultantes comparaciones que hace.

> La pederastia clerical, cuyos casos suelen ser a veces bastante remotos, tiene gran resonancia en los medios que no quieren hablar de abusos más recientes
>
> Los soldados del fuerte otean la llanura muy inquietos. Con la mano como visera sobre los ojos, el sargento demuestra vista de lince. "¡Mi capitán, vienen 1.005 indios!". "¿Estás seguro?". "Bueno, delante vienen cinco y luego unos mil...". Este tipo de cálculo es parecido al de los casos de abusos sexuales a menores por parte de clérigos que ha establecido el Defensor del Pueblo. Parece que se documentan unos 400 y luego, aplicando el embeleco de la estadística, otros 400.000. Pues a lo mejor, vaya usted a saber. A mí, perdonen la franqueza, me quita menos el sueño que a Sánchez dormir con Pablo Iglesias. Seguro que ha habido magreos indebidos en colegios religiosos, en institutos laicos, en consultas médicas, en gimnasios, en probadores de grandes almacenes, en la mili y sus derivados, en la sala de espera de dentistas, en transportes públicos, en familia... Algunas víctimas cayeron en manos de auténticos maníacos (seguro que menos de medio millón) y han sufrido dolorosos traumas que les han marcado para toda la vida. Otros pasaron por el trance de modo distinto: algunos lo cuentan años después con su mezcla de sorpresa y susto. Guardan el recuerdo de algo que les repugnó, pero no les traumatizó. Los que fuimos feos de pequeños nunca pasamos por ahí...

La pederastia clerical, cuyos casos suelen ser a veces bastante remotos, tiene gran resonancia en los medios que no quieren hablar de abusos más recientes (la contagiosa moda de metamorfosis trans entre niños, por ejemplo). Y por el escándalo de que sean los que alardean de mayor moralidad quienes dan peor ejemplo. Justo como la izquierda, por cierto: ellos, tan demócratas, promulgan una amnistía que se cisca en los derechos de 47 millones y medio de españoles. El mayor abuso.

La derrota del pensamiento
17 de diciembre de 2023

He leído con mucho interés el artículo que Javier Melero publica en *La Vanguardia* (12 de diciembre de 2023) titulado "De Gramsci a Mayor Oreja". No todo lo que ahora digo lo sostiene Melero, pero el fino columnista, famoso abogado de Barcelona, me sirve de inspiración para sostener argumentos parecidos a los suyos.

En su texto, Melero se refiere principalmente a la conferencia impartida por el exministro Jaime Mayor Oreja en un colegio concertado de Madrid, el Cristo Rey. En los últimos años se dedica al proselitismo.

Ante más de trescientos alumnos, Mayor Oreja declaró el estado calamitoso en que se encuentra España, la degradación moral a que nos ha conducido un Gobierno de izquierdas, el sombrío futuro que nos espera por abandonar la raíces de nuestro cristianismo milenario, etcétera.

A Melero le sirve el escándalo de Mayor Oreja. Y se sirve de ese episodio. Aclaremos esto. Le sirve el Mayor Oreja escandalizado, aquel que anuncia la ruina de la civilización. Le sirve el escándalo que nos provoca un Mayor Oreja arengando a jovencitos, es decir, haciendo proselitismo en horario escolar. Y le sirve, en fin, para subrayar el éxito actual de la derecha ideológica, formada por agoreros y filósofos rancios que están empeñados en librar toda clase de guerras culturales.

Disponemos de una cohorte de intelectuales con un pasado antifranquista que, desde fines del antiguo Régimen, se opuso a la dictadura adoptando posiciones progresistas, de izquierdas o de inspiración liberal. Una parte importante de estos intelectuales han acabado hoy por pasarse al otro extremo (de Antonio Gramsci a Jaime Mayor Oreja como polos opuestos). Es decir, han renunciado a sus viejos principios para adherirse no a un moderantismo tibio, sino a un furioso antisanchismo.

A Pedro Sánchez (que no a *Perro Sanxe*) lo hacen culpable del acabamiento de España. También lo hacen responsable de la decadencia de la Unión Europea. Menos mal —nos advierten— que Manfred Weber ha sabido oponerse a la perfidia o felonía del antipatriota español. Disponemos de un tribuno que se enfrentará a la decadencia de Occidente.

Por supuesto, Melero cita expresamente a Jordi Gracia, el artículo que Jordi Gracia publica en *tintaLibre* sobre *la trahison des clercs, la trahison de nos clercs*, encabezada por Fernando Savater. Precisamente, la última columna de Fernando Savater en *El País* (16 de diciembre de 2023) trataba de la charla que impartió Jaime Mayor Oreja ante ese alumnado madrileño.

Savater se refería a Mayor Oreja como amigo suyo, cosa que sabíamos. Le reprocha no que haga proselitismo, sino que se prodigue en horario escolar. Es preferible, dice Savater, que los alumnos acaben el bachillerato y que después efectivamente se les adoctrine con las ideas que se consideren más rectas. Porque, incluso, para Savater adoctrinar no tiene un sentido peyorativo. Adoctrinar es guiar por el camino recto; es acompañar a quien nada sabe para evitar que dé traspiés ideológicos o culturales, para evitar que se pierda.

Como suele ser habitual, la columna de Fernando Savater no contiene crítica alguna a sus actuales amigos, conservadores o reaccionarios. Contiene una puya a la izquierda que nos gobierna y que tanta tortura espiritual le provoca. Con esto cierro el círculo, con esto se confirma el diagnóstico de Jordi Gracia y con esto se corrobora la observación tan pertinente de Javier Melero.

Fernando Savater no inició un camino de superación que le llevaría de Antonio Gramsci a Jaime Mayor Oreja. Savater siguió un camino de perdición que le ha llevado a la doctrina, a la derrota del pensamiento.

Fernando Savater se despide de ustedes
27 de diciembre de 2023

José Luis Ibáñez Salas reproduce en su blog un post de David Pablo Montesinos. Este texto tiene un título bien significativo. "Adiós, Savater", dice Montesinos en el escrito, en donde el autor nos anuncia su despedida definitiva del filósofo donostiarra.

Yo creo que a Savater lo perdimos hace tiempo.

Dice Montesinos que se ha convertido en algo muy feo: en un fascista o un falangista. No sé si se ha convertido en tal cosa. Tengo para mí que no. Yo no lo adjetivaría así. Esa calificación es lo que él podría estar deseando para ser o sentirse completa, gozosa o desdichadamente incorrecto. Ser o sentirse completamente incorrecto es un sueño infantil de Savater, que está debidamente reseñado en sus memorias (*Mira por dónde*).

Esa aspiración le hizo ser un *enfant terrible*. O un *anarquista moderado*. A la postre, transcurrido un tiempo, se acercó a los socialistas. Todo resto progresista, izquierdista o socialdemócrata es pecado juvenil que hoy se perdona.

"El hecho, muy celebrable, de que nunca fuese comunista no obsta para que mi izquierdismo no fuese menos imbécil". Si uno se vuelve inmisericorde con quien fue, ahora puede perdonar sus cambios sin pesadumbre o aspaviento. Con tranquilidad, uno se asigna la categoría de imbécil a lo que fue en su juventud y ya, en plena madurez, puede concebirse listísimo, como si tal cosa.

"Yo me consideraba anarquista o, mejor, ácrata (que suena más libertario). ¡Yo, que detesto el desorden caprichoso y considero que cualquier norma es preferible a la irracional ausencia de normas!", dice en un tuit del 11 de junio de 2024.

Ahora, tiene maneras de viejo enfadado, malos modos de señor mayor que se encabrita con quienes fueron sus correligionarios, su público originario, sus lectores afines.

ETA le hizo mucho daño. Sus equívocas ensoñaciones con el aznarismo ("el aznarismo no es nacionalismo o españolismo; es constitucionalismo") acabaron por entumecerlo o entontecerlo. Eso sí, con rabia.

Frente a lo que dice Montesinos (lo de falangista, etcétera), creo, más bien, que se ha convertido en un ser irreconocible. O, peor, en un individuo en quien se han exacerbado sus rasgos de carácter, siempre exagerados. Esos rasgos pudieron sernos simpáticos, pero ahora son vicios o estridencias insoportables.

Siempre quiso ser el primero de la clase. Tenía merecimientos. Pero cuando el mundo o su propio público se le volvió ajeno o distante, cuando sus opciones políticas fracasaron estrepitosa o ridículamente, entonces se le exacerbó su enojo, su irritación y hasta su rencor. Ahora está a muchas cuadras de donde estuvo, totalmente desnortado. A su juicio, ha evolucionado. No, no. Se encuentra paciendo al calor de un establo de viejos alazanes.

Se trata de una cofradía de antiguos progres que viven ese pasado, su pasado, como un baldón por el que culpan a quienes no les siguieron en su deriva. Para los que siempre fuimos moderados (ni siquiera terriblemente incorrectos), tanta verbosidad y estridencia es una pésima lección, un enfurruñamiento, una jubilación sin júbilo ni jubileo.

Adiós a *El País*
24 de enero de 2024

Desde que empezó a publicar en prensa en los años setenta del pasado siglo, el donostiarra Fernando Savater ha ido componiendo una figura de intelectual progresista e incluso extremado. En su momento se pronunció contra el Todo (contra el Sistema, cabe entender) sin afiliarse a partido alguno. No era el intelectual orgánico de ninguna organización.

Mientras fue así, Savater criticaba a derecha y, menos, a izquierda. Pero sobre todo criticaba lo atávico, el pesado lastre de conservadurismos morales y políticos que habíamos heredado, como mínimo, del franquismo. Escribió en *Triunfo*, entre otras publicaciones, pero principalmente durante décadas en *El País*.

Mientras tanto, el autor fue desarrollando su obra académica y filosófica, en la que se muestra heredero de Baruch Spinoza y de E. M. Cioran (con numerosas aleaciones que van desde Friedrich Nietszche hasta Erich Fromm). De esa combinación nació su *Ética como amor propio* (1988), un volumen que resume y expresa su idea de la autoestima como proceso creativo, del individuo como sujeto autónomo y potente que se vale de sus capacidades y que no se resigna. En sus textos resonaba el existencialismo de primera hora y el pensamiento de Jean-Paul Sartre, de Albert Camus, de Bertrand Russell.

Etcétera.

Escribía con una rapidez y y acidez admirables, con una perspicacia y agudeza de urgencia. De hecho, lo mejor de sus prosas siempre fue la pieza corta y los géneros chicos: la columna, la tribuna, el ensayo breve. No estaba dotado para la gran tesis académica, sino para el capricho expresivo y explosivo de una inteligencia inmediata.

Esa mixtura tan saludable y nada previsible (en una izquierda fuertemente influida por el marxismo y sus hijuelas) le hizo ser una voz original y autónoma en sus juicios intelectuales.

Y, por supuesto, su dominio de la lengua, sus juegos de palabras, sus retruécanos, sus paradojas y su inmensa erudición (directa o indirecta) hicieron que la prosa de Savater fuera atractiva, jovial, atravesada siempre por la ironía y dada con frecuencia al sarcasmo y al chiste.

Las editoriales se rifaban tener al donostiarra en sus fondos. Y de aquí y de allá los medios de comunicación y las instituciones pugnaban por convencerlo para dar conferencias, para impartir charlas, para intervenir en mesas redondas.

Por supuesto, el crecimiento de Savater no se entiende sin *El País* (1976). Buena parte de su obra se ha publicado en sus páginas, en cuyos artículos están el esbozo de ensayos mayores o las piezas luego recopiladas en volúmenes congruentes. Todo eso nos hizo olvidar (al menos a mí y durante mucho tiempo) las simpatías que expresaba cuando ya era mayorcito por el abertzalismo y por su principal medio de expresión: *Egin*.

Ya maduro se sintió muy amparado por el *Diario independiente de la mañana*, por *El País.* Y a ello, Savater correspondió siéndole siempre respetuoso, siendo respetuoso con un medio que concebía como propio. Sin duda, la figura publica de Savater creció cuando se puso en primera línea contra el terrorismo, para lo cual se alió con otros con el fin de formar ¡Basta Ya! Eso le supuso una persecución y amenaza previsibles y detestables, claro.

Pero ahí empezó también una deriva política que finalmente le ha llevado al desvarío. La expectativa y la frustración que para él fue Unión, Progreso y Democracia (un partido minúsculo que nació como derivación de ¡Basta Ya!) acabaron agraviándole el ánimo y el carácter. Por haber confiado en este partido regenerador (o que él creía regenerador) ya no perdonó que la ciudadanía les diera la espalda: a dicha organización y al Savater político que lo inspiraba.

La caída del caballo no tuvo que ver con su afición a las carreras (de la que es un fanático), sino con su politización frustrada, fracaso que volcó cada vez más en sus colaboraciones periodísticas.

Así, la izquierda lo habría decepcionado y el PSOE en particular. En este sentido, Pedro Sánchez sería la culminación degenerada y el horror en estado puro, y la izquierda (la izquierda *woke* de la que abjura), también. Eso le llevó a arremeter contra todo progresismo y a dejarse querer y mecer por la derecha mediática y política.

Por supuesto, la agresividad creciente de sus columnas era un reto para *El País*, un periódico socialdemócrata de larga data al que, de unos años a esta parte, Savater parecía haberle descubierto esas querencias: exactamente socialdemócratas.

En estos casos, Savater ha acabado adoptando la misma estrategia que otros ilustres colaboradores del periódico habían desarrollado en fechas anteriores. Me refiero a la de poner continuamente en un brete al diario, atacando dura y acremente las ideas y las posiciones editoriales de la publicación.

¿Qué se persigue con ello? Por supuesto, defender aquello en lo que se cree. Pero también que los responsables del periódico acaben por despedir a quien tan a disgusto está entre sus paginas o a quien tanto padece con sus posiciones editoriales.

Hermann Tertsch o Arcadi Espada son, entre otros, ejemplos de esta forma de obrar y proceder: me muestro agresivo verbalmente, insisto en ello, implico al periódico para a la postre conseguir una expulsión que me convierta en víctima o mártir e inmediatamente ser acogido por otro medio de la competencia.

Por supuesto, Savater señala a sus oponentes dentro de *El País*, a esos que supuestamente habrían enrarecido la ideología del medio: los "catalanes". Es decir, Savater culpa del presunto declive de *El País* al fichaje de intelectuales y académicos catalanes o al relieve dado a viejos colaboradores para puestos de responsabilidad en el diario: Jordi Gracia, Xavier Vidal-Folch, Lluís Bassets, Josep Ramoneda, Jordi Amat, etcétera. La cosa es lamentable. No se trata de que ahora debamos leer a Savater en otro medio: en *The Objective* o, quién sabe, en *El Mundo* o en *ABC*.

Lo lamentable es que al filósofo donostiarra ya no se le podía leer en *El País* sin sentir un repeluzno. No lo digo porque se haya hecho conservador o de derechas, sino porque su estilo avinagrado, insultante y nada jovial ha acabado por hacernos desertar. A muchos de sus fieles y antiguos, muy antiguos, lectores.

Tendría mucho más que añadir de alguien tan interesante y cuya irreverencia contra lo políticamente correcto le ha llevado al extremismo ideológico y la prosa de trinchera. Tendría mucho que decir tras haber leído más de cuarenta libros suyos que ocupan varias baldas de mi biblioteca.

Punto y aparte.

Un día que estábamos de broma, alguien me propuso vender todos esos libros en Wallapop. Me dijeron: si tanto te pesa la deriva de Savater, despréndete de esos volúmenes. Te desprenderás también de ese pesado lastre que te supone, apostillaron.

Me negué, claro, justificando que yo no me amputo. Savater forma parte de mi vida, de mi crecimiento intelectual y de mi propia formación. No porque yo siempre haya estado de acuerdo con lo que él sostenía, sino porque con las discrepancias aprendí. Aprendí a polemizar con una jovialidad que ahora parece finalmente ausente de su vida y de su prosa.

Fue de izquierdas, pero maduró
26 de enero de 2024

Lo he leído en un plis plas. Me refiero a *Carne gobernada* (2024), el último volumen de Fernando Savater. Digo en un plis plas (o, si lo prefieren, en un pis pas), porque, aunque el libro parezca un testamento ológrafo, una despedida personal, el autor no se mata. Quiero decir: con la facilidad que Savater tiene para escribir, dicho volumen (de solo 176 páginas) le habrá costado pocas semanas completarlo.

Salvo algunas novedades factuales, ciertos hechos amorosos, el resto de sus remembranzas o revelaciones resultarán bien conocidas a quienes hayan leído otras obras o artículos de Savater.

Carne gobernada es un título metafórico y arbitrario que procede de un plato de la gastronomía asturiana. Yo no veo justificación a ese rótulo, quizá únicamente la extrañeza o la contradicción que provoca.

Ya lo sabemos. Este libro ha levantado una gran controversia incluso antes de ponerse a la venta. Sencillamente, en la promoción del volumen, Savater fue requerido por ciertos medios que actualmente le son afines (*El Mundo*, etcétera) para sonsacarle, para dejarse malmeter y para obtener de él declaraciones polémicas u hostiles. Savater le tiene ganas a varios millones de electores que votan mal, a los que identifica exactamente como "bobos". O tontos, lo mismo da.

Podemos imaginar el goce que la derecha mediática ha sentido con las declaraciones frecuentes, reiterativas y hostiles de Savater. Así, la prensa le ha sacado, en efecto, declaraciones polémicas sobre su explícita y cacareada conversión en un ciudadano de derechas, muy próximo a su "amigo Santi Abascal".

Esta conversión, como la de Saulo, nos ha dejado a un Savater en parte irreconocible y en parte conocido: desde joven siempre ha creído estar donde debía estar, que era el lugar de la razón y del juicio. Por tanto, sus posiciones siempre habrían sido las correctas en cada momento. Pero, ah amigos, ha mudado de posición y de ideas.

¿Qué argüir?

Si ahora ha cambiado, con ello demostraría su inteligencia y dos cosas más. En primer lugar, lo equivocado que estaba cuando era o creía ser de izquierdas, equivocado por ignorancia, ingenuidad o pereza. En segundo lugar, lo acertado que ahora está, una vez alcanzada la senectud.

Dicho de otro modo, Savater puede ser extraordinariamente sincero, crítico y punitivo con el que fue para salvar al viejo conservador en el que cree haberse convertido. En fin, todo ello lo sabíamos quienes hemos seguido leyendo a Savater en la prensa y lo hemos corroborado por las abundantes declaraciones que ha concedido en los días previos a la aparición del volumen.

Una promoción astutamente escandalosa alimenta el interés o el morbo del público. Por eso, la prensa conservadora le ha sacado declaraciones hostiles (a las que él mismo se prestaba con gusto) principalmente contra el diario en el que ha publicado desde hace casi medio siglo. Me refiero, claro, a *El País*. La lectura del volumen confirma esa hostilidad y esas ganas de polémica. El resultado era previsible y probablemente deseable.

De entrada, Savater presenta esta obra como un libro de memorias. Se añadiría, por tanto, a *Mira por dónde* (2003), su primera y más extensa *autobiografía* razonada (subtítulo que enfático o innecesario) y a *La peor parte* (2017), sus "memorias de amor", concebidas tras la muerte de su compañera de tantos años, Sara Torres.

La verdad es que *Carne gobernada* me ha dejado bastante frío, indiferente. Parece estar escrito con el piloto automático, con rutinaria elaboración. O Savater es reiterativo con lo que sabíamos, ya contado en sus obras precedentes. O Savater es desganadamente lírico y lascivo cuando introduce una novedad, su nuevo amor, K.

Tal vez lo más destacable sea el tono efectivamente testamentario del volumen, justo cuando habla de su cercana muerte, de su despedida de la vida, según cree y confiesa. Es ahí cuando aparece el Savater más sensible y graciosamente autopunitivo. Pero, dada la brevedad de la obra, todo queda liquidado de manera expeditiva.

Lo que le da un interés morboso es esa resuelta agresividad contra sus enemigos, de los que antes hablaba. Ya sabíamos de estas hostilidades. Pero ahora se destapa sin rubor para ultrajar a calzón quitado. Así, se ve en los pasajes en que se expresa con una ojeriza desaforada contra el Gobierno actual, contra Podemos, contra la izquierda, contra el progresismo, contra el nacionalismo, contra el feminismo o contra su periódico de siempre.

Y en los dicterios e insultos que dedica a sus colegas de *El País* es en donde podemos ver sintetizados su irascibilidad y sus demonios. O, de otro modo, podemos ver los enemigos a alancear. En realidad, el enemigo es único y puede hallarse con distintas caras en el periódico *El País*. Evito parafrasearlo y dejo que Savater se exprese enunciando su verdad: a mi juicio, con un maniqueísmo y un simplismo escandalosos.

"En la evidente decadencia de *EP* [*El País*] intervienen diversos factores. A mi juicio, el primero de ellos es el mismo que ha roído al PSOE en sus mejores esencias: la colonización ideológica por parte del PSC, que es un elemento cancerígeno allí donde se implanta", dice con verbo ofensivo.

Y añade: "El peor nacionalismo es el de los que no se declaran nacionalistas y por eso los socialistas catalanes han sido tan mefíticos".

Y sigue: "Las opiniones del supuesto periódico global están dirigidas en las cuestiones nacionales por una cáfila particularmente estrecha: Jordi Amat, Jordi Gracia, Xavier Vidal-Folch, Josep Ramoneda *et alii*..."

Finalmente, "otro elemento que empeora este diario otrora prestigioso es una desafortunada invasión femenina", dice con determinación.

Repitamos todos a una y en voz alta: *una desafortunada invasión femenina*. Lo dice explícitamente, pero de inmediato parece que quiere corregirse o enmendarse.

"En un momento como el actual, en que los mejores columnistas en todos los medios son mujeres y algunos ya casi no leemos otra cosa (Rosa Belmonte, Emilia Landaluce, Irene González, Lupe Sánchez, Rebeca Argudo, Leyre Iglesias, etc., por no remontarnos al magisterio de Cayetana Álvarez de Toledo), en *EP* nos ha tocado el lote menos lucido: tanto las de casa como las importadas, salvo las honrosas y escasas excepciones de rigor, son tan sectarias y aburridas como los varones con quienes se codean", concluye.

Obsérvese que, cuando tiene que citar nombres femeninos que le agradan de otros medios, los menciona sin rubor alguno. En cambio, cuando acusa de sectarias y aburridas a sus colegas de *El País* (dirigido por Pepa Bueno, no sé si aburrida y sectaria) no dice nombre alguno.¿Acaso para no ofender?

En realidad, creo que no mencionar los nombres que salva de su condena tonante es otra forma de desprecio. O es, quizá, una falta de valentía frente a esa invasión femenina que amenazaría con anegarlo todo.

Eso sí, para criticar a algún colega varón no tiene reparo. Y, por ello, ultraja a quienes él llama "mindundis serviciales tipo Sergio del Molino y gente parecida".

En fin.

En realidad, todo el libro es síntoma de una afección continua, ya irreparable: una infección de egocentrismo, de egolatría desmesurada y dañada que le hace creerse el centro de su mundo intelectual.

En ese sentido, *El País* ya nadie lo compraría, salvo los "bobos". Bueno, sí, también lo adquirirían hasta ahora aquellas personas de su entorno personal que se veían obligadas a desembolsar unos céntimos por el periódico, únicamente para poder leer su columna.

Y eso, ¿por qué?

Pues porque, desde antiguo, su tribuna como epicentro del periódico, habría sido "el ágora de la mayoría ilustrada y políticamente inquieta de nuestro país".

En fin.

Yo no digo nada más. He quedado exhausto a pesar de la brevedad del volumen.

Creo haber hecho el trabajo sucio, la lectura de este libro irritado y ultrajante en el que solo algunas páginas nos recuerdan al Joven Savater. No me quejo. Alguien tenía que hacerlo. Tras cincuenta años leyéndolo en *Triunfo*, en *El País*, me creía en la obligación de hacer este justiprecio, me creía en la obligación de plantear mi enmienda al Todo o de presentar una moción de censura.

Quizá ya ha llegado la hora de la oración, despedida y cierre.

SÉPTIMA PARTE

¿LA NUEVA ACADEMIA DE PLATÓN?

La desfachatez
13 de febrero de 2024

Me he pronunciado al menos en un par de ocasiones sobre la salida de Fernando Savater de *El País*. Lo hago como antiguo lector suyo. Eso, lector de Savater, lo fui antes que del propio periódico, dado que, como repito siempre que puedo, yo ya seguía al filósofo donostiarra en las páginas de *Triunfo*, *El Viejo Topo* u *Ozono*.

Y me he pronunciado también como seguidor diario de este periódico desde fecha muy temprana, prácticamente desde su aparición en 1976.

Recuerdo los primeros años, en que yo veía (y si podía leía) el diario, cuando llegaba a Valencia, a los kioscos, con veinticuatro horas de retraso.

Por supuesto, mi escasísimo peculio no me daba para comprarlo cada jornada, pero siempre me las agenciaba para hacer de *lector gorrón* (según atinada fórmula que aprendí de Groucho Marx). Punto y seguido.

Sobre este asunto, la despedida de Savater por parte de la dirección de *El País* acabó de completar dos artículos recientes. Uno es de Javier Valenzuela en *elDiario.es*. El segundo es del propio Savater.

En el suyo, Valenzuela nos advierte acerca de lo mal que el filósofo donostiarra habría envejecido. De su radicalismo juvenil habría evolucionado o involucionado hasta hacerse… no un conservador, sino un derechista, incluso un derechista extremo, de chascarrillo infame.

Siempre dado a la alegría, siempre dado a la agudeza y al chiste, ahora Savater se entregaría a ocurrencias e ideologismos que habrían perdido toda gracia.

Por supuesto, el filósofo tendría derecho a ser o declararse conservador. Pero lo que no se entiende es la rabia con la que reacciona ante sus antiguas adherencias y querencias —según podríamos diagnosticar.

Mal que le pese, Savater vería reflejadas y condensadas esas antiguas adherencias y querencias en *El País*. ¿Eso qué significa? Que el diario le mostraría parte de lo que el propio filósofo y columnista fue: ¿un *progre* rezagado?

Ello sería así, aunque el pensador no lo quisiera asumir: el progresismo del periódico de centro izquierda (que es lo que siempre fue este medio) desmiente indirectamente lo que Savater ya no acepta ni quiere ver.

Pudo ser el Voltaire de la democracia española, dice Valenzuela. Pero no llegó hasta el final en su empeño progresista e ilustrado de polemista contra la reacción más ultra.

El segundo artículo de (o sobre) Savater se lo debemos al propio filósofo. El antiguo columnista de *El País* escribe ahora en *The Objective* (el digital en el que de momento ha recalado). Escribe un larguísimo artículo, un extenso descargo de conciencia y un inacabable cargo contra sus rivales. Se titula "Lo de *El País*". Adquiere el tono de un largo sermón, una severa amonestación. Explica y justifica su salida. O explica y denuncia su cese como columnista.

Yo tenía entendido y confirmado que su repudio del periódico ya lo había desarrollado en su nuevo libro de memorias. ¿Para qué insistir en ello? Parece ser que, para explicarse, Savater necesita más y más palabras, tal vez porque la herida no cauteriza o tal vez porque no acaban de entenderse la rabia, la irritación, incluso el rencor con el que se despide de su antiguo periódico. Sin elegancia alguna...

De hecho habla arrogantemente de sí mismo como el auténtico defensor del lector, esa figura que *El País* trajo a la prensa española. Puede que haya alguien que conozca este periódico como él (quizá, Juan Luis Cebrián), pero nadie mejor que él. Eso sostiene chulesca, retadoramente.

Por los años que lleva de ejercicio como columnista, esa experiencia le habría permitido diferenciar lo que fue *El País* en su origen y lo que sería en este momento. A su juicio, ahora sería un mero portavoz gubernamental. Mero portavoz de un Gobierno *socialcomunista*, que a él le disgusta especialmente.

¿Acaso Fernando Savater no simpatizó durante mucho tiempo con Felipe González, aprovechando sus tribunas en *El País*? ¿Acaso no llegó a secundar a José Luis Rodríguez Zapatero desde ese mismo periódico? Pero, claro, ahora no: ahora no lo haría pues se halla ante un ogro sin escrúpulos, extremista y siempre predicando lo políticamente correcto. Savater detesta a Pedro Sánchez. No solo. Detesta todo lo que rodea al presidente del Gobierno en ejercicio.

Conclusión: el respaldo razonado o crítico de *El País* a la política o a ciertas medidas del Gabinete harían del periódico un panfleto insufrible. Con una redacción, además, poblada de servidores, lacayos y genuflexos, podría añadirse.

En éste, como en otros puntos, es francamente cansino el parlamento de Savater. Sin duda, él confundió hace ya muchos años sus cambios, concibiéndolos y prescribiéndolos como los avances que los seres humanos debían dar. Para eso, él es el filósofo guiando al pueblo. Y confundió el nacionalismo con el constitucionalismo. Para eso, él es patriota constitucional, que no ácrata, cosa que dejó de ser cuando maduró, cuando descubrió que la acracia es una afección, una malformación.

Savater, Félix de Azúa, Andrés Trapiello, Arcadi Espada, Félix Ovejero etcétera, forman la fraternidad del quejumbre. Por supuesto, tienen derecho a detestar a quienes se mantienen leales a la izquierda, a cierta izquierda y al nacionalismo. Tienen derecho a condenar a los *progres* (como ellos fueron) o a los radicales (como ellos fueron): anarquistas, maoístas, socialistas, etcétera). Pero da la impresión de que nos hacen pagar a los demás sus cambios ideológicos y sus cambios de humor y de amor político. Ahora y de consuno tienen a Cayetana Álvarez de Toledo y Isabel Díaz Ayuso como las figuras a las que celebrar e incluso idolatrar.

Digo que nos los hacen pagar, porque tienden a escribir con una violencia verbal, con un desdén y con un resentimiento que parecen expresiones de autoodio: el rencor por aquello que fueron en algún momento y que algunos aún se empeñan en seguir siendo.

Cuando ellos estaban en el extremo, había que estar en el extremo. Ahora que están en el *extremo centro*, todos (incluido su antiguo periódico) deberíamos estarlo. Deberíamos estar en ese extremismo verboso, comulgando con sus nuevas querencias ideológicas, que Cayetana Álvarez de Toledo o Isabel Díaz Ayuso, sus musas, encarnarían como nadie. Son ellas la que les imparten lecciones de liberalismo o de clase. Así, sin más.

De Azúa, Espada, Ovejero, etcétera, forman un senado de intelectuales amistados, libres e iguales y agraviados, un senado que encabeza Fernando Savater. Sus libros son la quintaesencia del pensamiento reactivo o rancio que Savater ahora difunde bajo la etiqueta liberal. Para algunos forman la nueva Academia de Platón. Entre sus miembros hay intelectuales de postín, postulantes ya amortizados y políticos aún aspirantes, aún en sazón.

Dedico, a partir de este punto, unas cuantas páginas a desbrozar el bosque por el que se han adentrado estos postulantes. Son amigos y ejercen de cofradía intelectual y se manejan con unos estilos expresivos cada vez más tajantes y hasta malencarados. No solo forman una sociedad de bombos mutuos. Es que, además, integran el sindicato del agravio, del antisocialismo más ostentoso. Por supuesto, cada uno de ellos tiene derecho a oponerse al gobierno *socialcomunista* o *bolivariano* o *progre* por razones que creen bien fundamentadas. Tienen derecho a advertirnos a los lectores. ¿Acaso no son intelectuales de guardia y al acecho? Pero el radicalismo de sus denuestos, lo expeditivo de sus condenas, las injurias que a los bobos dedican son artillería de otra guerra.

Las páginas que les dedico no son un mero complemento de lo dicho sobre Fernando Savater. Son incursiones en un sector de la intelectualidad y del periodismo que se reconoce en el filósofo, que lo adora, que lo secunda y que lo defiende diga lo que diga o haga lo que haga. Al final, ellos mismos se aplican esa venia. Hacen y dicen lo que les viene en gana para así ultrajar con estrépito a izquierdistas, a feministas o sencillamente a personas que no comulgan con sus credos. Savater es la referencia y en estas páginas que siguen está, permanece, sobrevuela. No crean que me he olvidado...

Punto y aparte.

Hace años, cuando estaba recién publicado, leí con sumo interés y de cabo a rabo *La desfachatez intelectual* (2016), de Ignacio Sanchez-Cuenca, un autor del que siempre he tenido la mejor opinión. De entrada, el libro me desconcertó y, en ciertos pasajes, me disgustó.

¿Acaso por lo ordinario del planteamiento o lo escaso de los argumentos? No, no.

Ignacio Sánchez-Cuenca es un acreditado politólogo que conoce su materia. Pero creo que, en aquel libro, era injusto al atribuir esa desfachatez, esas insolencias, a buena parte de los intelectuales españoles. Al leer aquella obra, uno tenía la impresión de estar rodeado de letraheridos botarates. No digo que no. Pero todos no lo son. Hay algunos que destacan en el ranking; y otros que se preservan con juicio y sensatez. Ignacio Sánchez-Cuenca se refería a una suma de literatos, a un tropel de hombres de letras que hablaban y hablaban a calzón quitado y con temeridad de cosas públicas de las que casi todo lo ignoran.

En realidad, su volumen no era una historia de la intelectualidad hispana, sino un florilegio de enormidades y sandeces dictadas por ciertos pensadores patrios. El libro acababa siendo una galería de horrores declamatorios. Es decir, una recopilación desopilante o tristísima del descaro, de las imprudencias y de las verbosidades con que se pronunciaban hacia 2016 algunos intelectuales, precisamente lenguaraces.

A mi juicio, Sánchez-Cuenca diagnosticaba una dolencia cierta, detectaba un dato real, una deformación muy hispana: la verbosidad, insisto. Pero se mostraba poco fino en su compendio, pues incluía gentes sensatas y prudentes que, en todo caso, eran responsables de afirmaciones que a él no le gustaban. Sin embargo, los incluía en el pelotón de pensadores, literatos y publicistas dados al trazo grueso, al ultraje verbal o a naderías sin enjundia.

Lo que el autor se proponía en *La desfachatez intelectual* era compendiar una suma de frases o declaraciones tremendas, muchas de ellas sonrojantes y desde luego inconsistentes. Sánchez-Cuenca no analizaba el contexto de producción de las obras citadas o el marco de expresión de las palabras antologadas: no las sometía a escrutinio.

Su recopilación servía principalmente para afear la conducta de intelectuales tonantes, de irresponsables celebridades que se atrevían a juzgar el mundo y el entorno patrio sin conocimiento y sin conocimientos. Insisto: había inclusiones injustas, pero muchos de los intelectos allí reunidos merecían figurar en la antología del disparate.

Después de 2016, las declaraciones de intelectuales militantes se han agravado. Quiero decir: el libro de Sánchez-Cuenca hoy se quedaría corto. Y, en todo caso, ha mudado en parte la naturaleza de esa verbosidad política y tonante.

Sin ir más lejos: el odio y la ferocidad que despiertan la figura de Pedro Sánchez, sus Gobiernos de coalición y, en general, la izquierda que llaman *woke* han alterado seriamente a numerosos publicistas de guardia (procedentes del ámbito intelectual, político y mediático). Yo diría que, en algunos casos, padecen ciertos trastornos severos. Vamos, que les trastorna la sola presencia de la banda de Sánchez.

Y en ello hay una paradoja. O no. Algunos de ellos ellos fueron *progres*, pero ya no: maduraron (o eso dicen). En este caso, madurar es descubrir el error *progre* en que incurrieron durante décadas para finalmente abrazar con mucho celo el credo filorreaccionario. O reaccionario sin más. Ahora bien, recae sobre ellos una amenaza: que se consuman, que ardan en la zarza del resentimiento. No pocos llevan mucho tiempo esperando el gran cataclismo que creen inminente, pero que aún no se produce. Como diría Fernando Savater, hay mucho bobo o mucho tonto que vota lo que no debería votar. Esta demora irrita especialmente. Lo entiendo: Francisco Franco, por ejemplo, tardó casi cuarenta años en desaparecer y muchos españoles debieron aguantar con paciencia hasta poder votar. La paciencia parece que hoy se ha perdido: entre otras cosas, porque Pedro Sánchez es visto ya como un autócrata que nos llevaría a la tiranía.

Punto y aparte.

Del intelectual he hablado, sí o sí, en varias ocasiones. Si tratamos de Savater, la reiteración es inevitable. Él mismo se ha repetido. Recuerdo algo ya sabido…

Un intelectual es un metomentodo, un señor o una dama de las letras, de las artes, etcétera, que se atreve a elevar su voz frente lo obvio o lo repetido o lo archisabido. Es alguien picajoso. Supongamos dos circunstancias.

¿Podemos imaginar un mundo de expertos en el que solo éstos hablaran de su materia por ser los únicos informados y autorizados? Sería, además de aburrido, enormemente pobre: empobrecedor. ¿Podemos imaginar un mundo de ignorantes que se arrogaran el derecho exclusivo de opinar sobre cosas abstrusas? Hay mucho ignorante opinado, pero felizmente aún hay sensatez en la esfera pública.

Por supuesto, al intelectual hay que exigirle hondura, datos y conocimiento: el saber se lo suponemos, el saber de los criterios relevantes. Pero al experto hay que exigirle claridad, apearse de la jerga y, sobre todo, quitarse ese vicio tan común: el creerse o saberse científico inapelable, el creerse dueño de la excelencia. Que nuestros enunciados han de superar las pruebas está fuera de toda duda, pero que nos califiquemos de científicos excelentes cuando somos individuos limitados o humanistas más o menos refinados... no garantiza nada. Es hasta arrogante.

¿Podemos imaginar un futuro (verdaderamente horripilante) de tecnócratas bien informados? El mundo es complejo, sometido a la subjetividad. O, como decía George W. Bush, la guerra (o, por extensión, la realidad) es un sitio peligroso. No se resuelve con el dictado del experto. Por eso, necesitamos una pluralidad de voces que con mayor o menor acierto incomoden, gentes bien reconocidas que se atrevan a examinar y a evaluar.

Por supuesto habría que pedir a quien tenga que opinar o dictaminar que se documente. Eso está fuera de toda duda. Como es obvio, cualquier pronunciamiento exige ensanchar el marco que circunscribe nuestras ideas o los esbozos de nuestras ideas. Hay que formarse e informarse por vías varias y alternativas…

A veces, el problema es una erudición banal que impide reflexiones de mayor hondura o largura. ¿Un literato tiene algo que decir? Para empezar lo dice bien. Una sintaxis pobretona refleja un pensamiento tosco. Pero, aparte de decirlo bien, ¿la escritura intelectual aporta profundidad? Por otro lado, lo que sorprende de tantos expertos es la ceguera: la miopía que padecen muchos analistas.

Hay algo obvio: quien juzga debe obrar con vergüenza torera, con el pundonor de quien examina y afina, de quien se muestra y se compromete. Y debe tener conocimientos históricos. Pero no para hacer analogías fáciles, facilonas o simplemente erróneas, sino para cotejar y saber discernir, distinguir..

Ya lo dije… Los intelectuales han cometido grandes irresponsabilidades. Pero los expertos son culpables de enormes atrocidades en colusión con gobiernos y entramados de poder. Sin duda: hay literatos achacosos. Igual que hay científicos de neutralidades objetivas y criminales.

Los literatos deben documentarse y deben centrarse en los valores. Sus críticas son válidas no por criterios técnicos, sino por abordar los desarreglos al tiempo que reivindican una conducta moral atemperada.

La arrogancia intelectual
3 de diciembre de 2023

He leído y releído con aprovechamiento un artículo de Jordi Gracia titulado "No es la edad, es el poder". Ha aparecido en *El País* o, más concretamente, en *tintaLibre*, esa publicación de ideas que comparten el diario mencionado e *InfoLibre*. Su reflexión acerca del conservadurismo de los *viejos* intelectuales españoles me parece un análisis muy sensato, muy moderado, muy cuerdo.

No hay estrépito en sus palabras.

Gracia se refiere a intelectuales que fueron rompedores y que se apearon de sus idearios tras la decepción que los progresistas y los socialdemócratas les provocaron hace diez o veinte años.

El articulista emprende un examen muy atinado, muy preciso, de dicho fenómeno. Porque es un fenómeno merecedor de riguroso análisis.

No se trata solo del paso al conservadurismo, cosa que quizá podría causar la edad. Se trata de la adopción de poses y prosas airadas, agraviadas, aquejadas de un resentimiento quizá ya incurable. Es como si una parte de los intelectuales que fueron nuestra referencia cultural y generacional se hubieran visto abocados a asaetear lo que fueron. Es como si hubieran tenido que desplazarse completamente para desprenderse de los restos que les pudieran quedar de su juvenil o maduro izquierdismo.

Pongamos un ejemplo, tomado del propio Jordi Gracia.

Convengo con él, con Gracia, en lo triste que resulta la deriva en la que caen intelectuales de prestigio que, por lo que parece, han perdido el humor. Más bien usan la ironía dolida o un sarcasmo herido para referirse a antiguos correligionarios, o empresas culturales que fueron su casa hospitalaria.

Ya lo sabemos: aludo, entre otros, a Fernando Savater, a Félix de Azúa, que confirman una y otra vez una deriva que ya dura años.

Sus respectivos casos resultan tristes, porque no hablo del tránsito hacia la moderación de quienes fueron jóvenes radicales o extremos, cosa a la que tienen derecho: a ser extremosos y a ser conservadores. Me refiero, por el contrario, al enojo, a la rabia o a la cólera, apenas reprimida, como rasgos estilísticos de su pensamiento presente.

Por supuesto pueden tener razones bien fundadas para criticar al Gobierno actual, al partido por el que, tiempo atrás, votaron o a las ideas que, en otra época, suscribieron. Por descontado pueden condenar esa izquierda que juzgan entregada al nacionalismo o que estiman cómplice del separatismo. Resumamos el caso de Fernando Savater, del que el lector ya sabe muchas cosas.

Cuando era joven, el filósofo donostiarra llegó a simpatizar no solo con el anarquismo intelectual que profesó, sino con la izquierda abertzale. Como Savater postulaba la debelación del Todo (entiéndase la lucha contra el Sistema y su derribo), es normal que, con los años y la sensatez, se le enfriaran esos ardores inmaduros. Sin embargo, podríamos decir que aquellas brasas nunca se apagaron. De aquella radicalidad formal que profesaba el joven proceden las extremosidades verbales de hoy.

Pero esto no es una cuestión que afecte en exclusiva a Savater. Autores que en su momento fueron moderados han acabado en las huestes de una derecha vocinglera que apenas puede ocultar su enojo, su irritación, su cólera. Estamos hablando de unos intelectuales que, por hache o por be, han adoptado posiciones ultras. ¿En qué sentido?

O bien desculpabilizan a Vox, formación de la que confiesan incluso su cercanía, o bien simpatizan directamente con Isabel Díaz Ayuso, la presidenta de la Comunidad de Madrid. La mandataria, que parece haber perdido toda inhibición, profesa un pensamiento entrecortado que oscila entre el ultraliberalismo y la reacción. Pero hay más, de mayor altura. Si de intelectuales hablamos, entonces nuestros pensadores y publicistas muestran su rendida admiración por Cayetana Álvarez de Toledo y Peralta-Ramos. La historiadora, política y publicista se ha convertido en la gran referencia intelectual del sector.

Está claro: todo vale para arremeter contra la izquierda institucional. Al parecer, los socialdemócratas solo serían tontos útiles o compañeros de viaje de peligrosísimos comunistas o de separatistas. O de bolivarianos del Tercer Mundo. Los comunistas españoles no son un sector minoritario de esa izquierda, no. Serían, a juicio de tantos letraheridos, unos seres repulsivos que nos atemorizan y que, como los separatistas, nos llevan a la destrucción espiritual de España.

Resulta cansino y, sobre todo, decepcionante que los mejores cerebros de dicha generación hayan caído en la necedad o en una degeneración intelectiva. Voy a poner otro ejemplo que Gracia no trata específicamente. Me refiero a Félix de Azúa, que durante años ha sido columnista de *El País*.

Félix de Azúa es un intelectual muy reconocido. Ha ejercido la docencia y la investigación sobre la Estética. Por ello le debemos una obra literaria ensayística apreciable. Siempre ha sido un buen lector y un afinado crítico, pero en el ejercicio de la poesía y en literatura de ficción, de creación, artes que cultivó tempranamente, no ha tenido porvenir. Solo recuperó algo de vigor narrativo en unos volúmenes autobiográficos que publicó ya en la edad provecta. En estas obras regresaba efectivamente a la narración para ajustar cuentas con sus pasados, con sus mundos de ayer y con sus contemporáneos.

Siempre atildado, De Azúa pasó de ser un bello y arrogante izquierdista en su temprana juventud a comportarse como un decrépito conservador airado (pero aún coqueto), lo cual no es raro ni reprochable. Lo sorprendente es la cólera de sus escritos, el sarcasmo lacerado, el enojo de su prosa. Su evolución es semejante a la de Fernando Savater: columnistas y fervientes admiradores de Cayetana Álvarez de Toledo y Peralta-Ramos, ya digo. Pero volvamos a De Azúa.

Acabo de leer *El dios que fracasó* (2023), un interesantísimo volumen que reúne el testimonio de algunos de los principales anticomunistas (excomunistas, principalmente) de la Guerra Fría.

Ahora, cuando el fiero comunismo nos resulta espantoso y lejano, se ha vuelto a editar dicho volumen con un prólogo de Félix de Azúa. A este último le sucede como le ocurriera al reaccionario Joseph de Maistre, que asombraba y atemorizaba a sus conmilitones más ultras: también el articulista español provoca estupor.

La propia editorial que publica *El dios que fracasó* ha debido advertir a los lectores acerca de ese prefacio que debemos a De Azúa.

Es tal el anacronismo en que incurre De Azúa o el presentismo al que se abandona, que nos hace enmudecer. Juzga y condena el pasado relacionando a Pedro Sánchez con los crímenes estalinistas.

Se trata, sí, de un absoluto disparate. Pero esta rabia sintáctica, esta furia expresiva, que podría tener interés en el caso de ser un ejercicio de estilo, carece de hondura intelectual. De paso le resta valor al volumen anticomunista, la mar de entretenido, la mar de significativo y la mar de instructivo.

Ya lo sabemos: en *La desfachatez intelectual* (2016), Ignacio Sanchez-Cuenca criticaba o censuraba acremente las estridencias u ocurrencias de ciertos intelectuales a la deriva. Ya lo dije: creo que Ignacio Sánchez-Cuenca era injusto a la hora de meter en el mismo saco, a la hora de hacer partícipes de unas mismas ideas desaforadas, a escritores de distinta trayectoria.

Pero, si le quitamos los nombres, el volumen de Sánchez Cuenca podría servir para enjuiciar y confirmar el diagnóstico de Jordi Gracia. Estamos rodeados por escritores agraviados. Esto conduce al verbalismo, al radicalismo sintáctico y a la arrogancia intelectual. Y lleva a malquistarse con todo lo que aún desprenda aromas socialdemócratas. Ha llegado la peste.

Félix de Azúa
14 de diciembre de 2013

Tiempo atrás, un intelectual publicó un artículo en *El País*. "Sobre lo insoportable", se titulaba. Es noticia dicha cosa porque frecuentemente quienes piensan se retraen. La cátedra es un lugar confortable. Si te expones en los medios, te arriesgas al pim-pam-pum.

El intelectual, este letraherido, trataba de la tontuna de ciertos políticos, de las declaraciones absolutamente desnortadas que algunos (muchos) hacen sin ser conscientes del daño que provocan. Como los periodistas tienden a registrar todo lo que los representantes formulan, todo lo que los mandamases proclaman, el resultado ya lo ven: frases gruesas que carecen de sentido, trivialidades que lastiman, palabras bombásticas.

El intelectual se dolía con mucho aspaviento, con sarcasmo y a la vez nos advertía. Él se prestaba a guiarnos para que no nos perdiéramos. Uf. Es un alivio: en este escenario, si no tienes un intelectual de guardia, te conviertes en un ser pedestre. En un peatón, vamos. Lo bueno que tienen ciertos pensadores es que levitan, te elevan, te hacen ver lo que tú, ciego y tontorrón, no sabes ni puedes apreciar. Ya digo: un alivio. Conforme leía dicho artículo me sentía mejor: no sé..., como más sabio. El autor empleaba la burla de la que hacen gala los superiores y yo me sentía uno de los elegidos: un humilde lector que simpatiza con una lumbrera.

¿Lumbrera? ¿A quién me refiero?

El profesor que examinaba y suspendía a nuestros representantes era Félix de Azúa. Resultaba un artículo realmente divertido y, como él mismo admitía, muy exagerado. Está bien: adviertes que exageras y a partir de ahí puedes decir lo que se te antoje. En el mismo saco —pues en efecto ejercía de hombre del saco—, metía a todos. A todos excepto a los representantes de Unión, Progreso y Democracia.

Le tiene querencia, es una querencia antigua. Hemos de reconocer que el nombre de dicho partido es ciertamente antiguo. Y hasta *naïf.* Parece sacado del siglo XIX. No es mala cosa: tal como está el orden del mundo, quizá convendría regresar a los orígenes para ver qué encontrábamos. De Azúa ponía verde al PSOE y al PP, a sus dirigentes, los ponía, sí, a los pies de los caballos. Y yo me ponía amarillo, o verde, o rosa.

El resultado de su evaluación era decepcionante, sin embargo. Toda la argumentación se desplegaba para pedir el voto a UPyD o para Ciutadans, cosa a lo que Félix de Azúa tiene perfecto derecho. Rosa Díez y Albert Rivera eran gigantes, decía de pasada... Añadía que si llegaban al poder quizá podríamos verificar si su estulticia era comparable a la de los partidos mayoritarios. Vamos, que les diéramos una oportunidad.

Como a Platanito.

Es triste cuando los intelectuales no están en primera línea, enchufados en una covachuela; pero no es menos triste que se dediquen a lo de siempre: a justificar a muerte a los suyos. Es triste que no estén liderando una opción electoral. Es lo que años atrás esperábamos de Arcadi Espada, por ejemplo.

¿Hay que dejar a los políticos profesionales como Rosa Díez o Albert Rivera que encabecen lo que De Azúa podría hacer a las mil maravillas? O Espada. Si dejamos a Díez y Rivera prosperar, ya no se apearán del cargo. Así puede comprobarse en el caso de la dama vasca.

Félix de Azúa dejó de escribir novelas años atrás. ¿Acaso porque no tenían éxito? Yo no creo que ésa sea la razón más poderosa, la única razón. En su momento leí sus ficciones originales y me divertí intelectualmente. Pero las veía y las sentía frías, cerebrales, casi, casi tediosas. ¿Por qué no vuelve? No me refiero a escribir novelas. Me refiero a encabezar movimientos.

Creo que De Azúa fue maoísta. Como otros compañeros de generación, muchos fueron del PSUC, quizá de Bandera Roja, y ahora lamentan, con razón, el despliegue actual del nacionalismo catalán. Para quienes nunca hemos sido tan fantasiosos, que un intelectual nos ilustre puede ser aleccionador: vamos, lo que corresponde. Solo tienen que hacer una cosa, que decían los estalinistas: autocrítica.

Félix de Azúa debe frotar los últimos restos de maoísmo que le queden en su interior. Mao era un estimable poeta, si por tal se entiende la influencia que su verbo ejercía en las masas. Mao dominaba la metáfora con chorreras y a chorros la esparcía en sus escritos y entre sus adeptos.

Félix de Azúa fue un gigante de la poesía. Fue uno de los *Nueve Novísimos*, pero tengo para mí que sus versos se mustiaron. Félix de Azúa ha sido, es, un sutil crítico, un analista de las ocurrencias y manufacturas de nuestros artistas. Pero tengo para mí que le gusta ejercer de apocalíptico. Me da la impresión de que confunde sus mejoras personales (lo que él juzga como sus mejoras personales) con los logros o metas colectivos. Por eso, lapida su estado: se está muriendo el arte.

No me desagradaría que UPyD saliera adelante... Donde comen tres, comen cuatro. Pero dicha formación debería asear el patio de antiguos maoístas, ¿eh? Aunque, si me permiten, me gustaría ver a sus intelectuales en primera línea, deslustrándose, despeinándose.

Perdonen este lenguaje bélico, pero es nombrar a los intelectuales y me encabrito. Algunos, incluso, echan mano a las metáforas. Yo no. Me conformo con políticos normales. Y honrados, aunque de cuando en cuando se expresen mal.

La Universidad es un asco
1 de diciembre de 2014

Desde hace décadas, Félix de Azúa muestra un enfado descomunal cuando se pronuncia en la prensa. Imagino que en casa, con pantuflas, descansará. Puede incluso que hasta sonría. Tuvo tratos con un comunista como Manuel Vázquez Montalbán, que es el gesto más desprendido que se le recuerda a De Azúa. Puede incluso que, en soledad, aún disfrute con Los Morancos. Como la puta base. Pero raramente se le ve así en público. El posa como cuando era un jovencito guapetón.

De ser la moral de mi guardia a ser el guardia de mi morada hay un trecho. De Azúa hizo carrera como profesor universitario. Pació y padeció lo indecible. Imagino que entró avalado, por enchufe, con alguna beca *ad hoc*. En alguna covacha universitaria. O imagino que ingresó en la Academia porque tenía amigos en algún Departamento. ¿Del País Vasco, quizá? Sí: Fernando Savater.

Tiene una obra novelística exánime, una ficción decreciente, pálido reflejo de sus admirados iluministas, triste remedo de Vladímir Nabokov. Es tan intelectual su narrativa, que debes leerla con filtro, con falsilla, con red. Tiene obra poética, sí: una obra desaparecida a pesar de ser *novísimo*. Desde entonces se mantiene envidiablemente joven. Con un cutis terso, con un cabello entrecano y rubio, con gafas metálicas de erudito vocacional. El papel impreso amarillea. Pero su foto oficial no le hace justicia.

Tiene una literatura menguante, sí. Aunque desde hace años ha descubierto su verdadera vocación: la irritación intelectual. El nacionalismo más ceporro le ha dado alas. Eso es lo bueno de enfrentarte a tontos con recursos: que te hacen excelso.

Ahora arremete contra la Universidad (la enésima vez) y lo hace aprovechando la corte de Pablo Iglesias. Ya sabemos: Íñigo Errejón, Juan Carlos Monedero, etcétera. Como algunos de ellos son profesores precarios, el gran De Azúa critica a la casta universitaria. Como Iglesias, Errejón, etcétera, son docentes leninistas, De Azúa se expresa igual que si estuviera en la Resistencia. O luchando contra el comunismo.

Lo bueno de las fantasías es que te convierten en héroe sin salir de tu gabinete. Yo no tengo simpatía alguna por Podemos. Seguramente porque soy un asalariado de la casta. Por otra parte, no me emociona la Universidad: seguramente por la vejez a que estoy abocado, por la crisis que padezco. Lo que no entiendo es a aquellos intelectuales que son o fueron docentes creyéndose siempre excelentes, ubicados precisamente en el lado brillante de la fuerza.

Uf, ya cansa, don Félix. El abuelo cebolleta, dirían algunos de mis alumnos más irrespetuosos. Yo no, yo le digo que parece un ajo: ya repite. Salga de su malhumor, emprenda un crucero: no hace falta llegar a la tercera edad. Emprenda un viaje y olvídese de todos nosotros, tan bastos, tan decepcionantes.

Breve teoría de la injuria
10 de abril de 2016

Dicen Sergio Bufano y Jorge S. Perednik en su *Diccionario de la injuria* que hay que distinguir entre aquellos vocablos que son insulto y aquellos otros que son malas palabras. Las últimas —añaden— pertenecen al dominio público, a los usos corrientes que hay en una comunidad lingüística, usos que permiten evacuar los humores.

Verdulera, que eres una verdulera. O: *vete a vender pescado, que no vales para alcaldesa*. En estos casos, verdulera o pescadera no son exactamente insultos. Al menos originariamente, pero su uso despectivo ya es tradición cuando se quiere degradar a una mujer escasa de luces, basta, gritona o, en fin, arrabalera. Forma parte de un hábito algo primitivo. Las palabras que el varón Félix de Azúa dedica a Ada Colau, la Sra. Alcaldesa de Barcelona, tienen esta intención y este uso.

En cambio, el insulto, propiamente el insulto, que es particular y corresponde a la iniciativa individual, se elabora y se enuncia contra un destinatario concreto al que se quiere deshonrar. Eso se da principalmente en la esfera privada.

¿Qué hace quien vitupera? Escarnece a una persona valiéndose para ello de las malas palabras, voces que primero fueron injurias particulares y que —por su éxito, ocurrencia o chispa— acabaron ingresando en el patrimonio de las ofensas colectivas.

Para que haya vituperio debe vivirse o experimentarse algún conflicto como una provocación, un fastidio frente al cual no habría posibilidad de enfrentarlo de otro modo. Una impotencia, pues. De ahí nace la violencia verbal. Nace de una impotencia, ciertamente, dado que no hay argumentación crítica. El berrido reiterado de Félix de Azúa es de esta naturaleza.

En segundo lugar, para que pueda hablarse de insulto propiamente, el vituperio ha de hacerse en determinado contexto, es decir, necesita un marco de significado que le dé sentido y que permita ser comprendido como tal. El académico, miembro de una imponente institución, censura con aspereza a la munícipe que preside otra institución de mucho ringorrango: el Ayuntamiento de Barcelona.

Abstraída de dicha circunstancia, esa mala palabra funciona en la comunidad lingüística como otra ofensa más. Ya lo decía Ludwig Wittgenstein: no me pregunten por el significado de las palabras; pregúntenme por su uso.

En tercer lugar, en el insulto, más que la palabra en sí, lo que de verdad agravia es esa intencionalidad particular, el deseo expreso de vituperar, el *animus iniurandi*, pero ello se cumple no solo en el designio de quien escarnece, sino también en la percepción de quien se siente ultrajado.

En cuarto lugar, el insulto, que generalmente lo vemos como algo gravísimo, como una violencia verbal que daña a un tercero, es, sin embargo, un avance civilizado: puede ser motivo de agresiones físicas, puede provocar una colisión a trompadas, pero cuando solo alcanza el estadio verbal es una sublimación de antagonismos o de agonismos guerreros.

En ese caso, la violencia física a mamporros es sustituida por un enfrentamiento incruento que tiene algo de ordalía ritual, simbólica, en la que se descargan los malos humores. Vapores y humores son sin duda cosa del intelectual henchido o hinchado que le reprocha escasos estudios a quien pudo ser su pupila.

Jorge Luis Borges recomendaba ciertas formas en el arte de injuriar. Si el vituperio es un avance frente a la pura violencia física, si es una sofisticación que nos aleja de la fuerza bruta, entonces puede haber una *técnica* del insulto y un refinamiento de esa práctica.

Técnica y refinamiento permiten hablar de arte, del arte de injuriar y éste se logra, según explicaba Borges en su *Historia de la eternidad*, cuando nos valemos de una habilidad especial para denostar haciendo uso del humor, mostrando agudeza, atacando con una andanada ácida, irónica.

Nada de esto he oído o leído en las expansiones injuriosas del Sr. Félix.

Lástima.

Maoísmo y exmaoísmo
26 de abril de 2016

Quien fue comunista en España, digno luchador antifranquista, ha podido tener una evolución política pacífica. Ha podido examinar su pasado con legítimo orgullo: no tiene por qué zaherirse por lo que fue, ni tiene por qué jactarse de su corrección actual. La vida está llena de aciertos y de desaciertos. Lo lamentable es si esa persona sobrevivió o malvive con un rencor inextinguible.

Félix de Azúa sobrevive o malvive con rencor hacia sí mismo. Él fue comunista y concretamente maoísta. Nos lo recuerda cada dos por tres y nos lo hace pagar con actitudes resentidas. Atribuye el maoísmo a la ceguera de tanto intelectual, entre ellos, un perfecto ignorante, compañero de viaje o tonto útil de una revolución sanguinaria.

El resentimiento —la animosidad con que se sobrelleva a ese que fuimos o a los otros que fueron— es un concepto sobre el que reflexionó ampliamente Friedrich Nietzsche. Quien se siente impotente, quien no puede rehacerse enteramente a sí mismo, quien no soporta a los demás por su desenvoltura... se consume en su propia debilidad: un rencor interior que no sabe o no puede expresar. Todo le agota, le agosta. Espera rebajar a los otros y no les tolera su disentimiento o su orgullo de hacerse y ser diferentes. El resentido vive en la aversión de sí mismo...

He leído sin sorpresa pero sí con estupor el artículo "Viral", que Félix de Azúa publica en *El País*. Otra vez deplora su ceguera por haberse profesado maoísta hacia 1970; se flagela por haber creído en esa ficción tóxica: las ideas y las realizaciones del Gran Timonel. Éramos jóvenes —parece disculparse— y ya se sabe que la juventud es un estado exaltado y bobalicón. Éramos simples y rotundos.

Félix de Azúa fue joven, exaltado y bobalicón, simple, rotundo y maoísta, seguidor o heredero, por tanto, de la Revolución Cultural.

No sé si llegó a pertenecer a la Joven Guardia o a Bandera Roja, que eran dos de las organizaciones revolucionarias que mayor prestigio alcanzaron frente al reformismo que encarnaba Santiago Carrillo. Al Partido Comunista de España se lo veía como una entidad anquilosada, aburguesada, envejecida, frente a BR o la JGR, experimentos audaces de quienes querían cambiar las cosas de raíz, sin ataduras, sin concesiones, sin contemplaciones.

Los maoístas de entonces se presentaban como lo que eran: jóvenes revolucionarios y, al igual que en el caso francés, eran la consecuencia izquierdista del 68. Impugnaban la democracia burguesa, las instituciones occidentales, etcétera. Eran, insisto, los jóvenes de entonces. ¿De entonces? Éramos unos memos, parece decirse De Azúa, como memos son los que siguen ahora a Coleta Morada (a Pablo Iglesias), apostilla.

El trato punitivo que De Azúa se inflige o que da a su propio pasado no es reflexión consciente. Es anacronismo y, sobre todo, narcisismo averiado y rencoroso. La lógica de este procedimiento la he visto empleada en algunas memorias o autobiografías. Para dar fuerza y sinceridad a la evocación de la propia vida no hay nada mejor que ser inmisericorde con uno mismo o, mejor, con lo que fuimos.

Si censuras con crudeza lo que fuiste, si te das un severo rapapolvo por lo que hiciste, entonces la autenticidad del recuerdo pasa sin mayor problema y parece responder con fidelidad al pacto autobiográfico que estableces con tu lector. ¿Pacto autobiográfico? No parece que puedas mentir, enredar o confundir cuando la evocación de ti mismo es tan extremadamente dura. Y, sin embargo, ese procedimiento tiene truco: si te condenas por lo que fuiste acabas reflotándote por lo que ahora eres, de modo que siempre te salvas en presente.

Cuando fuiste maoísta te enorgullecías de serlo; ahora que ya no lo eres te enorgulleces también por no ser un majadero, pero lo haces reprochando a los otros. Es un procedimiento de narcisismo que no entraña un auténtico autoanálisis, porque la inspección solo sirve para preservarte en cada instante que estás viviendo en presente. Con ese retrato generacional tan sesgado, la memoria rehace a su antojo la historia, expulsa a los protagonistas que incomodan y, nuevamente, se salva: era joven y de izquierdas, o sea, majadero.

Al final, si lo miramos bien, el texto de Félix de Azúa no es lo que parece: una evocación de la propia militancia o ceguera personal. A la postre, el artículo es la consumación y la confirmación de una trayectoria descendente: la de quien habiéndose aupado a la columna del izquierdismo más exquisito comprueba que la política es un asco, entonces como ahora, con el Gran Coleta Morada y sus abundantes seguidores. Gran Coleta, Gran Timonel.

O, en otro términos, vistas las cosas desde el presente de cada momento, entonces como ahora siempre estás en el lado correcto.

Un régimen de terror
30 de enero de 2024

Félix de Azúa abandona *El País*. ¿Por qué Félix de Azúa abandona *El País*? De las colaboraciones de Fernando Savater prescindieron en dicho periódico. Félix de Azúa se va en solidaridad con su amigo. O eso parece, porque —según confiesa— hay más razones.

¿En dónde se explica De Azúa? En *The Objective*, cosa que he sabido gracias a Salva Lorenzo. Lo hace en un vídeo de esta publicación. Allí, en una especie de entrevista, De Azúa justifica su abandono de *El País*.

Lo primero que he hecho ha sido transcribir las palabras de Félix de Azúa. No he alterado la sintaxis. Vamos a ver si entiendo el intríngulis de este drama o sainete.

Dice Félix de Azúa que, para razonar su marcha, "he usado una justificación marxista, que es que no puedo pertenecer a un club que no deja entrar a uno de mis mejores amigos, ¿no?" Si a Savater no le franquean la entrada, De Azúa abandona el club: "despidieron a Fernando Savater y me pareció que ése no era exactamente el club al que yo debía pertenecer".

¿Pero hay algo más?

"El periódico, como es bien sabido, ha sufrido una tremenda transformación". Cuando De Azúa sostiene esto lo dice para peor, es decir, para afear *El País* actual.

¿Y qué es lo que reprocha?

Pues que "en este momento está en las manos de grupos extraordinariamente radicales, muy autoritarios, y nadie sabe en realidad quién dirige ese periódico". Uno imagina a una camarilla ultrasecreta efectivamente radical y autoritaria que se esconde en la sombra.

Por eso, "no es verdad que Pepa Bueno lo dirija: por encima tiene a Zapatero que, una vez muerto Barroso, creo yo que es quien lleva la línea directiva, ¿no? Y luego tiene un Consejo de administración absolutamente disparatado".

Por tanto, la inferencia es clara: Pepa Bueno no sería más que el títere de esa camarilla o grupo, encabezado por José Luis Rodríguez Zapatero. Ahí es nada… Por ello, "no soportaron que Fernando Savater expresara una opinión que no era del gusto de la empresa y seguramente del gusto de Zapatero y seguramente del grupo", ese grupo autoritario en el que son decisivas ciertas mujeres.

Concretamente, lo dicho por Savater habría irritado "sobre todo a las feministas radicales de *El País*, que mantienen un régimen de terror dentro de la redacción".

No solo estaríamos ante una camarilla aquejada de radicalismo, sino que, además, las feministas de dicho grupo o camarilla mantendrían un régimen de terror.

La hipérbole es tan, tan, tan desmesurada que debo pellizcarme para confirmar que no deliro, que eso es lo que sostiene De Azúa.

Y sí: es lo que el columnista cree. Si a eso le añadimos la "expulsión" de Fernando, "¿qué iba yo a hacer allí?"

Es más: aunque Savater no hubiera dejado de colaborar, el periódico es una publicación impresentable. En efecto, *El País* estaría "arrodillado desde que Sánchez ganó las elecciones y Sánchez no admite en absoluto la menor oposición".

Es decir, que ya no es Rodríguez Zapatero, sino Sánchez, su conmilitón. "En cuanto hay oposición", añade De Azúa, Pedro Sánchez "la decapita". No está claro si se refiere en exclusiva al periódico o también a los rivales políticos.

En cualquier caso, en el diario, las cosas estarían así: decapitan toda desafección por orden de Sánchez. Con ello, *El País*, concluye De Azúa, "es un periódico arrodillado que ha perdido completamente todo el prestigio. En este momento carece de credibilidad".

Al margen de la inquina que profesa a los actuales responsables del periódico, principalmente a las feministas radicales que han sembrado "un régimen de terror en la redacción", los argumentos o pretextos para abandonar *El País* son contradictorios y hasta incoherentes.

Veámoslos.

Primero dice que abandona *El País* porque han despedido a Fernando Savater. Pero inmediatamente se corrige, pues la auténtica razón sería el cambio experimentado por el periódico.

Sería ahora ese diario dominado por feministas radicales y, en la cumbre, por José Luis Rodríguez Zapatero. Francamente sorprende. ¿*El País* dominado por Bambi?

Digo que los pretextos de Félix de Azúa son incongruentes. Hay una disyuntiva. O te vas porque echan a tu amigo; o te vas porque quienes gobiernan el periódico son tus enemigos. Si tanto incomodo le producía publicar en un diario genuflexo ante José Luis Rodríguez Zapatero o Pedro Sánchez, en un periódico regentado por feministas radicales y autoritarias, lo normal es que no esperes a largarte cuando echan a tu amigo. Lo lógico habría sido abandonar tempranamente ese diario que está arrodillado, al servicio del Gobierno.

Entonces, si no abandonó antes *El País*, ¿a qué se debe? Dejemos de lado el apego a la cabecera y entremos en cuestiones más groseras.

¿Acaso De Azúa quería pensarse como uno de los últimos de Filipinas, como un irredento que con orgullo luciferino cree posible resistir? ¿O acaso pensaba emplear el *entrismo*, algo propio de sus viejas querencias maoístas, para modificar internamente un diario que ya no le es afín?

Como puede verse, el asunto no merece mayores elucidaciones y tampoco es que me preocupe mucho.

Me preocupa, sí, la egolatría ostentosa de ciertos columnistas que se creen insustituibles o intelectuales sin tacha. Aplicarse algo de humildad no sería mala medicina.

Arcadi Espada
5 de diciembre de 2013

Arcadi Espada es un periodista reconocido, algo broncas y picapleitos, pero listísimo. Sabe que tiene razón, que lleva razón, que carga con la razón, y por ello se muestra siempre políticamente incorrecto, rimbombante, incluso injurioso. O ultrajante. Eso sí: salvo que afecte a la derecha ideológica o al rey del radioteatro. Me refiero a Federico Jiménez Losantos.

Mientras no existieron Ciutadans o Unión, Progreso y Democracia, Arcadi se mostró como un exsocialdemócrata intelectual, decepcionado, como un periodista desilusionado con Pasqual Maragall o con el Partido Socialista catalán. ¿Esperaba algo?

Francamente no entendí y no entiendo su decepción. ¿Qué esperaba de los laboristas catalanes? Siempre han sido lo mismo: ¿no lo había captado Espada? Queda bien haber sido de izquierdas para después lamentar la deriva derrotista e insensata de los socialdemócratas. Pero queda peor sentir simpatías por la carcundia de este país. Vale que los socialistas son manifiestamente mejorables, ¿pero eso te obliga a celebrar a los ultras?

Yo fui uno de los asiduos del famoso blog que Arcadi Espada abrió en 2004 y lo que escribo ahora no es, no puede ser, la observación neutral de quien nada tuvo que ver. Les ruego, sin embargo, que sigan hasta el final… Tal vez encuentren entre las líneas de mi anotación, aunque sea de manera negligente, un idea atinada sobre dicha bitácora. No debo pedir perdón por ello, pero sí que me creo obligado a precisar mi discrepancia, mi compromiso y mi distanciamiento.

Los *Diarios 2004*, que años después aparecieron en papel, editados por Espasa, son la continuación de un libro que con el mismo título obtuvo el Premio que dicha editorial concedía en la modalidad de Ensayo. Lo publicado por Espasa es una selección de lo que el autor fue anotando en su blog. Dice que esas palabras están concebidas como un cuaderno de bitácora que el periodista vuelca sobre la Red con el fin de hacer públicas sus reflexiones, sus observaciones de lo que la prensa trae.

Con puntualidad, sobre las once horas, Espada mostraba lo que había ido columbrando, sus opiniones, con la esperanza de que seguidores, lectores, críticos o enemigos depositaran también sus comentarios. Ese blog fue un éxito de público: numerosas acotaciones, más de trescientas algunos días, enjuiciaron a lo largo de 2004 lo que el propio escritor evaluaba. Lo habitual era que esos debates electrónicos, muchos de ellos de gran ferocidad, tuvieran que ver con los dislates periodísticos de los que estaba aquejada la prensa, algunos desatinos para los que Espada sería indicador y flagelo.

Una bulliciosa marinería de participantes se fue sumando a esta navegación diaria en la que alguien, en cubierta, avizoraba y sermoneaba arrebatado, sarcástico, críptico; y otros muchos, verdaderos esforzados, escribían lo que el autor llamó zalameramente *Nickjournal*, un diario de colaboradores con apodos, la populosa bodega de la embarcación.

Durante meses, a lo largo de 2004, frecuenté esa página, que se convirtió en una especie de navío: allí deposité mis comentarios (como tantos otros) sobre lo que el anfitrión anotaba cada día o sobre la controversia directa o indirecta que entre los galeotes se suscitaba.

Fue muy amable conmigo, hasta el punto de tolerar mis reproches. Repetidamente le fui manifestando mi decepción con el tono jactancioso, faltón, insultante que tan frecuente era allí: en principio, no tanto por lo que él escribía, sino por lo que sus lectores apuntaban. Pude mantenerme a flote durante meses, a pesar de que, como los personajes de Joseph Conrad, estuve soñando con la deserción.

Finalmente, en diciembre de 2004 me despedí, después de haber contribuido con mis observaciones a lo que allí se decía o no se decía. Para entonces, yo ya estaba muy decepcionado de la experiencia. Varias eran las razones.

La primera: los multitudinarios comentarios que nada aportaban, solo el cómputo vertiginoso de una estadística que mostrar a la editorial que le puso el blog. Decía Màrius Serra en *La Vanguardia*

(7 de junio de 2005) que "el *Nickjournal* del famoso blog del periodista Arcadi Espada (...) parece nutrirse de funcionarios que cada mañana chatean desde el ordenador de su puesto de trabajo". Me parece una gran maldad aludir así a la tumultuosa proliferación de comentarios. Al fin y al cabo, que fueran funcionarios no agravaba las cosas: simplemente no había tantos comentaristas, solo abundancia y desenfreno en el uso del nick, desdoblamiento de lectores, pues.

La segunda razón: el tono frecuentemente grosero, tosquísimo, de sus comparecientes más ruidosos y alborotadores, tan dados al insulto y al escarnio amparándose en el anonimato, en el alias. Dice Espada habitualmente que la participación en estos foros es algo así como una gran conversación. Me parece un error: cuando no hay igualdad, cuando algunos se amparan en el seudónimo para injuriar, no hay razón comunicativa, sino estruendo y furia. Llamar conversación a la libertad de ultraje es un sarcasmo que no toleraríamos en la prensa: tampoco en la televisión, ni, por supuesto, en el cara a cara de la plaza pública.

La tercera razón: la deriva irritada del autor, alguien que habiendo empezado como azote del nacionalismo y crítico del periodismo acabó por aquellas fechas en mero valedor agraviado de José María Aznar y de su gestión, aquel que mejor ridiculizaba a José Luis Rodríguez Zapatero, como si éste necesitara a un severo censor que le recordara la impureza y la impudicia de su éxito electoral. Eso sí: todo ello hecho con la suficiente ambigüedad como para que los adversarios no encasillaran fácilmente al periodista entre los conservadores. Durante meses, aquel que había sido tan cáustico con sus propios colegas, aquel que había sajado con escalpelo la prosa del periodismo, se abstuvo de someter a Federico Jiménez Losantos a idéntica operación, por ejemplo.

Me extrañaba y así se lo hice ver: que la prensa socialdemócrata (*El País*) pudiera ser vapuleada por Espada y que, sin embargo, el ruidoso locutor radiofónico escapara de sus juicios. Las referencias a *Libertad Digital* nunca fueron aparatosamente elogiosas (cosa que le habría condenado a ojos de los progresistas que aún le seguían), pero sí lo suficientemente ambiguas como para que el periodista de la COPE y luego de esRadio no lo tuviera por adversario declarado de quien vengarse.

La cuarta razón: la imprudencia intelectual del autor (lamento decirlo así). Lo que empezó siendo audacia en el tratamiento de ciertos temas que rebasaban la competencia del periodista común acabó siendo temeridad, algo que yo le hice ver en repetidas ocasiones.

Bastará el ejemplo del 26 de octubre de 2004 (desaparecido del libro), un día en que Espada podó una cita de Janet Malcom que reproducía fuera de contexto unas palabras de Jeffrey M. Masson en las que arremetía contra el psicoanálisis, como supuesta negación de la realidad, de Auschwitz en particular.

Uno puede ser adversario de Sigmund Freud, pero no puede manosear la revelación de un antagonista (confuso y narcisista) cuya declaración se hace ante una autora que no participa de esas exageraciones.

La quinta razón: lo que empezó siendo una prosa breve, refinada, una escritura que tendía en origen a la limpieza o a la economía verbal, al aforismo, al comentario escueto y desgarrado, incluso a la greguería afilada, se convirtió con frecuencia en vilipendio ocurrente y pura hipérbole, esa que alimenta el choteo y la incultura de lectores apresurados. Lamento expresarlo así, pero uno debe ser consciente de los efectos de lo que dice y de cómo lo dice.

Tengo en mis manos el volumen de Arcadi Espada *Diarios 2004*. No sé: se me antoja un artefacto avispado, con trampa. A lo que parece, alguna gente que aún interviene en su blog estuvo esos días rasgándose las vestiduras porque no aparecía en el papel, porque el autor no daba cuenta de las intervenciones que cada uno tuvo en su momento. El prosista no podía hacerlo, claro, porque en ese caso el volumen habría sido inacabable. Espada había seleccionado algunos días de sus comentarios (no todos) y había escogido una parte mínima del *Nickjournal*.

Por lo que he visto, en cuanto a los primeros, elegía lo que le resultaba más cómodo y vistoso (luego... de alguna manera incumple el precepto del buen diarista). En cuanto al *Nickjournal*, la representación es desangelada... A mí me reproduce varias anotaciones, cortadas, descontextualizadas (incumpliendo también el precepto deontológico del buen reportero), dando una imagen de su comentarista poco menos que estulta, necia.

Tal vez, otros y yo quedemos mal sobre el papel, ahogándonos fuera de cubierta como desertores de la bodega. Pero el aura del Arcadi Espada más sutil se evapora y el personaje peligra si no aprende a bracear de nuevo, mejor.

Un individuo ingenioso, suspicaz, siempre atento a lo que los otros dicen o hacen, con un mundo interno volcado al exterior, con un afán desmedido de protagonismo, deseoso de sobresalir, de que se le escuche o se le lea, de que se le preste atención, sutilmente adulador de quien pueda recibir ventajas o parabienes y, a la vez, su crítico aspaventoso, sectario y servil, dueño de un verbo acerado que cree inteligente y temido.

Le pierden las prisas, los apremios por destacar y por internarse en un nuevo dominio en el que aplicar su genio destructivo, incendiario, iconoclasta. Pronto aburrido por lo que tan rápidamente alcanza, persigue meta tras meta, como un conquistador promiscuo que se supiera rodeado de piezas fáciles a las que debiera apartar con resignación.

Aunque espera algún día ser reconocido como un hombre de peso, como aquel que fue capaz de conmocionar los cimientos de la institución a la que pertenece, como quien pudo cambiar las cosas con el solo uso de la palabra, no confía en un mundo que abierta o secretamente le envidia.

Sus textos son más incisivos y deslumbrantes que sosegados e inteligentes: pirotécnicos, enérgicos, afectadamente cultos, con el aporte imprescindible de documentación, pero sin la paciencia callada del erudito. Tiene que mostrar que es un individuo que lo sabe todo, que lo ha leído todo, que está obligado a enfrentarse a pares y rivales siempre tediosos, rutinarios, necesitados de su brillo e interlocución.

Cuando se cree fuerte y protegido le gusta ponerse en el límite, desconcertando a sus protectores, esperando el cataclismo que haga de él una víctima, que haga de él ese héroe que cayó con coraje y bravura. Así podrá hablar después de lo que pudo ser y no fue, de la animadversión de los mediocres, de los tímidos, de los ganapanes que anteponen la supervivencia a lo justo. Porque, en efecto, siempre cree obrar correctamente, sin doblez, exhibiéndose, comprometiéndose, cosa por la que se le haría pagar con creces, aunque eso sí: confía aún en hacerse con seguidores que aplaudan su valor.

Andrés Trapiello. Sánchez es culpable
15 de julio de 2023

En un viejo libro de Jean-Marie Domenach titulado *La propaganda política* se fijaban las reglas de la mentira. Apliquemos esas enseñanzas. ¿Es Pedro Sánchez el culpable de todo? Veamos.

La primera regla según Domenach sería la de la simplificación. O regla del enemigo único, también llamada método de contaminación. Me explico. Un ideólogo, un partido y un movimiento sugieren que las divisiones de sus adversarios no son sino artificios destinados a confundir al pueblo y que en realidad esos enemigos solo son uno. Pedro Sánchez es una figura lo suficientemente lejana, genérica o abstracta, como para endosarle todos los males que nos acaecen o que presuntamente nos inflige ese pérfido ser.

La segunda regla sería la de la exageración o desfiguración. Se trata de inflar todas las informaciones que son pertinentes a los propios intereses hasta el punto de estigmatizar y destruir al oponente, convertido ya en chivo expiatorio. En ese caso, la agitación y la propaganda basadas en un victimismo lacerante o imaginario hacen mucho bien para la causa. Es decir, todos seríamos los damnificados de Pedro Sánchez, un individuo ambicioso, ruin y hasta psicópata. Lo supiéramos o no, todos seríamos víctimas de sus lunáticas maneras.

La tercera regla de la manipulación política sería la que Domenach llamaba regla de orquestación. Una propaganda eficaz aunque mentirosa es la repetición infatigable de ciertos temas. "La propaganda ha de limitarse a un pequeño número de ideas y a repetirlas incansablemente", añadía Domenach. "La masa no recordará las ideas más simples si no es a fuerza oírlas centenares y centenares de veces", dijo un clásico. Pues bien, los líderes del PP repiten machaconamente unas cuantas fórmulas sustentadas en pocos, en escasos y utilísimos sentimientos: el sanchismo, el partido sanchista.

La cuarta regla descrita en *La propaganda política* sería la llamaba regla de transfusión: la propaganda eficaz no inventa de la nada, no crea algo inexistente o enteramente falso. Al contrario opera sobre un sustrato preexistente de ideas o necesidades. Opera sobre una serie de preocupaciones de la ciudadanía que, debidamente transferidas y manipuladas, parecen ser evidentes y propias. ¿Hay o no hay subida de precios? ¿Hay o no hay españoles que atraviesan dificultades o padecen estrecheces? Sánchez es culpable.

La quinta regla es la que llamaríamos de unanimidad o contagio. Resulta evidente que las opiniones contradictorias no conviven en el ideario de un individuo, salvo por una presión externa de gente a la que, en principio, damos crédito.

Veamos, pues.

Leo hoy, sábado 15 de julio, una columna en *El Mundo*. La firma Andrés Trapiello. Este escritor es actualmente afín o seguidor del Partido Popular.

En general, sus artículos periodísticos los emplea no para ensalzar a esta formación, sino para atacar como un Zeus tonante a quien es su principal enemigo: Pedro Sánchez. En esto, Trapiello sigue al pie de la letra la táctica empleada desde hace meses por la derecha mediática y política: para derribar al Gobierno de coalición o para impedir su reedición, lo mejor o lo único posible es denostar con furia a su presidente. No hay otro culpable.

Es por eso por lo que el PP y sus medios e intelectuales afines (Andrés Trapiello, entre otros) no hablan de otra cosa que no sea Sánchez, el sanchismo o el partido sanchista. El resto no es literatura; el resto es manipulación. Siguen al pie de la letra las reglas básicas fijadas por Domenach.

Por eso, la conclusión de Trapiello es obvia: el actual presidente no es exactamente un zombi o un muerto. Es nada. Con ese diagnóstico, Trapiello quizá convenza a los fríos o a los indiferentes que lo respetan como escritor. ¿Hablamos de propuestas, de proyectos? ¿Para qué, si ya sabemos quién es el culpable?

Ahora, si ustedes gustan, reflexionen sobre lo dicho. O, si les disgusto, llámenme sanchista.

Félix Ovejero. Los peligros del antinacionalismo
18 de julio de 2024

He leído *La razón en marcha* (2022), del profesor Félix Ovejero. Se trata de una obra concebida como un conjunto de conversaciones con el periodista Julio Valdeón.

El volumen me ha dejado exhausto.

¿Acaso por la hondura filosófica de Félix Ovejero? ¿Acaso por los temas abordados, algunos de ellos tan intensos como la metodología de las ciencias sociales? No, no. Estoy habituado a esta clase libros, libros en los que se tratan asuntos tan profundos como la epistemología o la teoría normativa de la democracia.

La lectura del volumen me deja agotado por la reiteración cansina (o incansable, según) de un tema político que los coautores tratan una y otra vez en sus páginas: el antinacionalismo. No son interlocutores en busca de la verdad. Son, por el contrario, dos correligionarios que están convencidos de lo mismo y cuya conversación les sirve para reafirmarse mutuamente. Que enumeren y repitan tanto y tan seguido las maldades del nacionalismo puede deberse a la perversidad intrínseca de esta corriente ideológica o a la fijación de ambos, aquejados de manía obsesiva.

¿De qué están convencidos?

Ovejero y Valdeón están convencidos de que España está y seguirá estando perdidita mientras no se elimine de nuestras vidas el nacionalismo. O mejor: mientras no se destierren los nacionalismos que infestan la piel de toro. Y hasta el Estado de las Autonomías…

Lo que se proponen es tarea difícil, casi imposible y quijotesca. Se trata de una labor absolutamente dudosa, incluso en el caso improbable de que el profesor y el periodista lo lograsen. Es como intentar extirpar el nacionalismo de Escocia, por ejemplo.

La verdad, a ese programa de máximos que postulan (eliminar el marco mental del nacionalismo), no le veo la sensatez ni el rendimiento.

¿Acaso por ser yo persona cercana a estos movimientos? Debo decir que no siento simpatía alguna por el nacionalismo. Ahora bien admito que se trata de un fenómeno al que considero histórico e inevitable. Como otras manifestaciones políticas del pasado que perduran a pesar de mi disgusto. O indiferencia.

Mi idea histórica es que por mucho que me desazonen o incomoden los nacionalismos, voy a tener que convivir y padecer dichas ideologías y dichos movimientos. Eso sí, trataré de evitar que me trastornen directa o indirectamente.

Pues bien, eso creo que pasa con los autores. Padecen un trastorno que les lleva a decir extremosidades.

En el libro hay momentos de sutileza analítica, sobre todo cuando se apartan de la política ordinaria. Y hay momentos tediosos o irritantes, que suelen coincidir con las dilatadas soflamas que dirigen contra el nacionalismo: "el mayor cáncer de España", apostilla Ovejero.

Es entonces cuando, por oposición, entonan exaltaciones y ditirambos de Ciudadanos, que a punto estuvo de salvarnos, por lo que parece. Y eso, qué quieren, me aburre. Como me aburre cuando Ovejero habla del comunismo y su vigencia. O del futuro brillante que aguardaba al partido bolchevique, pero que lamentablemente se torció. Resulta trepidante el vaivén.

Conocí a Félix Ovejero a comienzos de los años noventa del pasado siglo. Fue un encuentro breve, frío y de mutuo respeto. Entonces, él era un marxista analítico y, probablemente, el más joven discípulo de Manuel Sacristán, en la Universitat de Barcelona. Yo era un profesor de provincias. Ovejero profesaba las ideas de Marx y no tenía reparo alguno en declararse comunista tras la caída del Muro de Berlín. Lo que, por entonces, parecía preocuparle más eran la democracia, sus principios normativos y el republicanismo.

Este último asunto, el del republicanismo lo llevará más lejos: frecuentará a los clásicos para acabar en Philip Pettit o para caracterizar a Felipe VI como rey republicano por su discurso de octubre de 2017. Aunque todo eso ocurrirá después, claro.

Justamente para hablar de estas cosas, de democracia, etcétera, Anaclet Pons y yo lo invitamos a comienzos de los noventa del siglo pasado: a Ovejero, no a Pettit o al príncipe Felipe. A principios de los noventa, ya digo. Debía pronunciar una conferencia en el Aula de Debats de la Universitat de València, que por entonces ambos dirigíamos. El Aula, quiero decir.

El ciclo que habíamos organizado llevaba el título genérico de *Los límites de la democracia*. En fin, originales no éramos. Nuestra intención era estimular una reflexión conjunta sobre las debilidades e incoherencias de un sistema político, el mejor sistema político que tenemos, como es la democracia parlamentaria.

Resultado de todo aquello fue el desarrollo de ese ciclo y la publicación de un volumen que recogía las mejores intervenciones. *El mercat perplex* (1994) titulamos la obra. No sé si alguien la leyó. Y, sin embargo, tenía contribuciones de enjundia académica, entre ellas la de Ovejero.

Han pasado los años, treinta para ser exactos, y aquel Ovejero que conocimos… poco tiene que ver con el autor actual. Sigue siendo profesor y sigue pensando. A veces con finura y, a veces, con sorprendente tosquedad. El antinacionalismo es, ya digo, su obsesión en una Barcelona que sentirá y vivirá como hostil. No estarían mal sus pronunciamientos si sus fijaciones no le hubieran llevado a confundir Cataluña, el catalanismo y el clientelismo con Sicilia, la mafia y la omertà. Las analogías históricas las carga el diablo, pero él está convencido de vivir en una región sin ley.

Por otra parte, la amistad de Ovejero con ciertas figuras de la derecha y la reverencia que le presta a Fernando Savater en este mismo libro prueban que se ha vuelto aún más obsesivo.

Por ejemplo, celebra con palabras sonrojantes a Cayetana Álvarez de Toledo. Destaca su fina intelectualidad, cuyas virtudes alaba como amigo y devoto intelectual aún comunista.

Es más: "Cayetana no es arrogante", dice, "aunque puede transmitir esa sensación. A los tontos les molesta el espectáculo de la inteligencia", de su inteligencia. E insiste: "el discurso de Cayetana" debería ser "en buena medida el que tendría que hacer la izquierda".

Sin palabras.

Pero no se queda ahí. Ovejero aplaude con ganas a Isabel Díaz Ayuso, de la que destaca su mente planificadora durante la pandemia. Únicamente le reprocha que reduzca la guerra cultural a una batalla de eslóganes. Pero, por lo demás, muy bien.

Sin palabras.

¿Cómo es posible que un académico e intelectual tan comunista, tan sutil, tan cuidadoso con la epistemología y la metodología, se abandone al comentario más tosco o a la celebración más ciega?

Reverenció a Julio Anguita. Y, ya ven, en la actualidad admira a Ayuso y a Cayetana, razón por la cual detesta con furia luciferina a Pedro Sánchez y a Pablo Iglesias.

Su enredo ideológico es de aúpa.

Por una parte, Ovejero salva hoy el comunismo de su "barbarie estalinista". Es decir, en Marx y en Lenin no habría el más mínimo apunte totalitario y solo las circunstancias externas, propiamente históricas, habrían llevado a la muerte y a la persecución. Rusia, invadida... En algún momento deplora la barbarie estalinista, ya digo, pero poco más.

Si se trata de ser duro, durísimo, con el adversario político, en este caso Ovejero es terminante: es el Pedro Sánchez que pacta con nacionalistas quien merece las invectivas mas duras, antes que el propio Stalin.

Estoy convencido de que el nacionalismo no solo perturba a quienes creen en sus mitos y falacias, sino también a quienes lo convierten en el principal objeto de sus diatribas. Lo sepan o no, les obliga a hablar constantemente de sus cosas. ¿Recuerdan la fábula de las moscas y la miel? Pues eso: que sus patitas quedaron fijadas en el líquido viscoso, impidiéndoles volar.

OCTAVA PARTE

JODER, QUÉ TROPA

Rosa Díez
21 de septiembre de 2013

Fue socialista, consejera del Gobierno Vasco y dispuso de cargos bien remunerados. Lleva como tantos vascos una vida materialmente opulenta. Por aquí, los levantinos los envidiamos. Bueno, ellos también nos envidian: tenemos Benidorm, ciudad de vacaciones a la que viene una representación senatorial de Euskadi.

Rosa Díez fue socialista, insisto. También lo fueron el hermano de Alfonso Guerra, Luis Roldán y Felipe González. E incluso otros ilustres magnates. A Díez nunca se le probó saqueo o latrocinio alguno: ni hurto, ni sisa. Pero ya que hablo de sisa, he de referirme a su indumentaria. Viste bien, viste caro y viste como una pija septentrional. Se cambia con frecuencia de muda, de tinte del cabello y, como me sucede a mí, parece obsesionada con las gafas.

Creo que yo debería asesorarla en esta materia: tiene mucha cara, una cara demasiado angulosa, para los modelos que usa, siempre rectilíneos, afilados. Le dan aspecto de mala de cuento, como de arpía. Y eso es un error. Ella no es mala, es que la asesoraron así. Debería probar con otra clase de lentes, de monturas: redondas, por ejemplo. Le darían un aire menos severo, menos chulesco.

Fundó un partido tras salir derrotada de un envite: la secretaría general del PSOE, que no obtuvo. El partido socialista de ahora no es mucho peor que el de entonces, el partido socialista de Rosa Díez. Sin embargo, aceptó vivir bajo esas siglas durante mucho tiempo con empleos políticos de postín. Compartía organización con Alfonso Guerra.

Ella da mucha guerra. Habla con soltura, con su dejo vasco retador. Habla con porfía en defensa de España. A veces dice cosas razonables. Subirá en las elecciones, pues su organización aparece como limpia y cristalina, sin ataduras. No lo creo: no creo que sea limpia y cristalina. Como partido tiene ataduras y muertos en el armario. Como cualquier partido ha de estar aquejado de todos los males y de todos los vicios de las organizaciones: principalmente, los bandazos ideológicos en función del poder al que se aspira... "Sí", me responderán, "pero no todas tienen a Toni Cantó".

Eso es cierto. Su partido cuenta con Toni Cantó, que es el responsable de las nuevas tecnologías en la organización: Twitter y no sé si Facebook. Es un gran fichaje, es un gran valor. El muchacho habla con habilidad de histriónico, de payaso o de cómico: se nota que es un actorazo. O no: un simple actor, que ya es mucho. A Rosa Díez la he visto hacer la payasa posando de Agustina de Aragón para el suplemento dominical de *El Mundo*. Me pregunté: ¿era preciso? ¿Era preciso disfrazarse con trapos de corte basto y popular?

Releo lo anterior y noto hostilidad en mi semblanza. Y lo lamento porque en el partido de Rosa Díez milita una mujer sabia de gran inteligencia. ¿A quién me refiero? ¿A la propia Rosa Díez? No: aludo a Irene Lozano.

Demolition Woman
1 de mayo de 2021

He leído con sorpresa y estupor (o quizá no, sin estupor, pues no sé de qué me sorprendo) la última obra de Rosa Díez. Se titula *La demolición* (2021). Digo bien: la última obra de Díez. Después de ésta, quizá ya no le queden ganas para seguir en la brecha literaria (literaria, *passez-moi le mot*).

He confesado mi estupor y luego me he corregido. Estoy acostumbrado a la literatura de baratillo. Es un vicio. Con estas obras aprendo mucho sobre la naturaleza humana.

Estoy habituado, pues, a solazarme con memorias rencorosas, con autobiografías que *deploran*. Es decir, lloronas o que nos hacen llorar.

Cuando digo esto me refiero a aquellas obras en que sus autores deploran todo, absolutamente todo: a los demás, traidores, felones de primera hora, etcétera.

Y me refiero también aquellas otras en que la letra misma del libro, su sintaxis, es deplorable (por la nula calidad literaria o humana de quien se expresa).

En ambos casos, Rosa Díez se coloca en cabeza. O pierde la cabeza.

Además de ser una política en horas bajas, pues ahora nadie parece convocarla para ir en alguna lista, Rosa Díez publica libros para estar en el candelero y en el candelabro. También escribe para examinar lo que pasa (o eso cree), para justificar lo que le ocurre (o eso piensa) y, a la postre, para resarcirse (cosa que no consigue).

Rosa Díez vivió de la política durante años para acabar convirtiéndose en personaje de la antipolítica, en espera —eso sí— de ser convocada por algún partido con expectativas. Ella siempre está en sazón.

En este libro, como en otros suyos, la prosa, repleta de tópicos expresivos, se resiente de inercias verbales, de frases hechas y, sobre todo, de un rencor muy rabioso contra sus antiguos conmilitones.

Yo la entiendo. Si aspiraste a lo máximo en una carrera con distintos contendientes y quedaste la última, ¿cómo te recuperas de eso?

Durante un tiempo tuvo la suerte de tener a su lado a Fernando Savater, un filósofo muy apreciado que empezaba a desvariar. Su apellido, el de Fernández-Savater, dio lustre a sus proyectos: entre ellos, Unión, Progreso y Democracia (UPyD).

La trayectoria de Díez, por momentos sedicentemente heroica (es o eso quiero pensar y aceptar), hoy se precipita hacia una triste deriva, hacia un pensamiento ultra irrecuperable. Solo me cabe una esperanza: el cinismo. El cinismo de que pueda valerse y que pueda salvarla del sumidero, ese lodazal en que se hundió tras el repudio de los electores. Se hizo españolista. Eso sí: tras ser consejera en el País Vasco, en alianza con el PNV y tras flirtear durante años con el vasquismo.

El resultado de su cambio se conoce: frente al casquillo, parecía decir, españolismo y centralismo, *ismos* que ella llamaba constitucionalismo.

Ay, señor. En su lamentable y delictiva historia, los etarras provocaron numerosas víctimas directas: casi novecientas. Luego están los familiares de esos muertos.

Y luego están quienes entraron en proceso de victimización: por supuesto, muchas de estas personas fueron amenazadas y, por descontado, debieron ser protegidas con escolta. Entre esos casos, está el de Rosa Díez que, tras abandonar el Partido Socialista a cajas destempladas (quedó la última en unas primarias en las que ganó José Luis Rodríguez Zapatero), acabó fundando ese partido nuevo: Unión, Progreso y Democracia.

Muchos años después, Rosa Díez ejerce de intelectual. No solo ha sido una política de ejecutoria práctica. Ahora insiste en la cosa intelectual: publica libros. Publica este que menciono, un libro que es puro rencor. Su prosa desbordada da pena. Compara a *Sánchez* —vamos a llamarlo así, sin tratamiento alguno— con Joseph Goebbels. Tras leerlo y devolverlo, el libro (me refiero), me pregunto algunas cosas. ¿Por qué el envejecimiento, del que yo ya acuso las primeras sacudidas, nos saca lo peor a las personas *humanas*? ¿Y a las otras? El envejecimiento mal llevado lleva a la demolición.

Lenin y Rosa Díez
27 de marzo de 2023

En abril vuelve Rosa Díez a la palestra editorial. Da miedo. O risa. O ambas cosas a la vez. Sé de lo que hablo. Entre otros volúmenes, aún recuerdo estremecido *La demolición. La gran traición de Sánchez a la democracia* (2021). En el apartado anterior me he explayado sobre dicha obra.

Es probablemente el segundo o tercer peor libro político que he leído en mi vida. Tendría que repasar mi ranking para cerciorarme. Cuando digo peor no me refiero a la perversidad del autor. Ahí, en el podio hay muchos en competencia. En cuanto a perversidad. Cuando digo malo o peor, me refiero a la baja estofa del volumen.

Su nuevo libro se titula *Caudillo Sánchez*. Parece que dicha obra la dedica a examinar *humanamente* al actual presidente del Gobierno. No sé si eso implica también un análisis psicológico a distancia. Retengamos que sea al menos eso: un análisis humano. En la sinopsis podemos leer que Díez "hace hincapié en la descripción y conocimiento de su personalidad como instrumento imprescindible para comprender su conducta y los motivos que le impulsan a tomar sus decisiones".

Y sigue: "La autora considera que para evaluar correctamente la dimensión del desastre que constituye el legado de Pedro Sánchez, han de analizarse sus iniciativas desde la perspectiva *humana*, no tanto ni únicamente política. Solo así, sostiene Rosa Díez, podrán los españoles diseñar una estrategia de defensa frente al caudillo".

Evidentemente, Díez se muestra muy aguda. O eso cree. Imagino, además, que ella juzgará su analogía como una expresión de mucha sutileza. Identifica a Pedro Sánchez con el Caudillo o con un caudillo. Y, por si había dudas, en la cubierta luce y reproduce el grafismo de un famoso cuadro de Lenin.

Es decir, Sánchez ejercería un caudillaje de doble inspiración. Eso deberíamos colegir del juego hermenéutico.

En fin, sale a la venta el 12 de abril. No me lo pierdo.

Díez, que está entre Vox y el PP, espera algo de lo suyo. Mientras tanto sigue haciendo méritos intelectuales. Y, como la cosa tarda (el cargo o la sinecura), la *Biblioteca Díez* aumenta monstruosamente.

Manca finezza.

Psicopatología del rencor
18 de abril de 2023

Rosa Díez es autora de un libro que ha titulado *Caudillo Sánchez* (2023). Está dedicado al actual presidente del Gobierno de España y, por supuesto, le es hostil. La enemistad que Díez profesa a su antiguo partido es digna de mejor causa. La vida se le gasta odiando, arremetiendo a destiempo y con saña.

Da pena, qué quieren. La autora habla con tanto desprecio del tal *Sánchez* (así lo llama), que el desdén se le vuelve autoodio, una furia que la consume. Debo admitir que me ha costado horrores leerlo. ¿Acaso por tenerle simpatía a Pedro Sánchez? No, no es eso. Estoy acostumbrado a degustar toda clase de venenos.

Es tan disparatada la andanada que le lanza, que los tiros se quedan en simple fogueo. No hace blanco. No tiene tino ni tacto. Díez dispara y dispara, mientras el tal Sánchez, una fiera tan escurridiza, se le escapa.

El volumen casi se me atraganta por su mala índole. Se me atraganta por la sintaxis agria y agraviada de que se vale, por el tóxico que desprende, por la injuria de su prosa siempre ofensiva. Sorprende tanto rencor y tanta inquina. Durante páginas y páginas, la autora permanece encerrada con un solo juguete al que interpela y repudia. Al tal Sánchez atribuye todos los males de España y al tal Sánchez insulta con impotente ensañamiento. Vuelca sobre él una antipatía de difícil reparación.

Y yo me pregunto qué maltrato le ha infligido el mundo, qué expectativas tenía sobre su porvenir, para que la autora se exprese con inútil ferocidad. Me pregunto qué le ha hecho la vida para que se pronuncie con esas frases mal hiladas, reiterativas e iracundas, con una ojeriza que no tiene cura.

Voy a decirlo de modo antiguo: la autora demuestra estar aquejada a la vez de nerviosidad, de una agitación sin freno, y de

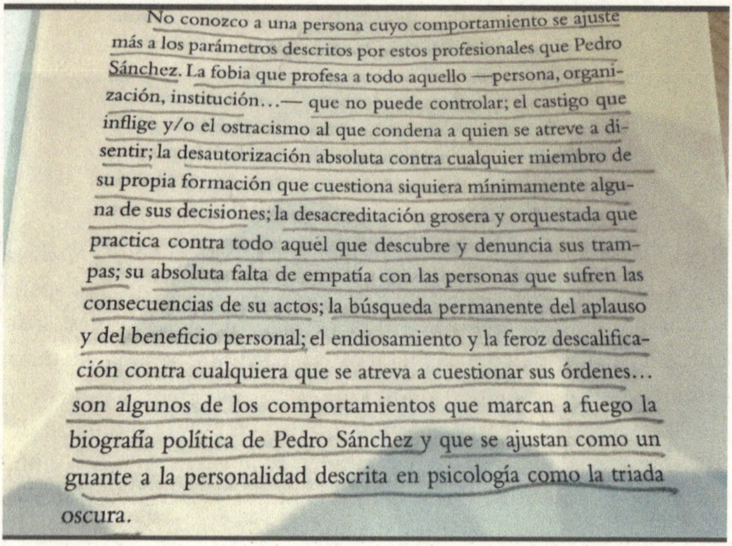

No conozco a una persona cuyo comportamiento se ajuste más a los parámetros descritos por estos profesionales que Pedro Sánchez. La fobia que profesa a todo aquello —persona, organización, institución...— que no puede controlar; el castigo que inflige y/o el ostracismo al que condena a quien se atreve a disentir; la desautorización absoluta contra cualquier miembro de su propia formación que cuestiona siquiera mínimamente alguna de sus decisiones; la desacreditación grosera y orquestada que practica contra todo aquel que descubre y denuncia sus trampas; su absoluta falta de empatía con las personas que sufren las consecuencias de su actos; la búsqueda permanente del aplauso y del beneficio personal; el endiosamiento y la feroz descalificación contra cualquiera que se atreva a cuestionar sus órdenes... son algunos de los comportamientos que marcan a fuego la biografía política de Pedro Sánchez y que se ajustan como un guante a la personalidad descrita en psicología como la triada oscura.

neurastenia, una impotencia que la deja exhausta. Pero la autora no ve en qué estado se encuentra. No es ella quien se detecta el mal o la grave dolencia.

Al contrario. Es ella quien ejerce de psicóloga dominical, de psiquiatra aficionada. Ya no servirían la politología, la historia y otras disciplinas afines para estudiar la trayectoria de Pedro Sánchez. Servirían la psicología, la psicopatología y la psiquiatría para diagnosticar un caso de caudillaje equiparable a los grandes tiranos del siglo XX. Tras un rostro amable se escondería la naturaleza del monstruo, que la autora revela o nos devela.

Para ello, con dos tardes y dos lecturas académicas, se atreve a diagnosticar al tal Sánchez. Y la conclusión es obvia: lo de ese señor ya no tendría remedio, porque no sería una dolencia, sino su naturaleza. Con terapeutas no se curaría de su psicopatía, de su narcisismo y de su maquiavelismo.

Por eso decide aplicarle un cuadro psicológico aprendido en un par de libros sobre dicha materia. Por eso cree tener avales para analizar su objeto clínico a distancia. Por eso dice ser capaz de diagnosticarlo. Repito: el tal Sánchez sería psicópata, narcisista y maquiavélico.

Puedo reproducir pasajes del volumen, pero de momento me da grima y pereza.

Reproduzco, eso sí, dos fotografías del libro, que proceden del Twitter de la propia autora.

En una vemos tres ejemplares de su volumen con esa ilustración de cubierta que ya analizaba antes: una recreación de Lenin.

En la otra, la autora reproduce una de las páginas de su obra, pero con una particularidad: toda ella, toda la página, está subrayada.

Ni en su propio texto sabe discernir lo importante de lo accesorio, pues todo le parece destacable.

Cuando esto ocurre, Sra. Díez, tiene usted una percepción patológica de difícil cura: se está subrayando encima, enterita. No hay tapón, no hay freno: la prosa sintética no basta.

Psiquiatría recreativa
2 de agosto de 2023

Rosa Díez es autora de varios libros, dos de ellos dedicados a Pedro Sánchez: *La demolición* (2021) y *Caudillo Sánchez* (2023). Quien lo fue casi todo entre los socialistas vascos y quien aspiró a ser todo en la dirección del PSOE solo puede sentir odio hacia quien era su rival, José Luis Rodríguez Zapatero. Y solo puede experimentar resentimiento hacia quien ha dilapidado su antigua formación a partir del zapaterismo, dice.

Actualmente, Rosa Díez se sitúa entre las portavoces más iracundas y sanguíneas de la derecha político-mediática. La verdad es que, con sus libros da miedo. O pena. Al decir de ciertos terapeutas, sus habituales libelos reflejan probablemente un trastorno obsesivo-compulsivo de difícil cura.

Yo no me atrevería a hacer un diagnóstico a distancia y sin los requeridos avales académicos. Pero esos panfletos que escribe, disfrazados de exámenes político-psiquiátricos de la figura de Pedro Sánchez, no auguran nada bueno. Reflejan una proyección de odio inagotable y paranoide. Reflejan a una persona obsesionada. Yo no sé psiquiatría clínica para confirmar la justeza de esos exámenes. Pero sí que puedo sentir piedad por quien dilapida su verbo denostando con furia y ruido.

En principio, un caso menos preocupante, solo un poco menos preocupante, es el de Joaquín Leguina. Como Díez, lo fue casi todo entre los socialistas (madrileños) y, desde hace tiempo, manifiesta hacia su antiguo partido (zapaterista y sanchista, según él) una ojeriza igualmente incurable. Siempre que le dejan, es convocado por los medios conservadores para arremeter con estrépito y sarcasmo herido contra sus anteriores conmilitones.

Pedro Sánchez. Historia de una ambición (2021), ahora leído, es seguramente un ejemplo de esa producción intelectual.

Leguina empezó como demógrafo, convertido en novelista, para al final entregarse a libelista algo amargado. Antiguo militante y dirigente del PSOE como Díez, en sus páginas vuelca su inquina contra Sánchez.

Quizá lo más interesante de su libelo disfrazado de biografía sea la chismografía que se permite por conocer Leguina a la familia Sánchez Pérez-Castejón. Eso dice.

Para su hermano menor, David Sánchez Pérez-Castejón, solo tiene palabras de elogio. En cambio, Sánchez sería un ser de tendencias patológicas y hasta monstruosas, capaz de atrocidades con el fin de adueñarse del poder en el PSOE y, luego, en España. Eso dice.

Como también dice cosas peores. Las afirma porque —insiste— cree conocer a la familia y, por tanto, a Pedro, al que vio venir. Y las afirma por no poder reprimir un rencor orgánico hacia sus antiguos correligionarios. Por eso, a Pedro Sánchez lo captó enseguida, entre otras cosas por haber ejercido Leguina la máxima responsabilidad entre los socialistas de Madrid.

Lo vio venir desplegando sus malas artes, basadas en la ambición, la seducción, el populismo, la falta de escrúpulos, etcétera, hasta hacer de él un gobernante cesarista. Caudillaje y cesarismo son los males, las patologías políticas, de que estaría aquejado Sánchez.

Las enemistades que Díez y Leguina profesan a su antiguo partido son literatura depresiva. La vida se les consume ensañándose y mostrándonos sus respectivas laceraciones. Dan mucha pena, qué quieren que les diga. Hablan con tanto desdén del tal Sánchez, que el desprecio parece más bien una suerte de autoodio, un enfado que los arrebata.

Si algún acierto hay en sus andanadas, si de alguna de sus críticas es merecedor Pedro Sánchez, la ira arruina sus palabras: tal es el grado de disparate de sus respectivas jeremiadas. A Sánchez atribuyen todos los males de la nación. Es tal lo hiperbólico de su ensañamiento, que lo agrandan. Lo agigantan proclamando los ardides y las maldades maquiavélicas de que sería capaz el tal Sánchez. Añádase algún componente más (narcisismo y psicopatía) y ya tenemos el cuadro clínico. No sé si del paciente o de los galenos de guardia.

Cayetana Álvarez de Toledo y Peralta-Ramos
18 de abril de 2019

En España estamos en campaña electoral. Lo digo por si alguien cree que aún no hemos empezado. Llevamos tantos meses de confrontación y malas palabras que uno puede pensar que hace mucho que comenzó. O, por el contrario, puede pensar que estamos todavía en la antesala. Pues no. Estamos en campaña. Y este es el momento que algunas personas faltonas aprovechan para expresarse con furia y ruido.

No vi el debate televisivo celebrado la noche del 16 de abril en RTVE. Era una liza entre los distintos partidos, entre los representantes de los diferentes partidos. Los de segunda. Los grandes varones se reservan para mejores ocasiones. Mientras se desarrollaba el debate, yo estaba a otra cosa, lo admito. Estaba entreteniéndome con un capítulo de la serie *The Man in the High Castle*. Una distopía inquietante basada en una novela de Philip K. Dick. No digo esto con arrogancia ni con suficiencia. Lo digo porque ni siquiera me había enterado de que el debate se iba a celebrar. Estoy en las nubes.

Cuando, al día siguiente, ya el 17, tuve la oportunidad de ver algunos instantes o momentos de la discusión, quedé debidamente impresionado. Quedé estupefacto por el tono y las maneras de doña Cayetana Álvarez de Toledo y Peralta-Ramos, la candidata del Partido Popular al Congreso de los Diputados por Barcelona. O no tan estupefacto. Bien mirado, no había nada nuevo en su comportamiento.

Hasta hace poco, yo desconocía quién era esta señora. Entono, pues, el mea culpa. Ignorar a una *celebrity* aristocrática, marquesa o así, me hace más plebeyo. Como más ordinario, ¿no? La señora Álvarez de Toledo es, además, colega mía. Es historiadora, es graduada, es doctora. Eso sí: es políglota, goza de tres nacionalidades y, para colmo, es amiga de Fernando Savater y sobre todo de Arcadi

Espada, virtudes o logros que la engalanan. Yo también lo fui: digo que hace quince años fui amigo circunstancial de Espada... hasta que dejamos de serlo.

El periodista catalán se volvió amigo de Jiménez Losantos y perdió la chaveta, víctima del pujolismo. O sea, que a doña Cayetana y a mí nos unen muchas cosas. ¿Quién me lo iba a decir? Pero yo lo ignoraba todo de ella.

A la señora Álvarez de Toledo la descubrí hace un par de Navidades, justo cuando tuvo su momento de gloria. Lo recordarán: fue con motivo de un tuit lunático en el que condenaba a la alcaldesa de Madrid. "No te lo perdonaré, jamás, Manuela Carmena". Su enunciado era así o algo así. No sé: en todo caso era algo relacionado con la cabalgata de Reyes Magos. ¿Los Reyes Magos no eran los padres? En fin, perdonen este spoiler. Vuelvo...

Vuelvo a doña Cayetana. Si no me equivoco, además de sus títulos nobiliarios y académicos, la señora Álvarez de Toledo se vale de otros oficios viles y mecánicos. Con ellos obtiene un buen pasar: es periodista o al menos ejerce de tal en algún medio de comunicación. Si no yerro, entrevista a personajes de postín para *El Mundo*. Algunas de esas entrevistas las he leído y en efecto pude confirmar en ella, en su escritura, un cierto tono soberbio, entre altanero y suficiente. Me refiero, claro, a la entrevistadora. Se arrogaba un protagonismo que no le correspondía y además asentía, subrayaba, corroboraba o matizaba lo que el interlocutor se atrevía a afirmar en su presencia.

Punto y aparte.

Ya sabemos que a nadie hay que juzgarlo por su físico, por su cuerpo, por su indumentaria. Hemos de acarrear con un esqueleto y sus rellenos, y esto es lo que hay. Arremeter contra el organismo de un ser vivo está feo. Pero, al observar a doña Cayetana Álvarez de Toledo, incurro en conducta punible: me abandono al tópico. A cierta edad, ya lo sabemos, uno es responsable de la cara que tiene. Y eso me digo al contemplar su afilado rostro.

Por eso admito que el físico y la cara de doña Cayetana me sorprenden. Lamento decirlo y sé que se me afeará este juicio, pero no puedo dejar de confesar mi estricta inquietud. Su físico, que sufre desproporciones evidentes y una delgadez preocupante, parece aquejado o arruinado por el envaramiento. Muy tieso. Y su cara es un rictus permanente, pues apenas esboza alguna sonrisa. Como mucho, en un renuncio, podremos descubrirle un mohín de sarcasmo.

Toda ella, toda Cayetana, aparece nimbada por un aura de crispación, por una irritación inespecífica. Por una mala leche, que diría el castizo. Nos mira con condescendencia. ¿Con altura de miras? No, nos mira desde la altura, que es distinto.

Está soberbia cuando así nos escruta, al modo en que una marquesa de antaño podía mirar a los plebeyos. Es una réplica femenina de don José María Aznar, el Aznar que odia las cobardías y el entreguismo, ese Aznar dispuesto a todo. Me explico para acabar...

En *El abuso del mal* (2006), el filósofo norteamericano Richard J. Bernstein analizaba la deriva de la derecha norteamericana de las últimas décadas. En concreto examinaba la radicalización de la política institucional, una política tradicionalmente moderada que ahora se vería afectada por una nueva religiosidad, por una nueva espectacularidad y por una patología. ¿A qué patología me refiero? A la del liderazgo enfático y escénico, basado en principios maniqueos, en un ríspido moralismo, encarnado por una coalición de populismo blanco con magnates *wasp*.

El liderazgo enfático es una idea interesante que parece moderna o recientísima. Bien mirado, lo del hiperliderazgo podemos remontarlo a otros tiempos igualmente sombríos. Con esa fórmula, Bernstein hacía referencia a la exaltación de las dotes de mando, al gobierno desacomplejado, a la incorrección política de las derechas: la incorrección política de las derechas ultras y credencialistas, hartas —al parecer— de años de contención, de igualdad y de derechos, de discriminaciones positivas y políticas de identidad.

Han pasado muchos años de esa temprana y perspicaz radiografía. El grave defecto que en sus páginas diagnosticaba Bernstein se ha extendido y universalizado. La aristocracia española está atenta. Los plebeyos estamos a cubierto.

Doña Cayetana
18 de septiembre de 2019

Con orgullo, con sensibilidad, con prudencia, con modestia, con sencillez. Con finura, como corresponde a la aristocracia del Reino. Así nació, así es y así se muestra doña Cayetana. Doña Cayetana Álvarez de Toledo. Se nos presenta como una titulada ornamental ante quien no pocos intelectuales de prestigio se rinden.

La aristocracia española, ya lo sabemos, es castiza y mundial, de costumbres ancestrales y de pronto bien moderno. Lo estudié en la carrera y lo confirmé en *¡Hola!*, el semanario de la élite. A esa nobleza de abolengo, de privilegios y honra, le gusta el rebujito, tan español, y le gusta el estatus, tan señorial. Una copa y una soleá. De cuando en cuando.

Punto y aparte.

Cayetana. Ay, Cayetana… Envidio ese nombre propio. Quién lo tuviera. Si a uno lo bautizan con ese rótulo, de tanto peso, no solo lo condicionan. En realidad lo adornan. Qué quieren, por pura envidia, me imagino llamándome Cayetano. No llego, pero me imagino. Don Cayetano, apreciados plebeyos. Como mínimo, yo iría a caballo, a lomos de un alazán. O con un bólido de muchos caballos. O con un híbrido enchufable, no sé. A bordo de tan distinguida fiera, ya lo saben, yo sería Cayetano, don Cayetano, apreciados plebeyos.

Punto y aparte.

Otro Cayetano… Del hijo de la duquesa de Alba espero hablar pronto. Sus memorias —*De Cayetana a Cayetano*— las llevo muy avanzadas. Siento un estremecimiento. De página a página. De pantallazo a pantallazo. En breve lo devuelvo...

Pero volvamos a la señora Álvarez de Toledo. Si me entrego a tanta cháchara y digresiones, me desoriento. Es ponerme con la aristocracia y me pierdo.

Doña Cayetana, la diputada y portavoz *popular*, es persona de fácil acuerdo, de retórica voluntariosa, nada vehemente, nada hostil. Eso se le reconoce. Es por eso por lo que resulta placentero escuchar su habla suave, de tono amistoso. Su verbo es anuente y congruente. Sin estridencias. De hecho, cuando se pronuncia, sorprende la mesura de que se sirve, esa concordia que la adorna. Al discrepante (siempre hay alguien que persiste en el error) lo interpela con trato exquisito, sin arrogancias o retos. Doña Cayetana lo tenía y lo tiene todo a favor, pero su humildad la adorna. Esa forma de ser y ese carácter linajudo. Por ejemplo, pudiendo mostrar sus cualidades, pudiendo jactarse de sus prendas, doña Cayetana se reserva.

Ignoro la polémica que la diputada provoca…

Doctrina de clase
27 de noviembre de 2021

A pesar de las quinientas y pico páginas que tiene yo, lector, he consumido *Políticamente indeseable* (2021) en pocos días. No es una proeza. O sí. La presunta hazaña es fruto de una disciplina que me resulta infrecuente. Vaya, de una aplicación que no me reconozco. ¿Varios centenares de páginas sin saltarme párrafo alguno?

Admitámoslo. Ya tiene que tener mérito la autora para que un lector caprichoso como yo se entretenga con un volumen doctrinal, dedicándole toda su atención. He dicho autora y, por supuesto, ya habrán adivinado a quién me refiero: a doña Cayetana Álvarez de Toledo y Peralta-Ramos.

Las líneas que siguen no alcanzan a ser una reseña, sino un comentario igualmente caprichoso, de corta extensión, apenas glosa. Es efectivamente corta, ya digo, pues mi exégesis es de un libro largo al que, a mi juicio, le sobran unas páginas: quizá, entre trescientas o cuatrocientas.

Diré por qué hay este excedente de verbalismo impreso.

Mientras cumplo con mi palabra voy a tomar aliento y carrerilla. Regreso en horas y les explico.

Cayetana…

Políticamente indeseable es, de entrada, un título provocador, deliberadamente provocador. Quien, en principio, lea la leyenda de la cubierta no sabrá aún a qué alude.¿Acaso la indeseable, políticamente hablando, es la autora? ¿O, por el contrario, la autora habla de una política indeseable? Ella juega con ambos extremos, ambos entendidos o malentendidos.

La parafraseo.

Ésta es la historia de mi lucha… contra una política indeseable, cosa que para muchos me acabó convirtiendo en una política indeseable. Muchos, pero no multitud: solo gentes mediocres que me han temido y aún me temen. Etcétera.

En realidad, lo que este libro viene a ser es un híbrido en el que aparecen y desaparecen varios géneros al alimón, varios géneros que están administrados de forma desequilibrada, no sabiamente.

Es un relato grandilocuente, es el relato de un caso personal. Ella se sabe soberbia, arrogante y arisca, y se atreve a diagnosticarse, de modo narcisista y a la postre omnipotente. Cayetana es Cayetana por ser ése su rasgo de carácter, por venirle de casta a la galga.

Es hija de gente noble, de título y de destino, con padre francés de origen español (marqués de Casa Fuerte) que —parece ser— luchó contra los nazis y de quien recibiera una perdurable lección individualista y cosmopolita.

Y Cayetana es hija de una madre argentina, descendiente de pioneros, de conquistadores españoles, una madre libre, corajuda, de fuertes inclinaciones creativas y artísticas y de quien habría recibido su celo o sesgo intelectual.

Por herencia y por enseñanza, Cayetana estaría entre Winston Churchill y Karl Popper. Al primero lo cita continuamente porque se sabe en contienda permanente, en búsqueda y defensa de la verdad. Como Popper, también.

Ella está en guerra cultural contra la identidad, contra el desistimiento, contra el apaciguamiento, contra la tibieza, contra toda forma de colectivismo, contra el comunismo, contra el nacionalismo.

Cayetana es soberbia porque con legítimo orgullo se sabe tropa o capitana de un pequeño y bravo ejército, los constitucionalistas inspirados por Fernando Savater: en una España con enemigos internos dispuestos a romperla. Ella sería parte de los "*happy few*", de *Enrique V*, de William Shakespeare: "*We few, we happy few, we band of brothers…*"

Ese bravo ejército, formado por unos cuantos miembros de su propio partido y por antiguos militantes de izquierda ahora reconvertidos, felizmente reconvertidos (como Savater, Trapiello, etcétera), , busca siempre la verdad, así perezca el mundo. Y, claro, esa búsqueda de la verdad es una meta que choca. Resulta molesta a los pasivos, a los hostiles, a los mentirosos, a los tibios.

Pero la política no es asunto de intereses plebeyos o abyectos, sino un gran instrumento que debe estar en manos de los mejores, de los excelentes. Ella está entre ellos, junto a ese pelotón que finalmente salvará la civilización. Que salvará la Razón

El problema de Cayetana Álvarez de Toledo es que concibe la política y la vida de dos maneras conexas aunque no idénticas. La primera es que en la lucha tiene amigos y enemigos. Aquí hay una clara influencia de Carl Schmidt. Estos últimos, los enemigos, son los que combaten entre sí y, en esta contienda, al menos figuradamente, no se hacen prisioneros. La segunda manera que tiene de concebir la política y la vida es la de un juego de suma cero. Lo que el enemigo gana yo lo pierdo. Lo perdemos yo —en primer lugar— y quienes estamos en el lado de la razón. No hay, pues, componenda y contemporización posibles.

En la lucha de amigos y enemigos con saldo positivo o negativo, hay también traidores o cobardes o ganapanes que se venden fácilmente. Y el solar patrio está lleno de indiferentes, de burgueses amodorrados, que declinan toda responsabilidad en esta guerra emprendida.

España está en decadencia, en declinación. Cayetana nos lo dice recordando su doctorado en Oxford sobre el Imperio español y su declive. Lo dice como historiadora, sí, pero una historiadora que toma del pasado todo ejemplo, por enorme que sea, para confirmar sus posiciones actuales, por pequeña o mezquina o mediocre que sea la anécdota en la que ella se ve envuelta. Este libro es el caso minúsculo de una joven periodista que, con celebridad mediática, alcanza la cima política, portavoz de su grupo parlamentario, para ser bien pronto defenestrada por los suyos, por la dirección de su organización, el Partido Popular.

Esto es un episodio de valor escaso, infinitesimal. Pero para ella es la penúltima batalla que la razón libra frente enemigos, traidores e indiferentes. Epopeya. Por ello, el volumen es una larga, subjetiva y frecuentemente sectaria crónica de acontecimientos que en paralelo discurren a su vicisitud personal.

Pero es más.

Antes decía yo mismo que es un híbrido. Lo es en la medida en que hallamos el detallado y a la vez superficial libro de memorias políticas, en el que abundan muchos retratos hechos con ojeriza y rencor. Hallamos la brevísima confesión más o menos íntima, la escueta o mínima historia familiar, la reiterativa y machacona exposición doctrinal.

Y todo ello escrito con estilo simple y pomposo a un tiempo, como un dolorido o rabioso ajuste de cuentas, en una suerte de monólogo shakespeariano, muy enfático para tan magra derrota. Le puede la épica y vive en un mundo de fantasía guerrera. Por eso, el volumen es, una y otra vez, mi lucha, la historia de cómo combatí, antes y después de haber sido designada portavoz parlamentaria del PP.

Es reiterativamente el choque contra una política repudiable, tóxica, pasiva, que identifica con toda identidad o cualquier colectivismo. Y es también reiteradamente el combate y la decepción que siente hacia los suyos, una parte de los cuales se apartan de su persona como si fuera una apestada.

¿Quiénes son? Los mismos que la nombraron son quienes la echan por ser política pugnaz y corajuda, ahora ya una política indeseable. En fin, no quiero extenderme más. Los chismes acerca de sus rivales ya han sido publicados por la prensa y por las redes.

Alguien puede ser amigo suyo y su recuerdo escrito será positivo, pero si esa persona deja de ser amiga antes de la redacción del volumen, entonces se convertirá en un taimado o despreciable personaje o en un mediocre traidor que postula el desistimiento.

La obra es un repertorio de clases de doctrina política y de doctrina de clase. El liberalismo, el constitucionalismo, etcétera, tienen aquí a su defensora más antipática y más enfática. Nos hace aborrecer lo que de bueno podría tener su meta, no tanto por el objetivo en sí, cuanto por su prosa bélica y belicista.

Descubrirse traicionada, descubrir que los partidos son organizaciones con fuertes tendencias oligárquicas, descubrir que los buenos pueden dejar de serlo es síntoma de falsa ingenuidad, de adanismo o de ignorancia supina.

Dicho todo esto, y podría añadir mucho más con citas o extractos literales, me callo pidiendo disculpas por hablar largo y seguido de un libro de batalla, de baratillo, de circunstancias.

En el PP no es, no será amada cuando falte, cuando ya no esté entre ellos. Pero Cayetana Álvarez de Toledo seguirá en la lucha final, con

Arcadi Espada, con Félix de Azúa, con Fernando Savater… Seguirá hasta que alguno de ellos deje de ser amigo para devenir enemigo.

Allí la tendremos.

Sola en el campo de batalla.

El atasco de Isabel Díaz Ayuso
28 de mayo de 2019

Se acaban de celebrar las elecciones autonómicas. Isabel Díaz Ayuso (IDA) gana de modo aplastante en Madrid. A ese éxito han contribuido, qué duda cabe, dos factores. Primero, la mano que mece la cuna, es decir, la de Miguel Ángel Rodríguez. Y, segundo, el desparpajo absolutamente desinhibido de la propia candidata, que muestra a la pata la llana sus adhesiones y sus odios. Tras sus ocurrencias oportunistas y aprovechadas (que las esgrime contra sus adversarios o, incluso, contra sus propios correligionarios), dice tener ideas e ideología.

Mi amiga Ana Serrano, grandísima librera madrileña, se lamenta de que una persona así vaya a alcanzar la Presidencia de la Comunidad. Me refiero, claro, a IDA. Ana no le ve mérito alguno, pues la candidata sería una persona sin cualidades reconocidas, reconocidas para desempeñar dicho empleo.

No le ve mérito alguno al menos si la comparamos con Ángel Gabilondo, del Partido Socialista. Se trata de un señor reflexivo, prudente, moderado y con capacidades intelectuales bien acreditadas. Ser catedrático no significa ser buen político necesariamente. Ya sabemos aquello que decía Max Weber cuando hablaba de la ciencia y la política: ambas como vocación y como profesión, ambas regidas por éticas muy distintas. Pero lo que hace preferible a Ángel Gabilondo no es que sea catedrático, sino su raciocinio y mesura.

Punto y aparte.

En el transcurso de la noche electoral, una amiga me dijo algo parecido a lo revelado por Ana Serrano. Me dijo, además, que sorprendentemente Isabel Díaz Ayuso era *abogada del Estado*. Vamos, que había superado dicha oposición. Me extrañó. No me lo podía creer. Tan incrédulo estaba que achaqué algo tan inverosímil, esa fantasía, a mi oído duro, no a mi amiga. Hemos de suponer —concluí yo en nuestra animada o desanimada conversación— que alguien con esos títulos y méritos (la abogacía del Estado) no puede ser tan zote como IDA parece ser.

No puede ser tan zote como es o aparenta ser, insistía, pensando quizá que mi sectarismo culpable (siempre culpable) no me había hecho ver lo que de verdad es Isabel Díaz Ayuso: una persona dotada de recursos intelectuales.

—No sé, no sé —me decía.

No me lo acababa de creer por estar ya habituado a escuchar sus frecuentes y desafortunadas declaraciones. Durante la campaña electoral le habíamos oído decir cosas increíbles, retadoras y con su punto de estupidez, pavadas o maldades que probarían su escaso vuelo intelectual. Insisto: declaraciones retadoras y con su punto de estupidez.

No podía ni puedo dejar de ver lo que es palpable. Isabel Díaz Ayuso no parece tener freno ni muchas luces. Me temo que es un ser tirando a zoquete. Me temo que quizá yo no anduviera tan desencaminado, quizá no me nublara mi posible sectarismo.

Punto y aparte.

Quise comprobar los datos biográficos, su currículum, para compararlo con el nivel intelectual que demuestra cuando interviene en los medios. Pude hacer algunas averiguaciones (al alcance de cualquiera, por otra parte).

Mi primera reacción fue la de estupor. Isabel Díaz Ayuso no es abogada. Menos aún, abogada del Estado. Mi amiga y yo estábamos equivocados. O yo solo, si oí mal, que fue lo más probable. Díaz Ayuso se licenció en Ciencias de la Información en la Universidad Complutense y de ella, de su Alma Mater, es doctoranda, añadía el currículum oficial.

Doctoranda, doctoranda…

Cuando en un currículum se dice que uno es doctorando y ese grado, que no lo es, permanece durante años, eso significa que no hay ni probablemente habrá doctorado. Que la doctoranda se atasca, vaya.

Creo que en el ámbito político hay otro doctorando inverosímil: Albert Rivera. No sé si ya ha retirado de su vida académica ese espantoso y originario gerundio. Es como si me matriculo en primero de sociología o de antropología o de latines y digo que tengo estudios de esas carreras. Lo siento, pero no. No tengo estudios. Volvamos al currículum.

Tras graduarse, Isabel Díaz Ayuso estuvo ejerciendo determinados puestos en los gabinetes de Esperanza Aguirre y Cristina Cifuentes. Había ingresado en 2005 en el Partido Popular, justo cuando Pablo Casado ejercía la secretaría general de Nuevas Generaciones. Su vida laboral se reduce a eso. Es decir, es un producto del partido, es un producto de la *fontanería* del partido.

Es, pues, una gestora de puestos intermedios finalmente premiada con la candidatura a la Comunidad. Gestión de desechos... Si Dios y una hecatombe y un cataclismo no lo remedian, Isabel Díaz Ayuso será la presidenta.

En menudo atasco se van a meter los madrileños.

Yo no vengo a decir un discurso
5 de mayo de 2021

Una amiga me agradece privadamente que mi escritura ayude a pensar y a reír. A ella y a otros. Eso imagino. Bueno, no sé si los escritos son para tanto. De todos modos me siento rejuvenecer con este ditirambo. Por lo de la risa... Lo formulo toscamente: pienso luego río. Reír es, de alguna manera, sospechar, sospechar de uno mismo. René Descartes sostenía que la única certeza que tenemos de lo real es, precisamente, las dudas que manifestamos ante los hechos que observamos o juzgamos. Tenemos la certeza de existir porque dudamos: eso significa que existimos, pues. Fernando Savater nos lo repitió en *La aventura de saber* (2008).

Dicho esto, no estoy o no estamos para tirar cohetes. Aquí donde me ven... vivo o sobrevivo arrastrándome. Vivo o sobrevivo lamiéndome las heridas para disfrute de mis enemigos. Veo a los triunfadores, a los más votados, y me pregunto: ¿pero qué es esto?

Asumo, cómo no, el éxito de Isabel Díaz Ayuso, de una candidata tan escasa..., o —al decir de algunos intelectuales— de una persona tan solvente.

Debo admitirlo. No me di cuenta a tiempo. ¿De qué cosa? Del sentimiento de pertenencia, de la cultura del esfuerzo. Son palabras de Isabel Díaz Ayuso.

Sentimiento de pertenencia es expresión nacionalista. Cultura del esfuerzo es fórmula del ultraliberalismo. Debo admitir que Isabel Díaz Ayuso ha encontrado la piedra filosofal, la aleación más incongruente.

Pues no me percaté. Y ello a pesar de que los intelectuales de postín, hombres bien terrenales, la encumbraban y me advertían.

Yo, qué quieren que les diga, sigo sin ver calidad alguna en este ser de lejanías, de exteriores, de terrazas.

Punto y aparte.

Uno de los libros de Gabriel García Márquez más entrañables es aquel en el que se recopilan sus piezas oratorias: *Yo no vengo a decir un discurso* (2010). El volumen se publicó hace años... Alcanza las ciento sesenta páginas y muestra con sencillez y humildad las calidades verbales de Gabo.

El título de la obra reproduce la oración que escribiera García Márquez en el texto de despedida leído ante sus compañeros de Secundaria. En dicho volumen, que recuerdo haberlo disfrutado por esas fechas —hacia 2010– en Madrid, en un hotel de lejanías, de las afueras, hallamos discursos y conferencias que, en formato de libro, habían permanecido inéditos.

La oralidad nos traiciona, nos expone, nos depone. Uno va con todo preparado, con el pensamiento bien armado, y acaba hundido o revelado o desnudo. En la obra de García Márquez se alude expresamente a su aversión. ¿Aversión, a qué? A pronunciarse: la aversión a hablar en público: "Yo comencé a ser escritor en la misma forma que me subí a este estrado: a la fuerza".

Ayer escuché a Isabel Díaz Ayuso.

Estaba descompuesta y con el rímel corrido. Yo habría tenido corrido hasta el tinte de mi calva (tinte que no me pongo, pues no tengo pelo ni bisoñé). Aparte de felicitar a la ganadora, poco tengo que añadir ahora. La candidata del Partido Popular se inclinó por la simplificación. Quizá no pueda aspirar a más. En política y en otros ramos del saber y del hacer, lo que se lleva es la simplificación..., e Isabel Díaz Ayuso se sumó a la corriente.

Lo que priva aquí y allá es el esquema, la esquematización. En fin, lo que se impone por doquier es aplanar lo complejo. ¿Para qué expresarse con lenguaje refinado, culto, preciso (o rebuscado incluso...), si podemos hablar con chocarrerías, a la manera del plebeyo, sin afectación alguna? ¿Para qué plantear como complicado o difícil lo que, siendo complejo, puede presentarse de una manera simple, incluso simplona? Si un premio Nobel pudo decir eso —"yo no vengo a decir un discurso"—, ¿qué añadirá una candidata de formación menos rigurosa?

Libertad es lucir un cinta que pone libertad, dijo Isabel Díaz Ayuso el día en que ganó las elecciones.

Hemos caído muy bajo.

No es el fin del mundo, sin duda. Admito que unas elecciones autonómicas no son gran cosa. Vale, ¿comparado con qué? Pero que una candidata se exprese de forma tan vulgar no augura nada bueno. El adocenamiento del pensar. Eso sí, con altanerías y avalada por intelectuales postineros: Fernando Savater, Andrés Trapiello, Félix Ovejero *et al.*

¿Chulona y emperatriz?
22 de mayo de 2023

Hace un par de días acabé de leer *Porque me da la gana* (2023), de Alicia Gutiérrez. Lo acabé de leer… porque me dio la gana y a la vez lo terminé con desazón.

Juan Cerdán había tenido la amabilidad de regalarme un ejemplar de esta obra, cosa que agradezco. Casi inmediatamente me puse con ella.

Se trata de un volumen publicado en la colección A Fondo de la editorial Akal. Doy estos datos como aviso para navegantes.

En dicho fondo conviven obras polémicas, libros de circunstancias y material de combate. Entre sus títulos encontramos ciertamente periodismo de contienda. O de trinchera.

Akal es un sello editorial que destaca por presentar batalla en las guerras culturales que emprende la derecha más extrema o extremosa en España.

Por su parte, Alicia Gutiérrez es una conocida periodista, vinculada a distintos medios de izquierdas y actualmente en el staff de *InfoLibre*.

Con todo ello, quiero decir que este libro manifiesta hostilidad evidente al personaje retratado y a la opción que representa.

En *Porque me da la gana*, Gutiérrez examina caso a caso los asuntos mas polémicos y más o menos turbios que jalonan la trayectoria de Isabel Díaz Ayuso (IDA). La autora trata de desmontar y desmonta la imagen que Ayuso se ha construido. No sé si esta operación de desenmascaramiento llegará al gran público. Gutiérrez presenta la crónica de un ascenso. Realiza un reportaje de investigación. Y, a la vez, el libro es la formulación de un enigma.

¿Por qué Díaz Ayuso ha conseguido ocupar un espacio sobresaliente en la política española? O, en otros términos, ¿de qué se vale para ascender, para atraer a tantos seguidores, para congregar a tantos oponentes? ¿De qué se sirve para conseguir el aplauso entusiasta de intelectuales muy intensos? ¿De qué se vale para hacerse con el liderazgo personal del Partido Popular y del extremismo ideológico?

Sabemos que ella no es la mandamás oficial del PP, ni tampoco de Vox, pero sabemos que Ayuso dicta la agenda a partir de los criterios guerreros de Miguel Ángel Rodríguez, su asesor áulico. Sabemos que imponen el temario, que introducen asuntos y polémicas que a ella la alimentan y la proyectan.

No repara en el estrépito que pueda ocasionar o los desperfectos que pueda provocar; no se detiene ante las heridas que pueda abrir o reabrir. No se reprime. Aparentemente no se frena a la hora de soltar cualquier ocurrencia que le venga en gana, cualquier cosa que lleve anotadita en su chuleta o que se la soplen por el pinganillo.

Con esa política de comunicación está permanentemente presente en los medios y, por tanto, cualquier brutalidad que diga por simple o espantosa o lunática que sea, siempre será atendida, escuchada o leída por quienes se adhieren o por quienes la repudian.

Que hablen de mí, aunque hablen bien: ese parece ser el lema de su exposición pública.

Lo importante es centrar la atención y que la maldad y el disparate verbales que tanto sorprenden sean pronto e inmediatamente sustituidos por la nueva idea de IDA.

Sabemos que mueve el tablero, que lo escora a su beneficio, que tumba a quienes puedan dañarla o que eleva a quienes a su vez puedan auparla. Y si esto lo consigue es gracias a la gran cantidad de seguidores que va ganando.

Alicia Gutiérrez nos advierte: su éxito no se debe solo a la asesoría de MAR, El gran *Spin Doctor* que la acompaña. Sin duda, Rodríguez es un personaje pícaro que sabe manejarse con inteligencia, con una inteligencia dotada para el mal. Pero el éxito de IDA no depende solo de MAR.

Hay en ella una puesta en escena de la que Ayuso es su productora, directora y actriz, cosa que le permite encarnar distintos papeles a la vez. Por ello es un personaje de diferentes caras, al ritmo del chotis de Agustín Lara.

Es una chica mona, siempre dispuesta al piropo retrechero. Es una muchacha de clase media, una joven siempre abierta al agasajo postinero. A nadie debería nada, que todo habría sabido ganárselo.

Ese es el discurso que de ella misma proclama.

No es la política pija y aristócrata que concretamente podía encarnar Esperanza Aguirre. Pero tiene de la antigua presidenta madrileña tres ingredientes. Eso sí, multiplicados hasta el extremo.

Me refiero a su liberalismo combatiente y subvencionado y a su verbalismo ofensivo y achulapado. Y me refiero a un madrileñismo castizo y nada compasivo que convierte Madrid, Madrid, Madrid en un paraíso fiscal del que ella es su chulona.

De Madrid, Madrid, Madrid es su emperatriz, que todo lo promete con lengua verbenera. Es por eso por lo que camina en olor de multitud con el suelo alfombrado de claveles o de cadáveres políticos. Y es por eso por lo que los espectadores vamos a ver aquello que es canela fina, que va a armar la tremolina cuando llegue a Madrid.

IDA es populismo, thatcherismo, trumpismo y anticomunismo. Puede que todo en ella sea un *déjà vu* anacrónico. Pero tiene un público que le bebe los vientos. Y ese sigue siendo el enigma, su cifra. Aunque yo no viva en Madrid ni sea natural de allí, no puedo desentenderme: tengo amigos en la Villa y Corte que deploran este suceso, este éxito del trumpismo. Aunque yo no viva en Madrid ni sea natural de allí, debo admitir que el tacticismo de IDA y sus achulapadas propuestas trastornan a sus convecinos y a esa otra España… que también es Madrid.

IDA y MAR
27 de julio de 2023

Hay críticas que ya se esbozan y se expresan dentro del Partido Popular como consecuencia de la estrategia seguida por el PP y por su candidato en las pasadas elecciones.

Algunos, como Esperanza Aguirre, dan por amortizado a Alberto Núñez Feijóo, postulando a Isabel Díaz Ayuso (IDA) para sustituirlo. Otros militantes con aspiraciones, como la propia IDA, se pronuncian de manera más sibilina o más rotunda, no sé. Todas sus intervenciones, con pinganillo o sin él, parecen elaboradas por un *Mad Doctor*, un villano verdaderamente maligno. Me refiero, otra vez, a Miguel Ángel Rodríguez (MAR), un experto en estrategias destructivas, pensadas exclusivamente para hacer visible a IDA, para elevarla en los momentos adecuados.

Y a ello se aplican. Me refiero a MAR y a IDA. Se aplican, aunque en el proceso de su despliegue como líder se lleven por delante a sus queridísimos rivales internos. Los chamuscan, los carbonizan o, no lo descartemos, los tiran por un puente: todo ello, claro, hablando de manera figurada. Por todo esto, las palabras que IDA dedica a su presidente en una circunstancia comprometida como la actual no pueden tomarse como sentidas y solidarias. Son, por el contrario, defensas peligrosas, son arrumacos amenazantes.

Propiamente, así debemos interpretarlos. Lo de los arrumacos, me refiero. La defensa de Núñez Feijóo que a IDA le hemos oído y leído es, en efecto, una abierta amenaza.

Dice cosas como esta…

"No puede ser que el jueves estuviéramos en un mitin con el presidente Feijóo, aplaudiéndole y dándole nuestro apoyo, y el martes tirándole por un puente. No somos un partido que funciona así, no somos *podemitas*".

¿Y quién ha dicho que al presidente de tu partido se le tira por un puente cuando ya no te sirve? ¿Hay pruebas de que en Podemos defenestren literalmente a sus queridos camaradas? ¿Los arrojan por el balcón?

Las declaraciones de IDA son tan explícitas y reveladoras, es un lapsus tan obvio, que su bla bla bla debería figurar en un anexo documental de la *Psicopatología de la vida cotidiana* (1901), de Sigmund Freud.

Es un acto fallido gracias al cual dice lo contrario de lo que parece desear. Expresa un propósito que no se quería revelar.

En algunas partes de la España tradicional y más bárbara se tira o se tiraba un animal ya maleado. Se tira o se tiraba desde un puente, desde un campanario, desde un ribazo, desde un precipicio o desde un barranco para solaz común y para diversión de los mozos del pueblo.

Se trata o se trataba de infligir violencia lanzando animales, sí. Impresionan esas tradiciones: lanzar dardos a un toro, lanzarse ratas muertas, lanzar una cabra desde el campanario o, el colmo, arrancar la cabeza de un ganso, animal al que ya no se puede lanzar por entero. Son cosas que suceden o han sucedido en los pueblos de España con la excusa de la tradición.

IDA dice que en el PP no pueden jalear a su presidente en un mitin para, cinco días después, lanzarlo. O despeñarlo. Literal o figuradamente. Se me pone la carne de gallina cuando me represento esa imagen, ese acto bárbaro de la España ancestral que aún pervive. Esta dama y su Rasputín no se andan con chiquitas. En el mejor de los casos, si finalmente no lo lanzan, le pondrán un puente de plata. Ya saben aquello que se atribuye al Gran Capitán: "Al enemigo que huye puente de plata".

Ojalá.

Será menos cruel que aquello que hicieron con Pablo Casado, sobre cuyo final me dispongo a leer el libro que le dedicó Graciano Palomo. Me esperan horas de placer y terror o un par de días de furia y puñales.

Si tal, yo ya les cuento.

El genio del cristianismo
1 de diciembre de 2023

Ayer por la noche, un grupo de amigos entre estupefactos e incrédulos, también ateos, estuvimos mandándonos WhatsApps. No dábamos crédito. O sí: todo el crédito a lo que pudimos escuchar con detalle. La presidenta de la Comunidad de Madrid ya nos tiene acostumbrados a sus parlamentos extremos y tronados, cursis y provocadores.

Que se invite a la celebración estrictamente religiosa de la Navidad no debería ser común en un Estado confesional. Pero como ya parece un hábito ininterrumpido, damos por inevitable el tostón que cierto representantes públicos nos dan con las fiestas del Niño Jesús.

En el grupo de amigos intentábamos comentar, glosar y analizar la intervención de Isabel Díaz Ayuso (IDA) pronunciada a propósito del Belén, de las Navidades y de Madrid, ya digo.

Por supuesto, un discursito tan largo solo es posible gracias al *Teleprompter* o al pinganillo. Más probablemente a lo primero que a lo segundo. Podría muy bien pensarse que este invitación no es más que un discurso cursi: el tedioso parlamento navideño.

Pero bajo la aparente y real cursilería, la presidenta de la Comunidad de Madrid nos sermonea, identificando las raíces católicas con la universalidad.

Y nos insta a festejar una tradición religiosa que identifica con la Humanidad, con el entero Occidente. Dicha tradición la hace partir del nacimiento de Jesucristo, "hace unos dos mil años".

¿Hace unos dos mil años?

Isabel Díaz Ayuso debería volver a primero de catequesis. ¿Qué es eso de que Jesús nació hace unos 2.000 años? Seamos exactos.

La simpática e injustificable imprecisión no debería hacernos olvidar, sin embargo, que la representante pública está identificando de manera unilateral el nacimiento de Cristo con Occidente.

Y punto.

Y que ese Occidente, al que ella apela, queda idealizado como la fuente del bien. Resuena entre sus palabras aparentemente bobaliconas el genio del cristianismo.

Díaz Ayuso alude al instante actual, a los presentes momentos de zozobra y de duda, relacionándolos con el terrorismo. Ya sabemos por qué. Por eso apela a los madrileños y españoles de bien.

Pero en su discursito histórico olvida culpablemente las guerras de religión y los cismas del cristianismo, olvida la Santa Inquisición, la expulsión y la persecución de los judíos. Y olvida la colonización que suele identificar con la evangelización.

Etcétera, etcétera.

Alberto Núñez Feijóo tiene un serio problema con Isabel Díaz Ayuso. Ella tiene un programa o agenda de actividades para estar permanentemente en el candelero.

De ese modo, nadie puede restarle protagonismo.

Por el contrario, Alberto Núñez Feijóo, cada vez que sale en los medios, se muestra inseguro, torpón, titubeante y con escasas luces. Se las ha llevado todas el munícipe de Vigo, Abel Caballero, tan atolondrado o tronado, no sé.

Pero volvamos a IDA.

El colmo es que una madrileña gane a un gallego en materia de religión. O en otros términos: que la Almudena se imponga sobre la catedral de Santiago de Compostela.

Esto no puede quedar así. Espero la invitación religiosa de Núñez Feijóo para hacernos copartícipes del evento que se celebra y que no es otro que el nacimiento de Jesús, *hace unos dos mil años*.

Bueno, más o menos. O no.

Federico y las derechas
23 de julio de 2023

En cuanto apareció empecé *El retorno de la Derecha* (2023), de Federico Jiménez Losantos (FJL). Es un volumen con una tortuosa historia detrás (véase la ilustración): por lo acaecido en la derecha y por contratiempos personales que retrasaron su redacción. Tras unos capítulos leídos lo dejé, quedándome con un regomeyo inexplicable. Semanas después volví con el propósito de rematarlo, si se me permite decirlo así. Y lo acabé, sí.

Lo que me había pasado era rarísimo. Me refiero a lo de abandonar el volumen. Suelo leer las obras de FJL con afán de entomólogo y con curiosidad morbosa. Normalmente se presentan como crónicas políticas, que él juzga históricas. Y son a la vez extensísimos panfletos, valga la contradicción.

Son las escrituras de un notario entrometido, alguien que da cuenta o fe de los hechos, juzgando también a los contratantes. Hace crónica para inmediatamente sopesar la rectitud o la estulticia de los protagonistas.

Pero tiene más papeles sobre el escenario. Él es quien sube y baja el telón, quien sigue el drama o la farsa examinando a los actores. Es director y apuntador. Los juzga, comprobando si se atienen a las palabras, a los actos y a las acotaciones que él mismo les apunta desde sus distintas tribunas.

FJL está endiosado, se envanece creyéndose eje o pivote sobre el que giran el mundo y el Olimpo de las ondas. Sigue erre que erre sin que el entorno exterior se acomode a sus deseos. Por ello suele acusar a casi todo el mundo en algún momento o en todo momento. De sus alabanzas y dicterios casi nadie se libra: quien hoy es celebrado mañana será ultrajado con mote o con cuatro anatemas. O con todo ello a la vez.

Un caso palmario de esto es el trato que FJL dispensa a Santiago Abascal y a Alberto Núñez Feijóo en este libro, en sus alocuciones matutinas o en las columnas en *El Mundo*.

Siente por ambos una simpatía intermitente, una simpatía condicionada al éxito electoral y a la unidad estratégica.

Hay alguna excepción. Esos peros no se los pone a Cayetana. O a Isabel Díaz Ayuso (IDA): ella ha demostrado cómo reunir en su persona lo que Feijóo o Abascal representan.

En IDA no solo coincide toda la derecha política que ahora vuelve, sino que también atiende a la social, siempre tan olvidada por los partidos que la encarnan. A juicio de FJL.

Por eso, la presidenta de Madrid ha acabado por estar en el centro. De la cubierta, quiero decir. ¿Acaso por ser centrista? No, IDA no practica el centrismo.

Ella es eje porque reúne, concentra, activa y ejecuta demandas e interpelaciones conservadoras y liberales. Cayetana aparte, para IDA todo son ditirambos.

FJL dice que "es el fenómeno político más importante, sorprendente y complejo en las cuatro décadas y media de democracia española".

Sin palabras. Me quedo sin palabras.

Como en otros libros de FJL, también en éste hay mucho chisme, bajo el expediente de la crónica. Y hay algo de filosofía política, seis o siete principios o lemas archirrepetidos.

¿Cuáles?

"Unidad nacional, propiedad privada, igualdad ante la ley, familia, religión católica, tradiciones populares como los toros y, cada vez más, la monarquía como símbolo de unidad y continuidad de España".

FJL es un tribuno altisonante, el más ruidoso vocero de la derecha desacomplejada. Es un ingenioso insultador. Ocupa un lugar estratégico en las ondas y en la nube, donde despliega sus capacidades verbosas y sus dotes ultrajantes. Los tiene acogotados: a los líderes de la derecha. Sabe alabarlos, sabe despreciarlos o sabe por dónde cogerlos, en el sentido americano y español del verbo.

Es columnista y locutor de radio, pero sobre todo es la cabeza de un pequeño imperio mediático. Es un Savonarola del presente, como dice Jordi Amat en la reseña que le dedica en *El País*. La he leído tras acabar el libro y escribir estas líneas. Amat y yo coincidimos, cosa de la que me congratulo. Pero, quizá, decir Savonarola es poco. Federico es más.

Es Júpiter tonante.

¿La última esperanza azul?
29 de julio de 2023

Cuando supo de mis intenciones, el amigo Juan Calabuig se ofreció a ayudarme, a auxiliarme. ¿Qué intenciones? Las de leer el libro de Graciano Palomo, *Siete días de furia y puñales* (2022). Con prólogo de Vicente Vallés.

¡Palomo y Vallés!, decía Juan con unos signos de admiración que reflejaban no su aprobación, sino su estupor.

El subtítulo del libro de Palomo es prometedor o, bien mirado, involuntariamente chistoso: *De la conjura contra Casado a la última esperanza azul.* Por supuesto se refiere a Alberto Núñez Feijóo. Pero la palabrita, "última", puede interpretarse como última de momento…, o última por ser la opción definitiva, sin recambio.

El fantasma de Isabel Díaz Ayuso planea sobre todas sus páginas. Como planea y se consuma el choque entre ella y su antiguo amigo Pablo Casado, un choque que, en un momento de abrupta sinceridad, califica de adolescente.

"Al fin y a la postre", dice expresamente, "resulta una lucha de adolescentes. Ambos aprendieron el arte de la conspiración cuando en su tierna juventud daban codazos por la *pole position.* Unos adolescentes a los que la suerte les entregó un partido al mismo tiempo que el partido se quedaba sin Nuevas Generaciones."

Creo que es el pasaje más interesante del volumen. Esa abrupta, rara o cruel sinceridad de Palomo da cuenta perfecta de la escasa madurez de ambos, de su poca sustancia.

Pero Palomo escribe este libro para subrayar la salida que el PP ha encontrado a su hecatombe orgánica.

Me refiero, claro, a Alberto Núñez Feijóo. La idea misma de un posible fracaso del candidato gallego (no llegar o no llegar pronto a la Moncloa) ni siquiera se plantea por el autor.

Regresemos a Pablo Casado y a Teodoro Egea: de ejercer de presidente y secretario general del Partido Popular a padecer el ostracismo más cruel. Son ya y no sé si para siempre unos apestados.

He leído el libro y, en algunos pasajes, lo he releído. Me ha decepcionado. Esperaba mayores sevicias o puyas de Palomo.

El género periodístico que cultiva Graciano, tan común entre sus colegas españoles, es increíble.

Reproduce en estilo directo y como si se valiera de un magnetofón, de un telescopio o de una lupa las palabras y los hechos de los actores.

Para poder reproducir esto, Palomo debería ser omnisciente (que así lo presenta implícitamente Vicente Vallés): tener ojos y oídos en todas las circunstancias de este y otros episodios.

Al final, no tiene piedad con Casado, al que tacha de buen hombre, pero al que verdaderamente no le administra árnica ni compasión.

El volumen está publicado en junio de 2022 y el autor recoge la opinión, el juicio y las valoraciones de algunos periodistas de su cuerda política.

Por supuesto, las respuestas son siempre muy favorecedoras para Núñez Feijóo, augurándole un éxito temprano, casi inmediato, en su camino hacia La Moncloa.

Resulta chocante la capacidad tan averiada de ciertos periodistas españoles para hacer predicciones. De hecho, no se trata tanto de una capacidad averiada, cuanto de una presunción.

Tienen un gran concepto de sí mismos. Creen ser capaces de profetizar lo que va ocurrir en el plazo de unos meses.

¿Profetizar? ¿Cómo es posible hacer tal cosa? Ellos mismos deberían saber que no cuentan con todos los datos, que ignoran cuáles son los escenarios futuros o los avatares electorales que sobrevengan.

Es decir, es un libro olvidable, uno más, un precipitado volumen de circunstancias, concebido para exaltar a Alberto Núñez Feijóo y para olvidar ya, ya mismo, a Pablo Casado y su Teodoro Egea.

Pero resulta que, un año después, estamos en otro escenario imprevisto, no profetizado por Palomo y sus colegas. Pronto, muy pronto, sabremos si hemos pasado de pantalla. Y si hay esperanza azul.

Esperanza Aguirre. Literatura de batalla, de baratillo
22 de abril de 2021

Primero. Leo a Esperanza Aguirre. Leo su último libro publicado hasta la fecha. *Sin complejos* (2021), lo titula. Es toda una declaración y toda una declamación. Por el manifiesto que nos libra, nutriente espiritual para afines. Y por la prosa solemne y grandilocuente que se gasta.

Ella no es es una intelectual y quizá por ello no mide la resonancia de la frase. La Sra. Aguirre es otra cosa. Es una doctrinaria en campaña. Es una liberal de pensamiento poco profundo, con esquematismos reiterados. Cuando cree hacer un análisis, está repitiendo fórmulas ajenas y previsibles.

Dice que su fuente de inspiración es Margaret Thatcher, la hija del tendero, la enérgica mujer que toma por ejemplo o modelo. Con todo, es una fuente cuyo venero hace tiempo que se secó.

La Sra. Aguirre es una Técnica de Información y Turismo sin una formación académica de altura: qué se yo, de jurista, de letrada, de humanidades. No sé si posee máster o doctorado, como otros correligionarios suyos. Es una Técnica que, a lo que parece, ha pasado provisionalmente por la política y el Estado. En los liberales no es raro que se den estas incongruencias.

En efecto, la provisionalidad de Esperanza se hizo eterna, pero lo suyo siempre ha sido la empresa privada y la excelencia. Por tanto —deberíamos admitirle—, nos ha rendido un servicio en vez de enriquecerse, de prosperar en lo particular. Por supuesto, ella imagina haber estado siempre —y seguir estando ahora— en el lado de la excelencia, cosa que deberíamos reconocerle.

¿Por qué razón? Pues por haberse sacrificado por todos nosotros.

Imagino, por tanto, que este libro, 'Sin complejos', es otro tributo más de quien se sabe excelente. Su saber y su larguísima experiencia de política sempiterna nos los repartiría a manos llenas. Creo que se queda corta, que es corta… su obra, su argumentada respuesta.

¿Respuesta a qué?

El subtítulo del volumen lo aclara todo: *Solo una derecha unida y orgullosa de su historia puede volver a gobernar España.* Es ideologismo algo ramplón y a la vez una muestra de orgullo de clase, de exacerbación ideológica y de ostentación guerrera. O, si se prefiere, de guerra cultural, que es lo que motiva este manifiesto. Ella aspira a escribir un ensayo, pero este género literario le está vedado.

En realidad, su obra son unas memorias encubiertas y un panfleto doctrinal. En sus páginas mezcla el autobombo y la historia o historieta de España. Me tengo por un seguidor suyo, un seguidor ya antiguo de Esperanza Aguirre. A ver, me explico: cuando digo seguidor, me refiero a que me declaro lector habitual de su producción efímera, temporera.

Sí: es temporera por ser escritora escasa e intermitente que recoge frutos ajenos, aquellos que le ponen en bandeja sus limitadas lecturas o sus generosos interlocutores. Eso sí, los rendimientos, magros, son propios, son propios de la Sra. Aguirre. Por alguna razón que no acierto a explicarme, por alguna morbosidad o patología personal, suelo caer y recaer en sus libros, que no son muchos.

La Sra. Aguirre no es muy prolífica y, salvo algún volumen de inspiración teórica (un compendio de lecturas liberales), su producción es más bien circunstancial, de batalla. No es prolífica, ya digo, sobre todo si la comparamos con José María Aznar, que es un consumado y abundante intelectual. Desde que abandonó La Moncloa, el expresidente nos sorprende con volúmenes autobiográficos y algún que otro texto de mucho *pensamiento*, de mucho retorcimiento. Del expresidente también me declaro fiel seguidor de sus obras. Si no me equivoco, salvo algún libro que se me haya podido escapar, creo haber leído sus obras completas (hasta ahora).

No sé, si no me descuento o si no me equivoco, con este que ahora publica la Sra. Aguirre, llevo ya tres leídos y glosados: *Discursos para la libertad* (2009), *Yo no me callo* (2016)…

Y *Sin complejos* (2021).

¿Y cuál es el argumento que sostiene en este último? ¿Contra quién escribe o esgrime su panfleto? ¿Habla del gobierno socialcomunista, de Mariano Rajoy, de Aznar, de Casado, de Abascal?

Yo les abrevio, yo les resumo.

Pero eso será en la segunda parte de este texto, que de inmediato, podrán completar. Antes, sin embargo, habrá que metabolizar lo anterior no sea que nos atragantemos. El bolo alimenticio es algo indigesto sobre todo por la mezcla: doctrinarismo y superficialidad.

Leído de pe a pa (de P a P), el libro de Esperanza Aguirre, me veo en la obligación de cumplir con mi compromiso, el de detallar los contenidos y sus líneas maestras.

No hay tal cosa. No hay líneas maestras, así en plural. La autora reitera una y otra vez una línea en singular: el deseo de que el voto de derecha se reagrupe. A pesar de los numerosos epígrafes internos en que está dividido el volumen, los contenidos se repiten de manera insistente y cansina.

¿Cuál es el resultado?

La primera impresión, lo que inicialmente cree uno que va a leer, es un desarrollo argumentado. Pensamos que va exponer y razonar un análisis de distintos factores políticos, el de la situación de las derechas en particular.

En realidad, esa variedad de temas es un espejismo. Insisto.

Sólo hay una cuestión que ocupe de principio a fin y está enunciada en el subtítulo: la de qué hacer para reagrupar el voto que ahora se divide entre PP, Ciudadanos y Vox. Es la cantinela que se reitera sin solución de continuidad y, cuando estamos en el final, en el epílogo escrito tras las últimas elecciones catalanas, el lector llega exhausto.

Fuera de eso, el volumen es una exaltación de sí misma, de Esperanza Aguirre. Es un evocación honrosa, pero breve, de José María Aznar. Y es una andanada:

—Contra el gobierno *socialcomunista*;

—Contra las reales o presuntas incongruencias de Pedro Sánchez;

—Contra el leninismo del vicepresidente Pablo Iglesias (se quedó obsoleta la fotografía de la que parte Esperanza Aguirre);

—Contra Mariano Rajoy y su falta de empuje ideológico.

Todo empezó a ir mal cuando M. Rajoy quiso evitar el doctrinarismo en el PP. El doctrinarismo es, para Esperanza Aguirre, lo deseable, aunque ella lo denomine rearme ideológico. O batalla cultural. O, alguna vez, guerra cultural.

Es su empeño y es su voluntad. El partido debe ser doctrinario y ceñido a unos principios irrebatibles. Frente a todo ello, anima a Pablo Casado, a Santiago Abascal y a los dirigentes de Ciudadanos (no confía en Inés Arrimadas) a unirse de cara a las próximas elecciones.

Dice que hay tiempo. Se equivoca, claro.

De las inmediatas elecciones de Madrid no puede decir nada, porque nuevamente el libro, tan circunstancial, se queda viejo cuando ya estaba en imprenta.

En febrero de 2021 no tenía en mente, no podía tener en mente, que Isabel Díaz Ayuso pudiera convocar elecciones en la Comunidad. Con ello, los motivos de fricción entre las tres derechas, lejos de aliviarse, se agravan o se avinagran.

Y de la corrupción, ¿qué dice?

Nada o prácticamente nada. De hecho, no entra en materia ni menciona las numerosas causas y casos del PP en distintas partes: Madrid, Valencia, etcétera.

Resulta increíble, pero es así.

Esperanza Aguirre alardea de liberal, exhuma una ponencia suya sobre el liberalismo (1985) que dice basarse en los grandes pensadores y en la que no noto aportación de peso.

Es triste que una exdirigente de este partido tenga un pensamiento corto, pero más triste es que además lo plasme en un libro que desde el principio resulta soporífero.

¿Y por qué lo he leído? ¿Por mis buenas tragaderas? No exactamente.

Soy muy caprichoso cuando elijo lo que leo. Por tanto, difícilmente me voy a resignar a algo estomagante.

Leo estas cosas quizá por mi mentalidad de historiador. Quien ha estado en distintos archivos durante lustros desempolvando añosos expedientes y legajos tiene paciencia. Un día, entre carpetillas y hojas sueltas, de repente el lector descubre una perla o, con suerte, una gema. Es la espera lo que cuenta. La esperanza. A veces, en fin, cae la desesperanza.

¿Retrato de un hombre inmaduro?
13 de junio de 2022

En pocos días he podido leer un libro insólito. Y previsible a la vez. Me refiero a las memorias políticas de Toni Cantó, *De joven fui de izquierdas pero luego maduré* (2022).

¿Y quién es Toni Cantó?

Aparte de correligionarios en UPyD, él y Rosa Díez han seguido una trayectoria remotamente similar. Empezaron siendo jóvenes de izquierdas, pero luego maduraron.

Es cierto que no pertenecen a la misma generación. Pero ambos descreen con rabia de su pasado progre y, durante un tiempo, ya maduros, compartieron filiación. Y adhesión a Rosa Díez y, luego, a Isabel Díaz Ayuso. Savater ha sido (no sé si lo sigue siendo) el faro de Cantó.

Como dicen los maestros de ceremonias más perezosos cuando deben glosar un libro, el autor es suficientemente conocido y, por ello, no necesita presentación. En todo caso, él es quien se expone, se exhibe o se presenta en un volumen que probablemente miles de personas estaban esperando.

Yo mismo, por ejemplo, aguardaba con mucha expectación esta novedad editorial. Han sido semanas de espera: esta obra, a la postre una Obra Mayúscula, mayúscula por los énfasis y por su bombástica prosa o pompa. A la hora de escribir estas líneas, por fin he podido cumplir mi sueño. O vencer mi sueño, no sé.

El título lo dice todo. ¿Para qué leer más?, podría replicar un escéptico. A ese reparo, yo respondería diciendo que no hay que dejarse llevar por las apariencias. Es casi seguro que, por hache o por be, Toni Cantó nos despierte mucho o muchísimo interés. ¿Razón? Estamos ante las memorias de un personaje decisivo de la historia española. Él lo sabe.

Ya sería raro, ya, que a los lectores no les removiera alguien que se sabe un político de primera fila y que, además, tiene muchas tablas.

Por eso invito a disfrutar con lo que el editor añade tras la cubierta. También sé que habrá lectores hostiles o vagos. No hay problema. Si entre el público hay alguien adversario o perezoso, ya me ocupo.

No me he saltado ni una sola de las trescientas y pico páginas que el editor dice que tiene el volumen. ¿Y cuál es el resultado? Ya puedo adelantarlo.

El resultado..., el resultado es lo peor. Procuraré abreviar esas trescientas y pico páginas. Tampoco quiero dedicarme a la corrección ortotipográfica o a reescribir la obra.

Primero. Aclaremos ese título.

El autor de este libro nos advierte que de joven fue de izquierdas, pero que luego maduró. Cada parte de dicho enunciado puede ser falsa, errónea y desiderativa. O todo ello a la vez.

No obstante, debemos concederle a Toni Cantó al menos que en algún momento de su vida fue joven. No podemos ponerlo en duda ni rebatirlo.

¿Pero qué pruebas aporta Toni Cantó para identificarse remotamente como joven de izquierdas? Más aún, ¿qué garantías tenemos de que después haya madurado?

Pensémoslo bien.

Pudo ser inmaduro cuando se profesaba de izquierdas, según su propio diagnóstico, y puede seguir siendo inmaduro (y hasta zote) cuando se declara de centro, de centroderecha o de derechas.

Permítaseme insistir.

Ser de izquierdas cuando uno es joven es, para el autor, prueba de inmadurez. Pero si lo fue, si fue joven de izquierdas, ¿en qué se basa para aseverar que posteriormente alcanzó la madurez? La respuesta está clara: en las páginas de este libro es donde podríamos hallar las pruebas.

¿Es así?

Dentro de los géneros literarios, este libro pertenece aparentemente a las memorias políticas. ¿Por qué digo aparentemente? Pues porque la verdadera finalidad del libro no es la memoria serena. Es el agrio ajuste de cuentas, utilizando cada página como ariete contra sus adversarios. Pero, sobre todo, lo que sé propone Cantó es justificar todos sus pasos y desfases, todas sus inconsistencias y ocurrencias.

El objeto está claro: postularse para ahora mismo y para el futuro.

Eso significa que el autor, ya entrado en sazón, ya machucho, presenta su vida como epopeya. Y presenta su figura como depositaria de un gran capital humano o político, no sé. ¿Son ciertos los hechos que se cuentan? He debido contrastar con otras fuentes los datos y los silencios para llegar a una conclusión.

¿Cuál?

Es más importante lo que no dice que lo que, con facundia hinchada, confiesa.

No se puede mentir tanto, a tantos y tanto tiempo. No se puede fabular sin desmayo, página a página. Eso creemos. Pues bien, no sé si Toni Cantó lo intenta, pero lo cierto es que no puede hacerlo. Le faltan arte y tablas. En efecto, para mentir hay que ser un artista.

No sabe o no quiere disimular su rencor, no sabe o no puede sublimar su resentimiento. ¿Contra quiénes? Por supuesto contra la izquierda (toda la izquierda), contra el *progre*, eso mismo que se supone que fue él. A la izquierda le profesa un odio apenas reprimido y le atribuye todos los males que en los últimos años han caído sobre España o sobre la faz de la tierra.

Pero se muestra también rencoroso con todos aquellos, aquellas concretamente, que no han sabido valorar sus grandes cualidades: Rosa Diez e Inés Arrimadas. Ambas serían conservadoras que aúpan a mediocres frente a un Cantó, siempre audaz y brillante.

Hay mucha inquina con la que se envenena. Pero a la vez Cantó no sabe o no puede dejar de ser servil y hasta lacayuno y genuflexo ante quienes pudieron o pueden beneficiarle: Albert Rivera e Isabel Díaz Ayuso.

Comienza uno a leer el libro y distingue enseguida la impostura, la recreación artificial y artificiosa de su figura y de los desmentidos posteriores. Nos describe presuntamente su momento ideal de *progre*. Es un retrato robot nada creíble, dado que todas las piezas encajan y el resultado es una figura arquetípica sin singularidad y temporalidad algunas.

Si él fue así, de izquierdas sin fisuras, era ciertamente un inmaduro. Pero no es creíble. Leídas esas páginas, uno se da cuenta de los anacronismos, de los desajustes temporales.

Lo mezcla todo y, por ejemplo, al Cojo Manteca lo hace contemporáneo de los Grises, cuando en realidad fue coetáneo de los Maderos.

Pero eso sería un error disculpable.

El libro está plagado de lapsus bien reveladores que demuestran el descuido y las prisas, la falta de rigor.

Pero tales cosas no pudieron darse porque el autorretrato nos presenta a un individuo irreal, un papel o un fantasma que jamás existió o que él, al menos, difícilmente pudo encarnar.

En el libro arremete contra lo políticamente correcto, cosa por la que cree ser muy corajudo. Y arremete contra el feminismo, el animalismo y la degradación moral de Occidente. Europa y España padecerían una patología con diversas manifestaciones. Serían debilidades que, en el caso nacional, aún son más graves.

¿Por qué?

Pues por los efectos directos o secundarios de la acción o la inacción de la 'banda de Sánchez'.

Voy a ir acabando. Es una obra rabiosa, de mucho patetismo, de nulo lirismo, rápidamente redactada y con alardes verbales en los que se alternan lo cursi y lo agrio. En este volumen, el autor mira hacia atrás con ira... y, por lo que se ve, con un incurable autoodio.

¿Dónde colocar este libro? ¿En qué anaquel de la biblioteca o librería?

¿En el estante de las memorias, en el de las ficciones inverosímiles, en el de las distopías, en el de los prospectos de autoayuda?

Léanlo con humor, con un fondo sonoro de risas enlatadas.

NOVENA PARTE

LA DESPEDIDA

Es triste y habitual que en la esfera de la opinión pública cobren actualidad hechos o palabras lamentables, cosa que genera gran estrépito. Es lamentable, sí, la proliferación de estridencias, comentarios ultrajantes, alardes machotes, fantasmadas.

Eso queremos creer: que tanta verbosidad y estridencia solo son secreciones o, como mucho, excreciones de un literato bocazas, de un filósofo agrio o de un político frustrado. En fin, algo que se expele y ya está. Pero no. No son pocos de entre quienes opinan acerca de la situación política los que se expresan con una irresponsabilidad tan grande. Sus palabras tan gruesas parecen absolutamente contradictorias con la finura que se espera de un creador.

En su nueva etapa como comentarista en *The Objective,* Fernando Savater aún escribe sobre asuntos que poco o nada tienen que ver con Pedro Sánchez. Repito: no siempre el tema principal es el gobierno *socialcomunista* o su presidente o sus ministros. Pero lo habitual es que un asunto inocuo (vamos a calificarlo así) acabe con alusiones forzadas a *progres* y feministas, a quienes rocía o alancea con burlas, improperios y embestidas.

Lamentablemente es así. Un artículo bien encarrilado sobre un tema cultural de interés acaba siempre con un exabrupto, una comparación y una analogía políticas que arruinan justamente la finura de quien se expresaba con contención hasta ese momento. El ultraje al feminismo, la bobería de la izquierda o un Sánchez intermitente reaparecen en esos textos para debilitar el análisis o para dañar el juicio.

¿Y qué decir de Félix de Azúa? En su caso hay un monotema del que muy difícilmente se le saca. Por supuesto, es el odio irreprimible que le despierta la figura de Pedro Sánchez, convertido ya, definitivamente, en un irremediable autócrata, razón por la cual habría que combatirlo sin descanso y sin desmayo.

Y a estos nombres añadamos los de Félix Ovejero y Andrés Trapiello, entre otros. Convienen con Savater en la maldad de Sánchez, en su perfidia, y a la vez convierten al filósofo donostiarra en faro ético indiscutible, aun cuando el pensador haya defendido hoy o ayer cosas y causas contradictorias y dañinas. Para estos intérpretes, Savater es el guía, el norte, la dirección que seguir.

El ditirambo más exagerado es probablemente el que le dedica José Luis Pardo, profesor de filosofía y amigo del filósofo. Es una columna que data del 8 de febrero de 2024. Con y para Savater, si pestañeas, pues… te despistas o se te pasa, cosa que ahora no me ha ocurrido gracias a la venturosa advertencia de José Ramón Martínez Romero.

A Savater no se le toca, viene a decirnos José Luis Pardo en esa columna, aparecida en *The Objective*. La titula precisamente "Un estorbo llamado Savater".

> "Entre las muchas virtudes de la prosa de Savater se encuentra, en lugar destacado, su claridad moral e intelectual, una virtud poco frecuente en nuestra profesión. Yo, que llevo leyéndole y escuchándole casi desde que tengo uso de razón, no recuerdo una sola vez en la que sus palabras no me hayan ayudado a iluminar el asunto del que trataban con la luz del acierto, la precisión, el buen humor y la inteligencia".

Sin yerro, ni traspié. Savater es la luz. O la Lucecita de Pardo. El profesor habla de Savater como si estuviera tocado por una gracia especial, que es su propia voluntad, la voluntad de poder. Todo ello, pues, dicho en un sentido expresamente nietzscheano, a lo que Pardo añade una mención explicita de Sócrates. Para ello recupera un antiguo volumen suyo. Me refiero a *La regla del juego* (2004). En sus páginas, la figura de Sócrates estaba presente implícita e explícitamente: lógico en un libro dedicado a la dificultad de aprender filosofía.

Hacia el final del volumen, Pardo volvía a destacar el ejemplo señero de Sócrates, la reminiscencia expresa de Sócrates, el filósofo condenado por ser un estorbo para la comunidad de su tiempo. Dos décadas después, en su columna para *The Objective*, Pardo recupera una brevísima alusión a Savater que había en aquella obra para ahora celebrarlo a lo grande. La consecuencia, algo exagerada, es obvia: Savater es un estorbo, como el filósofo antiguo; Savater es nuestro Sócrates y quienes se le oponen son chusma moral, socialistas que hoy son amigos de los terroristas.

Las conclusiones son tremendas y Pardo retuerce la lógica. Contrariamente a lo que pudiera pensarse y desearse, estas palabras o las de Félix de Azúa, por ejemplo, no son solo secreciones o excreciones de conmilitones, de literatos maníacos, de filósofos agrios. No son únicamente algo que se expele (y ya está) para alivio de quien secreta.

No.

Qué bajo puede caer un escritor que publica barrabasadas o disparates cuando tiene audiencias entregadas o micrófonos a los que encandilar o asombrar o a amigos que se lo perdonan todo por creer que está tocado por la gracia o la luz. Qué vulgar puede ponerse éste o aquél cuando una borrachera de fama y una soberbia mal digerida lo trastornan.

En un diálogo promocional del nuevo libro de Rosa Díez (*El Mundo*, 17 de marzo de 2024), dice Fernando Savater: "Yo siempre he pensado que, aunque ahora son mal vistas, los intelectuales somos como las putas, vivimos de gustar". Es decir, que de manera genérica los intelectuales deben seducir a un público que se deja engatusar.

Aparte del dudoso ejemplo de las putas, es interesante el autorretrato o el diagnóstico. Pero no se lo aplica a sí mismo, sino que lo emplea como arma para arremeter contra sus pares oponentes. "Y ahora todos los intelectuales se han puesto a gustar a la izquierda, porque es a lo que hay que gustar, y a reprocharnos a los demás con ese *quién le ha conocido a usted antes y ahora…*".

Pues sí: quién le ha conocido a usted antes y ahora... Fue de izquierdas, pero ya no, aunque no por ello abandonó la voluntad de gustar. Precisamente para vender su mercancía: por ser intelectual. Y ahí se ha ganado a un público deseoso del extremismo verbal, ahora aplicado a sus antiguos conmilitones.

Uno puede escribir admirablemente, con mayor o menor arte, pero siempre debe medir las palabras, los efectos de lo que dice o de lo que publica. La enormidad y el más mínimo desliz serán recogidos por los medios, por Internet. Un comentario atrevido, desafortunado y extremo será inmediatamente registrado. Los públicos reaccionarán multiplicando o agravando el efecto recto o indirecto de lo dicho.

Pero hay más.

Que estés dotado para pensar, opinar, crear mundos de ficción, para narrar, no significa que tengas razón o que tus juicios sean atendibles o sensatos. Las mayores irresponsabilidades se las han permitido los hombres de letras convertidos en parlanchines sabelotodos. De eso ya hemos hablado algo.

Pero a la vez la palabra recta o audaz o sensata del intelectual es un bien de la esfera pública: por ejemplo, el escritor puede aprovechar su celebridad para hablar de lo que los poderes ocultan o censuran. O para decir las cosas con profundidad. O para equivocarse con ignorancia enciclopédica.

He hablado en este libro del intelectual, esa figura que se alza egregia para adoctrinar a su público, para influir, para instruir. Es un modelo francés de oposición y propagación, de críticas y declaraciones, de manifiestos y opiniones.

Practica el intrusismo, disuelve lo obvio y purga lo obstruido o lo obturado. En principio no está mal.

O sí: el comportamiento del intelectual que opina con acritud e irresponsablemente es frívolo y dañino. Lo normal es que cada uno hable de lo que sabe y que, además, no lo haga con maldad o atolondramiento. Si lo hace con atropello y desatino, entonces su palabra se convierte en cháchara, un bla-bla-bla tonante y a la vez inconsistente.

No quería pensar que Fernando Savater es la nueva encarnación del filósofo rancio, que tanta celebridad alcanzó en el Ochocientos, precisamente por la enormidad de sus repudios. No quería pensar que se expresa como un escritor irritado, hinchado y henchido de fama, un filósofo que enjuicia desde la simpleza, desde la reacción, convencido de que nos envuelve una "estupidez creciente", según él mismo dice ahora.

Antes no quería pensar, pero finalmente lo he pensado.

DÉCIMA PARTE

AGRADECIMIENTOS Y REFERENCIAS BIBLIOGRÁFICAS

Este libro

Este libro no es una suma de artículos inconexos. Es una composición hecha ahora, con hilo conductor y con retoques, siguiendo un plano y una estrategia. Es una obra concebida a partir de textos de distinta cronología y procedentes de diferentes publicaciones: algunas de esas piezas son recientes, otras, no tanto; y otras páginas, bastantes páginas, están escritas ex profeso para este libro con el fin de darle coherencia y argamasa.

La razón de que este volumen sea así ya la señalé al comienzo: es un libro que muestra a Savater (y a algunos de sus contemporáneos), pero sobre todo muestra al Savater que yo he ido leyendo a lo largo de las décadas y sobre el que he ido escribiendo, el ensayista con el que he convenido, aprendido y disentido, y el articulista del que, poco a poco, me he ido separando tras una deriva suya muy preocupante, una derrota en parte generacional.

Muchos de esos textos proceden de mi blog personal (*Los archivos de Justo Serna*), del blog que mantuve en *El País* (*Presente continuo*), de mis muros de Facebook y X, así como de los periódicos y revistas en los que he colaborado como columnista (*El País*, *Levante*, *Ojos de Papel*, etcétera).

Agradecimientos

Por supuesto, un libro de estas características, que es fruto de largos años de reflexión, refacción y lectura, no responde únicamente el esfuerzo del autor, sino también a la colaboración generosa de personas amigas, cercanas o muy cercanas. Son esas personas quienes me han ido oyendo y leyendo sobre Fernando Savater desde hace décadas.

Probablemente, quien primero me escuchó admirar y debatir, convenir y disentir con el filósofo donostiarra fue Anaclet Pons. A comienzos de los años ochenta hablamos largamente sobre sus artículos en prensa, sobre sus libros ocasionales y recopilatorios. A Anaclet le estoy muy agradecido: por esto y por tanta amistad y camaradería compartida, que a ambos nos benefició.

Pero si hay una persona que ha sido y sigue siendo mi principal interlocutora, aquella con quien más horas he gastado tratando del publicista vasco y de la vida en general, es Encarna García Monerris. Le debo todo: la interlocución, la escucha y el debate. Me ha leído, ha leído la última versión de este libro y sus observaciones, como siempre, han mejorado el original. Es un amor.

También debo agradecer la amistad y la lectura concreta de estas páginas a personas que me quieren, pero a las que debo sinceridad. Vamos, que no me dejan pasar lo erróneo o confuso. Me subrayan lo dudoso y me alientan con sus observaciones (que no siempre he seguido). Me refiero a mi querida Carmen García Monerris. Me refiero también a Josep Escrig, a Francisco Fuster, a Mario Pérez y a Marisa Begué. Aludo igualmente a Juan Calabuig, a José Luis Ibáñez Salas, a Toni Zarza, a Félix Maraña y a José Ramón Martínez Romero.

Sus palabras no han sido solo de aliento. Han sido también un instrumento eficaz para el autoanálisis y para pensar lo que yo ponía al estudiar y analizar un objeto, un sujeto cuya lectura y cuya disensión me han formado.

Bibliografía de Fernando Savater empleada

Ensayo

Nihilismo y acción, Madrid, Taurus, 1970.
La filosofía tachada, Madrid, Taurus, 1972.
Apología del sofista y otros sofismas, Madrid, Taurus, 1973.
Ensayo sobre Cioran, Madrid, Taurus, 1974.
De los dioses y del mundo, Valencia, Fernando Torres Editor, 1975.
La filosofía como anhelo de la revolución, Madrid, Hiperión, 1976.
La infancia recuperada, Madrid, Taurus, 1976.
Apóstatas razonables, Barcelona, Editorial Madrágora, 1976
Para la anarquía, Barcelona, Tusquets, 1977.
Conocer Nietzsche y su obra, Barcelona, Documentación Periodística, S. A., 1977.
La piedad apasionada, Salamanca, Ediciones Sígueme, 1977.
Panfleto contra el Todo, Barcelona, Documentación Periodística, S. A., 1978.
Criaturas del aire, Barcelona, Planeta, 1979.
El estado y sus criaturas, Madrid, Ediciones Libertarias, 1979.
La tarea del héroe, Madrid, Taurus, 1981.
Impertinencias y desafíos, Madrid, Legasa, 1981,
Invitación a la ética, Barcelona, Anagrama, 1982,
Sobras completas, Madrid, Ediciones Libertarias, 1982,
Sobre vivir, Barcelona, Ariel, 1983,
Contra las patrias, Barcelona, Tusquets, 1984.
Las razones del antimilitarismo y otras razones, Barcelona, Anagrama, 1984.
Instrucciones para olvidar El Quijote, Madrid, Taurus, 1985.
El contenido de la felicidad, Madrid, Ediciones El País, 1986.
A decir verdad (memorias), Madrid, Fondo de Cultura Económica, 1987.
Ética como amor propio, Barcelona, Mondadori, 1988.
Humanismo impenitente, Barcelona, Anagrama, 1990.
La escuela de Platón, Barcelona, Anagrama, 1991.
Ética para Amador, Barcelona, Ariel, 1991.

Política para Amador, Barcelona, Ariel, 1992.
Sin contemplaciones, Madrid, Ediciones Libertarias, 1993.
Idea de Nietzsche, Barcelona, Ariel, 1995.
El mito nacionalista, Madrid, Alianza, 1996.
La voluntad disculpada, Madrid, Taurus, 1996.
Malos y malditos, Madrid, Alfaguara, 1997.
El juego de los caballos, Madrid, Siruela, 1997.
El valor de educar, Barcelona, Ariel, 1997.
Despierta y lee, Madrid, Alfaguara, 1998.
La aventura africana, Madrid, Ediciones Acuarela, 1998.
*Ética, política, ciudadan*ía, México, Grijalbo, 1998.
Diccionario filosófico, Barcelona, Planeta, 1999.
Las preguntas de la vida, Barcelona, Ariel, 1999.
Diccionario del ciudadano sin miedo a saber, Barcelona, Ariel, 2000.
Perdonen las molestias, Crónica de una batalla sin armas contra las armas, Madrid, Ediciones El País, 2001.
A caballo entre milenios, Madrid, Aguilar, 2001.
Poe y Stevenson, dos amores literarios, Santander, Editorial Límite, 2002.
Ética y ciudadanía, Barcelona, Montesinos, 2002.
Con José Luis Pardo, *Palabras cruzadas, Una invitación a la filosofía*, Valencia, Pre-Textos, 2003.
*Mira por d*ónde. Autobiografía razonada (memorias), Madrid, Taurus, 2003.
Los caminos para la libertad, Ética y educación (conferencias dictadas para la Cátedra Alfonso Reyes), Madrid, Fondo de Cultura Económica, 2003.
El valor de elegir, Barcelona, Ariel, 2003.
El gran fraude, sobre terrorismo, nacionalismo y ¿progresismo?, Madrid, Aguilar, 2004.
Los diez mandamientos en el siglo XXI, Barcelona, Debate, 2004.
La libertad como destino, Sevilla, Fundación José Manuel Lara, 2004.
Los siete pecados capitales, Barcelona, Debate, 2006
La vida eterna, Barcelona, Ariel, 2007.
Saliendo al paso (artículos), Madrid, Espejo de Tinta, 2008.
La aventura de pensar, Barcelona, Debate, 2008.
Borges, la ironía metafísica, Barcelona, Ariel, 2008.
Misterio, emoción y riesgo, Barcelona, Ariel, 2008.
El arte de ensayar, Barcelona, Galaxia Gutenberg, 2009.

Ética de urgencia, Barcelona, Ariel, 2012.
Figuraciones mías, Barcelona, Ariel, 2013.
¡No te prives! Defensa de la ciudadanía, Barcelona, Ariel, 2014.
Voltaire contra los fanáticos, Barcelona, Ariel, 2015.
Aquí viven leones, Barcelona, Debate, 2015.
Contra el separatismo, Barcelona, Ariel, 2017.
La peor parte. Memorias de amor (memorias), Barcelona, Ariel, 2019.
Solo integral. Una vuelta de tuerca a sus mejores ideas (artículos), Barcelona, Ariel, 2021.
Carne gobernada. De política, amor y deseo (memorias), Barcelona, Ariel, 2024.

Narrativa y teatro

Caronte aguarda, Madrid, Cátedra, 1981.
Juliano en Eleusis, Madrid, Hiperión, 1981.
Diario de Job, Madrid, Cátedra, 1983.
El jardín de las dudas, Barcelona, Planeta, 1993.
A rienda suelta, Madrid, Alfaguara, 2000.
El gran laberinto, Barcelona, Ariel, 2005.

ESTE LIBRO SE TERMINÓ DE IMPRIMIR
EN EL MES DE OCTUBRE DE 2024